大夏书系 · 全国中小学班主任培训用书

从班会课到成长课程

——德育特级教师的班会课微革命

林志超 著

华东师范大学出版社
ECNUP
全国百佳图书出版单位

图书在版编目（CIP）数据

从班会课到成长课程：德育特级教师的班会课微革命／林志超著 . —上海：华东师范大学出版社，2017

ISBN 978-7-5675-6073-4

Ⅰ.①从 ...　Ⅱ.①林 ...　Ⅲ.①中小学—德育—班会—班主任工作—经验—中国

Ⅳ.① G631 ② G635.5

中国版本图书馆 CIP 数据核字（2017）第 021780 号

大夏书系·全国中小学班主任培训用书

从班会课到成长课程

——德育特级教师的班会课微革命

著　　者	林志超
策划编辑	卢风保
审读编辑	张思扬
封面设计	淡晓库

出版发行	华东师范大学出版社
社　　址	上海市中山北路 3663 号　邮编　200062
网　　址	www.ecnupress.com.cn
电　　话	021 - 60821666　行政传真　021 - 62572105
客服电话	021 - 62865537
邮购电话	021 - 62869887　地址　上海市中山北路 3663 号华东师范大学校内先锋路口
网　　店	http://hdsdcbs.tmall.com

印 刷 者	北京密兴印刷有限公司
开　　本	700×1000　16 开
插　　页	1
印　　张	17.5
字　　数	286 千字
版　　次	2017 年 4 月第一版
印　　次	2025 年 4 月第二十六次
印　　数	77 101–78 100
书　　号	ISBN 978 - 7 - 5675 - 6073 - 4 / G·10063
定　　价	59.80 元

出 版 人	王　焰

（如发现本版图书有印订质量问题，请寄回本社市场部调换或电话 021-62865537 联系）

目 录
CONTENTS

序 教育，是艺术引领学生成长的幸福旅程

张万祥[①]

　　这是第二次为志超的新书写序，2015 年暑假听他谈起，在全力设计和打磨班会课，我心里为之一振。后来看到他的一些精品课例被核心期刊连续刊登，心里为之高兴。通过逐渐积累，终于形成了一个系列，于是这部《从班会课到成长课程：德育特级教师的班会课微革命》应运而生。

　　从第一部《教师艺术应对学生问题 36 记》的"艺术应对"到这一部的"成长课程"，似乎是一个完美的承接。志超的理解是，教育的最高境界不是学生出了问题后的应对，而是问题发生前的引导，关键在于深究问题原因，寻找预防策略，设计教育方案，构建完备的学生成长引领课程，引导学生探寻未知领域，给学生以启迪，为学生解惑，使教育与生活相通，让学生在观察和经历中获得感受，受到熏陶，学有所获，知而善行，幸福成长。

　　是的，教育是引领学生幸福成长的艺术，需要走在学生发展的前面。好的教育是什么样态？不是学生出现问题后的急急挠挠，而是智慧引导后学生能知善而行的淡定从容；不是学生陷入困境后的单向灌输，而是和学生一起面对困难的双向交流；不是围追堵截的一曝十寒，而是巧妙疏导的细水长流；不是简单粗暴的疾风骤雨，而是精雕细刻的和风细雨；不是操之过急的生硬呆板，而是循序渐进的循循善诱；不是战战兢兢的耳提面命，而是生动活泼的经历感悟。好的教育是拨动心弦的言外之意、弦外之音，是润物无声，是春风化雨，它能促使学生自我感悟、自我内化、积极主动，这是最优的教育效果。

　　其实，艺术只是一种方式，学生幸福成长才是目的。

　　幸福是一切教育活动的"灯塔"，若能让接受教育的孩子们感到幸福，

[①] 享受国务院政府特殊津贴专家，全国著名德育特级教师，中国教育学会理事。

那么，这里必须满是温馨，尽是柔情，无限亲情，充满灵气，充盈智慧，洋溢笑声，活力十足……

志超正在朝这个方向去努力，去创设，去实践，去进行班会课的微革命。他去创建、设计、补充、完善学生成长的引领课程，期待能系统性地教育和引导学生，引领学生幸福成长。这部《从班会课到成长课程》有"人格品质""行为习惯""卫生安全""节俭环保""情感能力""成长健康"六大版块，抓住青少年成长中所必须拥有的能力和品质，从单一课例到系统课程，构建了一个引领学生成长的课程体系——感恩、宽容、友善、合作、责任等主题，内化青少年自然流露的美德和内涵；倾听、安静、礼仪、学习、效率等主题，促进学生养成受益一生的良好习惯；卫生、校安、防火、防溺、防暴等主题，教会学生懂得安全知识、能够自我保护；理财、攀比、爱物、爱粮、环保等主题，把勤俭和环保等生活理念根植学生心中；挫折、沟通、态度、赞美、交友等主题，鼓励学生学会坚强、笑对一切去迎接幸福生活；悦纳、饮食、坚持、梦想、生命等主题，培养学生成长为健康的、珍惜生命的、有梦想的人，让学生成长为最具美德的人。

这是一本洋溢艺术芬芳的班会文稿荟萃，细细品读，发现志超的课例设计充满智慧和艺术：游戏参与，经典故事，身边事例，经历模拟，抒发感悟，行动落实……从古到今，由远及近，慢慢展示，娓娓道来，让学生看看、说说、辩辩，甚至笑笑。每一篇班会设计都独具匠心，或义理深广，或丝丝入扣，或酣畅淋漓，或静谧优美；课例流程有"行到山穷处，坐看云起时"的闲适从容，也有"惊涛拍岸，卷起千堆雪"的荡气回肠，字里行间闪现学生的生命灵动，散发出艺术芬芳。一篇篇设计稿，像一件件精雕细琢的艺术品，蕴含铁匠的韧劲，一招一式都尽显力度；饱含玉工的耐心，切磋琢磨尽显章法；满含织女的恒心，一针一线绣出锦绣华章。

这是一部充满生命灵动的课堂活动纪实，描绘了志超与学生间智慧火花在课堂绽放的幸福时光，由此可以窥见志超的德育艺术及微革命所在，他善于"让学生先开口"，挖掘学生现有的认识，呈现学生已有知识和价值观，进而引发认知的冲突，通过引导、分析，让学生深入地了解和辨析，以便重构知识；他"善用学生体会"，顺着学生的思路延伸下去，步步追思，引导学生从不懂如何解决，到生成预防新知，从而达成教学目标；他能"妙用学生两难"，因势利导，选择最佳解决途径，从而生成智慧的应对方法；他更能"精用学生感悟",接学生言语中有意义的"下茬",精要概括,使其成为学生自我行动的方向,让学生在感悟中明理,让学生的智慧火花在课堂上闪烁。

这是一个引领学生幸福成长的愉悦旅程,是志超带领学生去充分体验,获得感悟,达到自我教育的旅程;是体会真诚品质,充分共鸣,实现明事懂理的旅程;是激励积极参与,探求未知,习得知识的旅程;是不断突破自我,克服困难,练就本领的旅程;更是发现生命,探讨幸福,实现梦想的旅程。在这个旅程中,青少年懂得了宽容是人类仁爱的灵魂,是迷航人的明灯,是友谊的润滑剂;明白了要释出善意,懂得了付出爱心和真情才有收获的道理;内化了不断坚持、永不放弃的意志;强化了直面挫折,懂得自我激励,笑对困难、挑战挫折的乐观精神……

教育,就是一个引领学生成长,且充满正能量的旅程,教育者诚心滋养着一棵棵幼苗不断成长,精心擦拭一块块金子闪闪发光,用心雕琢一件件艺术品熠熠生辉。

教育,是引领学生去经历一段幸福与快乐如影随形的奇妙旅程,欣赏一处处靓丽的风景,更让自己幻化为学生心灵深处抹不去的一道幸福风景。

志超已经成长为浙江省特级教师(德育),全国优秀教师,浙江省"春蚕奖"获得者,浙江省首批名班主任工作室领衔人,温州市"林志超名班主任工作室"主持人,《班主任》《班主任之友》《教师博览》封面人物,《教师月刊》年度人物,并入选《班主任之友》"三十年三十人卓越作者";育人事迹得到《中国教育报》《浙江教育报》《钱江晚报》等媒体的报道……志超已经取得了骄人的成绩,但是依然痴心不改,坚持学习,坚持创新,坚持读书,坚持改革,坚持笔耕。于是,有了这部《从班会课到成长课程》。

对已经走上事业高峰的青年来讲,重要的是继续坚持初衷、坚持初心,矢志不渝,继续挺胸前行。青年人,尤其是胸怀大志者,适时把自己"归零"是一个难得的成长智慧。著名作家刘震云说过:"归零心态就是把自己心灵里的一切清空,把已经拥有的一切剥除,一切归于零的心态。"人生,难免会有成功与失败、顺境与逆境。顺境时,把自己适时"归零",可以戒骄戒躁,消除"骄娇"二气,不把成功和顺境当"包袱"背起来;逆境时,固然会失去很多,但能够在失去时勇于"归零",才能重新面对自己,从头开始,积极奋斗。其实,人生也像时钟一样,到了子夜就要"从零开始",

只有"归零"，才会有新的周期与辉煌。

志超，一个充满灵气的人，在物欲横流的现今，淡定从容，始终没有离开课堂，为教育而坚守，为学生而成长。难能可贵，值得赞叹。

期待他能够不断地去追求、创造、展示，用自己独特的魅力和成就来感染人、陶冶人、震撼人、影响人，让生命开出更灿烂的花朵。

是为序。

2016 年 12 月于津门

第一辑

人格品质篇

CHAPTER1

从班会课到成长课程

第二辑

行为习惯篇

懂得感恩，学会孝敬

（感恩主题）

教育背景

可怜天下父母心，谁不爱自己的孩子，可为什么那么多的孩子不理解父母对自己的爱？经常有孩子对父母吼叫、责骂，甚至以离家出走、威胁自杀等各种消极的方式恐吓父母。是孩子感受不到父母的那份情，还是父母从小将孩子当成掌中宝呵护着、过度照顾，让孩子认为父母给儿女做牛做马是天经地义的事情，从而不懂"感恩"，不知如何才是孝敬？不少孩子觉得父母唠叨、麻烦，埋怨父母不理解自己，却从来不会站在父母的角度去考虑问题，不懂得体谅父母生活的艰辛与劳累，更谈不上去感恩和孝敬父母。在这样的背景下，对学生进行"懂得感恩，学会孝敬"的教育显得尤为迫切。

教育目标

·知识目标：让学生懂得如何去理解父母、尊敬父母、体谅关心父母、与父母和谐相处。

·情感目标：让学生了解父母之爱，体验亲情的无私和伟大，懂得感恩父母。

·行为目标：让学生从现在做起，从点滴做起，以实际的行动孝敬父母。

课前准备

进行学生与父母沟通情况的调查，以及父母现阶段希望孩子做什么的调查；收集公益广告《FAMILY》，制作相关课件资料。

第一版块：动画导入，感知父母恩情

师：我们先来观看中央电视台公益广告《FAMILY》。

故事梗概： F（爸爸）和 M（妈妈）在 I（孩子）小的时候细心呵护，可孩子慢慢长大，有了自己的主见，不断与爸爸妈妈发生冲突，企图挣脱爸爸妈妈的束缚自由成长，这使爸爸妈妈十分伤心。孩子成年以后，体会到生活的艰辛，才发现爸爸的背早已驼得不成样子，妈妈的身体已臃肿，于是主动承担起家庭的责任，长成参天大树，让年迈的爸爸可以依靠，替年老的妈妈遮挡盛夏的骄阳。"Father and mather I love you"（爸爸妈妈我爱你）这句话每一个单词的第一个字母便组成了"family"（家庭）。广告结束时出现了一行字：有家就有责任。

师：看了这则广告，你的感受是什么？

学生纷纷表达自己的感受：非常感人，最后的"有家就有责任"，最令人感动；孩子在成长的过程中，不断地与父母发生冲突，自己成年后才知道作为父母的艰难，怎么没有早一点认识到呢？

【设计意图】通过公益广告《FAMILY》的视频，让学生感悟自我成长中父母的艰难，从而明白自己该如何做，为学会如何感恩父母打下情感基础。

第二版块：感受亲情，体会父母的爱

1. 领略父母包容之情

师：父母的心都是柔软的，他们包容、关爱我们，可有时我们却感受不到。下面我们来看一个故事。

出示： 一个美丽的小村庄，住着一对相依为命的母女，晚上，母亲总在门上连锁三道锁。长大后的女儿向往都市，想去看看外边的华丽世界。可母亲却不准，于是她们有了激烈的争吵。"妈，你就当没我这个女儿吧！"深夜，女儿偷偷离家出走。

师：母亲不准，女儿就出走。这在我们的现实生活中也存在。说说你的感想，好吗？

学生纷纷表达了自己的想法：有的说，年轻人向往外面的世界情有可原，可母亲为什么不同意呢？有的说，这是女儿不孝，母亲是过来人，有经验，外面的世界并没想象中美好。还有的说，这是沟通不好造成的结果。

出示：可外面的世界不如想象中美丽动人，她受骗、堕落，深陷泥泞无法自拔，这时她才领悟到自己的过错。十年后，女儿拖着受伤的心与狼狈的身躯，回到了故乡。

师：这段话中，哪些言语让你产生感触？女儿回来了，母亲会原谅吗？

生："才领悟到自己的过错"这句话，也说明了母亲当时为什么不准女儿出去。母亲肯定会原谅，因为她是母亲，总是会原谅女儿的过错。

这个观点得到了许多学生的认同，可也有学生担心：十年了，母亲还会原谅女儿吗？

出示：女儿回家已是深夜，她轻轻敲门，却发现门没有上锁。"奇怪，母亲之前从未忘记锁门。"推开门，她看见母亲瘦弱的身躯蜷曲在冰冷的地板上，以令人心疼的模样睡着了。

师：母亲会原谅吗？

生：会，门没有上锁，说明母亲在等女儿回来！她肯定会原谅。

出示："妈妈……"听到女儿的哭泣声，母亲睁开眼，一语不发地搂住女儿，老泪纵横。女儿哭了很久之后，好奇问道："妈，你今天怎么没有锁门？"母亲回答："不只是今天，我怕你晚上突然回来进不了家门，所以十年来门从没锁过。"

母亲十年如一日，等待着女儿回来。这天晚上，母亲又紧紧地锁上房门。

师：看完这个故事，你有什么感想？

生：非常感人，母亲为女儿十年没有锁门，母爱是包容的、伟大的。

生：领略到母爱的伟大，也说明家永远是孩子温暖的港湾。

（板书：伟大的母爱，家是温暖的港湾。）

【设计意图】习以为常的父母之爱，蕴含于日常中，学生平常不能深刻体会其伟大之处，有时身在福中不知福。案例呈现了这个过程，让学生亲历曲折与波澜，感悟母爱的伟大。

2. 感悟父母无私之爱

师：父母不仅能为我们无私付出，更能无条件地接受我们，包容我们。下面先让我们做两个选择题。

出示：

问题1：她青春有活力，美貌如花，瓜子脸、大眼睛、白皮肤，身材曼妙，他非常爱她。不幸的是，一次火灾，她的脸被烧伤，留下了难看的疤痕。你认为：他会一如既往地爱她吗？

A. 会　　　　B. 不会　　　　C. 也许会　　　　D. 不好回答

问题2：他英俊潇洒，受过良好的教育，聪明有修养，还是商界精英，她非常爱他。不幸的是，一天他破产了，身无分文。你认为：她会一如既往地爱他吗？

A. 会　　　　　B. 不会　　　　　C. 也许会　　　　D. 不好回答

学生在两个问题的回答上，出现了很多的分歧。学生说，世界之大，各种人都有，所以有各种答案。

师：大家有自己的理解，对于回答也有自己的理由。如果把问题1中的"他"改为"父亲"，把问题2中的"她"改为"母亲"，你的回答是什么？

学生无一例外地都选择了A，认为父母是不会离弃自己的孩子的，他们的爱是无私的。

师：你们为什么有这样的选择？

生：父母的爱是无私的。

（板书：无私父母爱）

【设计意图】两个选择，两种意境，让学生自己去思考、评析、感悟父母的爱是没有任何附加条件的，是无私的，从而让学生感悟父母的真挚爱意。

第三版块：善于理解，明白父母的心

1.感受融洽，讨论自我责任

师：可很多同学在生活中，并没有感受到这种爱，在与父母的相处中显得不太融洽。

出示：

学生与家长交流情况（关系融洽程度）

	无话不谈 （非常融洽）	有时交流 （比较融洽）	偶尔争吵 （不大融洽）	总是争吵 （很不融洽）
与父亲融洽程度	36.4%	43.8%	13.7%	6.1%
与母亲融洽程度	52.8%	33.6%	10.4%	3.2%

师：看到这个统计表上的数据，你们有什么感想？

生：这表示我们与父母的关系融洽程度不容乐观，太让人担忧了，说明很多同学也不懂感恩，不懂如何孝顺父母，我们必须改变这种现状。

师：那你们觉得问题出在家长身上还是孩子身上？请结合自身的情况谈

谈想法。

生：孩子长大了，想尝试做一些事情，可家长总是不允许孩子去尝试，这样两者就会有冲突。其实，家长不知道我们需要什么，我们也不理解家长为什么不放心，而且家长总是非常唠叨，说这说那的。其实，双方都有责任，对于我们孩子来说，要善于理解父母的难处，多听听他们的意见。

【设计意图】展现亲子关系现状，剖析问题，让学生找到自己的责任所在，为下一步学习如何孝顺父母作好铺垫。

2.学会融洽，孝顺始于退让

师：在日常生活中，与父母相处的不融洽，往往也就是因为一句话，当父母对我们说出以下这些言语时，你怎么应对？

出示：

①为什么你总是整天让我操心，难道你不会变得自立一些吗？

②看看你的房间，脏得跟猪窝一样，难道你就不会收拾一下吗？

③你看你，整天就知道玩，不知道学习，我怎么生了你这样的孩子呀！

④如果你昨天晚上不看电视，怎么会起不了床呢？你总是这样，不懂得如何安排时间！

师：谁能先说说这些话背后的意图？

学生回答后教师补充完善：第一条，希望我们自立一些；第二条，要把房间整理得井井有条；第三条，不要贪玩，要多学习；第四条，学会克制，合理安排时间。

师：是呀！他们心里很想我们能够变得更好，所以很着急。你觉得怎样回答最为理想？

小组交流讨论，并把好的方法写下来。

技巧分享：退一步，先答应下来；主动改正；委婉地把原因解释清楚；多与父母聊天，听听他们的想法；多关心父母，了解他们的难处；主动提议让父母多监督，帮助自己改正缺点；请求父母多帮忙，多提醒……

（板书：孝顺，从退一步开始。）

【设计意图】让学生学会如何去理解父母的言语，从苛刻的语言背后解读出"爱"的含义；通过讨论如何应对，提升学生的沟通能力，使其学会与父母和谐相处。

第四版块：感恩行为，检视我们的回报

师：从父母严格的言行中，我们读懂了真情，其实，我们还有许多点滴值得去解读。

出示：

你的父母知道吗？	为什么知道？	你知道吗？	为什么不知道？
你的生日		父母的生日	
你喜欢吃什么		父母喜欢吃什么	
你有什么爱好		父母有什么爱好	
……		……	

1. 父母为我做了什么？

师：这些虽是小事，可点滴中见真情。每一位父母都为我们做了很多事情，到底为我们做了什么？小组内交流一下。

组内成员分享、交流，再派代表发言。

师：父母坚持为我们做这些吗？（得到学生肯定的答复）

2. 我为父母做了什么？

师：我们为父母做了什么？小组内交流一下。

组内成员分享、交流，再派代表发言。

师：我们坚持为父母做这些吗？（得到学生否定的答复）

（板书：父母能为我们坚持做事，我们偶尔为父母做事。）

师：看来同学们为父母做的这些，都是偶尔去做的，请同学们回忆一下父母为我们做的点点滴滴，有哪件不是天天如此重复着一直做着呢？那么请大家比较一下，父母为我们付出更多，还是我们为父母付出更多呢？

【设计意图】回忆一些日常事务，把父母和自己为对方做事的情况进行对比，引导学生自我反思，意识到自己做的远不及父母为自己做的那么多。

3. 我还可以为父母做什么？

师：是呀！通过对比我们发现，父母为我们做的远比我们为父母做的多，我们可以为父母再做些什么呢？

学生发言：帮忙做家务，为父母洗脚，为家庭赚一些钱，等等。

师：同学们的回答，可以用为家庭作一些贡献来概括，对吧？那么，你们的父母是这么想的吗？

出示：

父母现阶段最希望孩子能做到的事

帮忙做家务	多孝敬父母	为家庭分忧	努力学习	能心贴心交流
2.6%	4.7%	1.5%	58.5%	32.7%

学生表示：原来现阶段的大部分父母，并不想孩子为家庭作多少贡献，而希望孩子"努力学习"，"能心贴心交流"。努力学习是我们能够预料的，心贴心地交流，是没有想到的。看来感恩父母也很简单，努力学习，能与父母心贴心地交流，他们就会非常开心。

（板书：感恩，与父母心贴心交流；孝顺，于点滴中见真情。）

【设计意图】通过展示真实的调查结果，让学生意识到，在父母的眼中，感恩不是作多大贡献，而是好好学习和心贴心地交流，孝顺是点滴中见真情。让学生明白父母真正的需要，为自己的付出找对方向。

第五版块：孝顺行动，表达我们的决心

师：感恩是什么？相信每一个同学的心中都有自己的理解，怎样才能做到孝顺，你能说出来与大家分享吗？

出示：

感恩，是什么？

感恩，是点滴中见真情。

孝顺，是什么？

孝顺，是给父母一句贴心的言语。

感恩，是理解父母的想法。

孝顺，是父母口渴了，我们递上一杯水。

感恩，是父母遇到困难，我们尽力去分忧。

孝顺，是父母累了，我们为他递上一盆洗脚水。

感恩，是_____。

孝顺，是_____。

学生自主完成后，与大家分享。

师：是的，感恩，无需太多，只要一个关爱的问候，一句贴心的言语；孝顺，在点滴中见真情，可以是一次退一步的主动道歉，可以是一次换位思考，可以是为父母做一点小事。这些都是献给父母的一份孝心。希望同学们都能学会感恩，懂得孝顺。

【设计意图】通过表达，让学生明白，感恩不是轰轰烈烈的大行动，孝顺只是点滴的正确行为。通过填写，让学生把心中所思说出来，让学生今后行动能有方向，能落实。心动更有行动，放在心里，更要落实到行动上。

学生体会与感悟

一直以为父母没有那么爱自己，凡事都非常苛求，要么漠不关心，要么盯得太紧，感觉好烦，经常有逃离的念头。上了这节课才发现，原来父母严苛的言语中，饱含爱意和期待，只是表达方式我们没有理解而已。那道简直逆天的选择题，让我彻彻底底地领悟到，父母的爱是无私的，若换成我是母亲或父亲，不管孩子遭遇什么变故，也都会一如既往地爱他（她）、支持他（她）。但愿每一个孩子都能理解父母的爱。孝敬父母，从我做起，从点滴做起。

教学反思与建议

课堂上，学生体验后共鸣充分，显得异常活跃，精彩语言不断，非常感人。当然，学生由于认识不同，理解有差异，出现了许多不着边、不深刻的言语，如何更好地引导？建议如下：

①母亲为了女儿十年不锁门的故事，讨论点很多，建议放在"为什么出走"上，以求学生能更多地站在母亲的角度，去体会母亲的担忧，在"不锁门等待女儿回来"上获得共鸣。

②第二版块中的"选择题"是创意点，也是亮点，可以放开让学生自由畅谈，建议老师对学生的个性观点持尊重态度。

③第三版块中"学生与家长交流情况"的调查，建议老师对数据进行把握和解读，要有所侧重和调整，体现一定的教育性。比如城市学生，父母陪伴时间多，交流就多，侧重融洽的意义；而农村孩子，可能交流少，要侧重从理解的角度来对待父母。

④也许，很多感想学生目前尚未真正做到，可那是学生的真情流露，应给予尊重和肯定。激励情感，有所行动，这节课的目的就达到了。

学会豁达，宽以待人

（宽容主题）

▼ 教育背景

宽容是一种良好的心态，一份美丽的情感。人在社会交往中，吃亏、被误解、受委屈总是不可避免地发生，面对这些情况，最明智的选择就是宽容。新一代学生，成长过程中受到长辈过多呵护，造成他们在交往中不知道如何去宽容，有时他们在面对冲突或权益受到侵犯时，会出现斤斤计较、耿耿于怀的不良心态，这也造成了生生交往之间凡事毫不妥协、事后不能释怀的状况。因此，需要让学生看到宽容的力量，明白宽容不仅是一种高贵的品质、崇高的境界，更是一种生存的智慧、生活的艺术。让学生懂得宽容，学会豁达，宽以待人，与同学和睦相处，不仅是品质的修炼，更是健康成长的需要。

▼ 教育目标

· 知识目标：培养学生豁达的心态，使其懂得与同学和睦相处，以宽容的心待人，进而培养其健全的人格。

· 情感目标：知道宽容的力量是无穷的，甚至有救人的能量，启迪学生的谦让之心。

· 行为目标：即使别人犯错，也能采取恰当的方式帮其认识到错误，学会不记恨、不报复。

▼ 课前准备

进行相关调查，制作宽容度测试表，收集 QQ 表情、故事，制作课件等。

第一版块：表情导入，宽容最受喜欢

师：有过QQ聊天的经历吗？这几个QQ表情（来自网络），你喜欢哪个呢？

出示：

①　　　　　②　　　　　③　　　　　④

生：我选择②号，看起来比较舒服。（绝大部分学生同意）

师：若下面这几个词语与这几个表情连在一起的话，你会怎么连？

出示：无理取闹，战战兢兢，宽容和蔼，拒人千里。

生：①拒人千里；②宽容和蔼；③战战兢兢；④无理取闹。

师：你还可以用其他哪些词语来形容这些表情？

生：①愤怒、生气……；②可爱、开心……；③流汗、害怕……；④哭闹、撒娇……

师：你最喜欢哪些表情？

生：那些"可爱的，微笑的，宽容的……"总是最受人喜欢的。

师：是的，没错。宽容、可爱总是最受人喜欢的。（板书：宽容，最受喜欢。）今天，我们就一起来聊聊这方面的话题。

【设计意图】QQ表情，学生最为熟悉，聊天时经常使用，也深谙其含义。从最令人喜欢的表情引入，让学生豁然明白，自己平时在虚拟世界中经常使用的表情，其实在生活中也是一样的，"可爱、善良、宽容"总是最令人喜欢的。让学生懂得表情的作用和意义，激起学习的欲望。

第二版块：展示调查，了解自我宽容度

1.宽容的人，最受喜欢

师：课前，我们都参与了一个调查。在班级里，你最喜欢谁，为什么喜欢？情况如下：

出示：

项　目	友善宽容	热情活泼	可爱漂亮	勤奋聪明	冷酷有型
比　率	48.8%	27.9%	4.7%	18.6%	0

师：你看出点什么？

生：大家对"友善宽容"的人都报以欢迎的态度。

师：谁能代表"友善宽容"，说说获奖感言？

生：宽容别人，就是宽容自己；友善宽容，同学间更加亲密。

2. 测试一下，我宽容吗？

师：觉得自己是一个宽容的人吗？

学生大多表示还好吧。

师：宽容，是对他人的一种态度，有时你自己是感受不到的，一起来做个自我测试。

出示：

宽容度测试题（是打"√"，不是打"×"）：

★ 我看不惯一些同学的言行。

★ 同学当上班干部，我觉得是老师在照顾他。

★ 我觉得有些人总是故意跟我过不去。

★ 向同学打招呼，可他们却视而不见，这太令人难堪了。

★ 看到那些总说浅薄无聊笑话的人博得大家喝彩，我会很不服气。

★ 看到同学又拿奖了，我的心里会不舒服。

★ 我不愿意和比我出色的同学同桌或合作。

★ 我不喜欢老师为了照顾后进生而放慢讲课的速度。

★ 当我辛辛苦苦做完一件很出色的事却得不到认可时，我就会不高兴。

★ 晚上躺在床上，我有时会回想白天与人发生争执的情景。

★ 我比较在意同学对我的支持或反对的意见。

★ 对与自己意见不一致的人，我会嘲笑、贬低或在心里咒骂他。

★ 有人触犯了我，我会想着找机会报复他。

★ 老师（或父母）总是要我按照他们的要求去做，我不喜欢。

★ 我讲话时，别人不听，我会有点不开心。

请统计一下，看看自己得了多少个"√"。

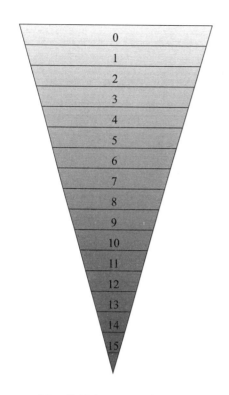

"宽容倒三角"

A. 请找到位置。这里有一把刻度为0—15的"宽容倒三角"标尺，请找到你的位置，做标记"○"。

温馨提示："0"表示非常宽容；"15"表示我几乎不会宽容。

B. 找出努力方向。想想今后能努力做到几分，同时在"倒三角"上做标记"☆"。我会努力，做一个宽容的人。

温馨提醒："宽容倒三角"，像一把尖刀，别站在离尖头很近的位置，那样容易让人受伤，也经常让自己滴血，请快快回到上面来！

师：统计好了吧！你在哪个位置？

学生汇报（选择比较好的学生进行汇报）。

师：任何统计结果都只是一个参考，为自己的进步提供一个前进的依据。好好努力，相信每个人都能"学会豁达"（板书）。

【设计意图】第一个统计是判断他人，寻找喜欢的目标，让学生明白待人宽容友善才是最受同学欢迎的。第二个统计则是自我判断，抉择相对艰难，通过对照，进行自我剖析，进一步了解自己，找到努力的方向。

第三版块：经典案例，唤醒内心感悟

1. 宽容别人，拯救生命

师：我们为什么要宽容别人呢？不宽容不行吗？

生：宽容别人，更能赢得别人的尊重。每个人都有犯错的时候，宽容能够让错误变得美丽。

师：说得真好，我们一起来看看宽容的力量吧！

出示：有一天，两个少年在一座林场里玩耍时，恶作剧地点燃了一片丛林。灭火时，一名年仅22岁的消防警察不幸牺牲了。他是由一位单身母亲抚养成人的，成长过程充满艰辛。他常向母亲保证，长大后要好好回报她，这是他参加工作的第一周，连一次薪水都没领到……

查明是一起蓄意纵火案后，那两名少年成了通缉犯，警察开始四处追捕。两个少年带着深深的悔恨和无奈，仓皇地四处逃窜。

师：看到这儿，你们想说点什么？

学生纷纷表达了对勇敢的消防警察的敬意，对两位少年可恶行为的憎恨，及对母亲的同情。

出示：媒体非常关注那名消防警察的母亲。记者们将话筒对准她，等待她悲哀的控诉和要求严惩凶手的愤怒呼吁，但她的话让所有人都震惊了。

师：你能预测一下，这位可怜的母亲说了什么令人震惊的话？

学生们都纷纷表示要严惩肇事者，还这位母亲一个公道；有的学生说，要狠狠惩罚两个少年；有的学生说，让那两个孩子来赡养这位母亲，换取原谅。

师：同学们说的都是情理之中的话，到底这位母亲说了什么，让所有人如此震惊？

出示：她是这样说的："我很伤心地看到儿子离开了我，但我现在只想对制造灾难的两个孩子说：你们现在一定活得很糟糕，可能生不如死。作为最有资格谴责你们的人，我想说，请你们回家吧，家里还有等着你们的父母。只要你们这样做了，我会作为母亲和上帝一起原谅你们……"

师：你想到过这位母亲会这么讲吗？你觉得母亲是怎样的一个人？

学生纷纷表示，没想到这位母亲会如此回答，这是一位伟大的母亲，是一位心如海洋般宽容的母亲，太令人敬佩了！

出示：那一刻，全场的记者都沉默了。没有人会想到这位刚刚失去儿子的母亲居然会说出这样的话，他们以为等来的是哀伤或是愤怒，没想到竟然是宽恕！

师：若你就是那两位少年，听到这位母亲如此言语，会有什么举动？

生：这位母亲如此宽容，叫人如何抗拒，两个少年应该不会再逃亡了。

出示：在这位母亲发表讲话的一个小时后，两名少年报警自首了。他们告诉警察：他们因承受不了巨大的压力想自杀。就在准备吞服安眠药时，从电视里看到了那位母亲的发言，于是拨通了警察局的电话……

现在，这两名鲁莽的少年已为人父，他们时常会领着自己的孩子去看望那位可敬的母亲，她已经是他们心灵中的另一位母亲。

师：一场悲剧就这样以温馨的结局收尾了，你有什么感想吗？

学生纷纷表示：很震惊，原来宽容有如此能量；宽容才是最好的良药；

宽容，拯救了他人，也拯救了自己。

2. 拒绝接纳，失去亲人

师：生活中，是不是所有的母亲，都像这位可敬的母亲那样呢？

出示：一个从战场归来的士兵打电话回家，告诉父母说："爸妈我回来了，另外我还想带一个朋友一起回家。"父母很高兴，儿子又继续说道："不过，我的朋友在战争中受了重伤，少了一只胳膊、一条腿，他现在没有别的去处，我想让他和我们一起生活。"

师：同学们，如果你是他的母亲，会如何面对这个问题？

学生有的表示可以接受，而有的表示需要委婉地告诉士兵，这样生活在一起有很多不便。

出示：母亲说："儿子，我很遗憾，不过或许我们可以帮他找个安身之处。"父亲又接着说："儿子，像他这样的人会给我们的生活带来很多的麻烦，我们还有自己的生活，我建议你先回家，然后忘掉他，他也能有自己的生活。"

师：你觉得父母的回答，士兵满意吗？

学生表示，不满意，但合乎常情，可总觉得父母的回答不够宽容。

出示：儿子无声地挂上了电话，几天后，父母接到警局的电话，得知他们的儿子已自杀。于是伤心欲绝的父母飞往警局所在地，在警方的带领下辨认儿子的遗体，那的确是他们的儿子，但令他们惊讶的是，儿子居然只有一只胳膊和一条腿。

师：听了这个故事，你感悟到什么？

生：原来这是士兵给自己父母的一次考验，没想到父母没有通过考验，这次不宽容的表现，换来的将是他们一辈子的痛苦和不安。

师：宽容别人，拯救自己（板书）。

【设计意图】 两个案例流传甚广，前后相继展现，极大的反差造成的震撼效果异常强烈，颠覆了学生一直以来"恶必遭谴"的认知，深深感悟宽容能拯救生命的伟大力量。悬疑式呈现，让学生感受了故事内容的跌宕起伏，未知的结局牵动着学生的探究之心，促使学生对故事过程进行追寻和感悟，能震撼学生的心灵。

第四版块：如何宽容，寻找最佳策略

1. 宽容，礼让见美德

师：宽容，是否说起来容易，做起来很难呢？若你遇到一些棘手的事，又如何解决？

情境一：一个课间，我站在走廊休息，肖肖急急忙忙地从走廊跑过，撞到了我，肖肖却没有道歉就跑远了。

生：肖肖不应该在走廊奔跑，很危险，要劝阻他不能乱跑，而且碰到人需要道歉。

生：可能肖肖有什么急事，我们先让一下，事后再劝。

情境二：你家和邻居因盖房争地发生了争执。你家有人在京城为官，于是写信给他，要他出面干预。如果你就是那位官员，如何面对这件事？

生：我让他们不要争了，大家礼让一下，心平气和嘛！

师：是的，礼让一下见美德（板书）。礼让，是宽容本色。第二个情境是一个真实故事，大家想知道结局吗？

出示："六尺巷"的故事。（略）

2.宽容，幽默赢得尊重

情境三：一个理发师正在给一位先生刮胡须，先生突然咳嗽了一声，刀子不小心把先生的脸给刮破了。理发师十分紧张，不知所措。

生：那要理发师赔偿嘛！

生：理发师也是不小心，可以少赔一些。

生：大度一些，这次就算了，提醒理发师以后注意。

情境四：一位先生正在演讲，一位女士不礼貌地打断："如果我是你老婆，就在你的咖啡里放毒药。"

生：先生会说：你这样就是犯罪。

生：放心，我不会娶你这样妻子的。

生：喊保安来，把她抓出去。

师：同学们给出了答案，真实情境中的当事人是怎么回答的呢？

出示：（情境三）但令他惊讶的是，周总理并没有责怪他，反而和蔼地说："这不怪你，我咳嗽前没有向你打招呼，你怎么知道我要动呢？"

（情境四）那个演讲的人是英国前首相丘吉尔，他的回答是："那我就马上把它喝了！"大家哄堂大笑，反而对丘吉尔更敬重了。

师：你觉得这两位先生怎样？

生：两位都很幽默、很宽容，赢得了大家的尊重。

生：他们是总理、首相，都是大官，才宽容的。

师：是当了大官以后才宽容，还是因为宽容才成为大家敬仰的人呢？

生：肯定是因为宽容才被大家推选为总理和首相的。

师：是的，没错，有句话说"宰相肚里能撑船"，宽容、幽默能赢得尊重（板书）。你们若学会宽容，将来也能像他们一样。

3.宽容，还需静待真相

情境五：师父和几个弟子受困，有七天没有饭吃。一天，一个弟子讨来一些米，饭快要熟时，师父看见这个弟子用手去抓锅里的饭吃。

师：你若是师父，会怎样？

生：告诉弟子相关礼仪。

生：弟子肚子肯定饿了，原谅他。

师：真相如何呢？

出示：这个师父就是孔子，他故作没看见，当这个叫颜回的弟子来请他吃饭时，他说："孟李祖先告诉我们，食物要先献给尊长，你怎能自己先吃呢？"颜回一听，忙解释说："夫子误会了，我看见煤灰掉到锅中，就把弄脏的饭粒拿起来吃了。"孔子叹息道："看来，眼睛也有不可靠的时候。"

师：同学们，你们看了这个故事有什么想法呢？

生：看来，有时自己的眼睛也不可靠，要等事情清楚了，才能下定论。

师：是的，凡事都需静待真相（板书）。

4.宽容，并非一味忍让

视频播放：一个黑衣服学生非常强势地对另一个蓝衣服学生骂骂咧咧，并动手动脚，而蓝衣服学生却一位地忍让，唯唯诺诺，不断退缩。

师：看到这样的画面，你有什么想说的？发表一下自己的见解。

学生纷纷表示：那个黑衣服学生太可恶了，欺负人是不对的；蓝衣服学生太软弱了，不能一味地忍让，要勇敢地反抗；只有自己有骨气，才能得到大家的尊重；对待朋友可以宽容，对待敌人不能宽容，要有反击的能力，宽容要有度、有节。

师：听出来了，看来，宽容不是一味忍让（板书）。

【设计意图】两难问题，往往介于情理和道理的两端，学生会很难拿捏，对错皆有理。通过思辨，能让学生懂得宽容的力量，学会如何在艰难的选择中，作出宽容的决定，为今后处理事情理清思路，指明方向。

第五版块：我能宽容，练就豁达心态

师：宽容，是一件快乐的事。相信同学们能够宽容，请大家拿出刚才发给大家的15道宽容度测试题，你能在每道题的后面，写上自己的应对方式吗？看谁的方法最好。

学生自我完成，小组讨论，呈现最佳策略。

序　号	现　象	应对策略
1	我看不惯一些同学的言行。	正常的，人与人是不同的，也许我的言行别人也看不惯，用一种欣赏的态度来看待。
2	同学当上班干部，我觉得是老师在照顾他。	他肯定有过人之处，需要慢慢地去发现。
3	我觉得有些人总是故意跟我过不去。	他们应该不是故意针对我，这也正好让我锻炼自己的宽容度。
4	向同学打招呼，可他们却视而不见，这太令人难堪了。	相信他们不会这样，也许他们真的没有看见。
5	看到那些总说浅薄无聊笑话的人博得大家喝彩，我会很不服气。	跟着一起笑笑、鼓掌，自己也试着找一些更加高雅的笑话，让大家为我喝彩。
6	看到同学又拿奖了，我的心里会不舒服。	祝贺他，我也努力！
7	我不愿意和比我出色的同学同桌或合作。	试着从他们身上学到一些优秀的品质。
8	我不喜欢老师为了照顾后进生而放慢讲课的速度。	每一个人都有后进的时刻，自己也可以试着去帮助他们。
9	当我辛辛苦苦做完一件很出色的事却得不到认可时，我就会不高兴。	为自己高兴，又出色地完成了一件事。
10	晚上躺在床上，我有时会回想白天与人发生争执的情景。	尽量想想大家为我喝彩，帮助我，鼓励我的事。
11	我比较在意同学对我的支持或反对的意见。	试着慢慢淡化，若不行，把这些意见放在心里，作为自己前进的动力。
12	对与自己意见不一致的人，我会嘲笑、贬低或在心里咒骂他。	试着接受他人的意见，尤其是学会不嘲笑和贬低。
13	有人触犯了我，我会想着找机会报复他。	淡忘他，时间会淡化一切。
14	老师（或父母）总是要我按照他们的要求去做，我不喜欢。	试着与老师（或父母）沟通，说说自己喜欢的。
15	我讲话时，别人不听，我会有点不开心。	没什么的，选择开心的事来做。

师：同学们，心动不如行动，生活需要你的宽容，期待大家积极行动起来。面带微笑，宽以待人。（板书）

【设计意图】根据宽容度测试题，寻找最佳策略，让学生探寻怎样才是宽容，帮助学生更好地认识自己，学会宽容。测试度并没有界限，有无限可能，提醒学生调整自我才是重点，激励学生完善自己，学会宽容。

第六版块：分享宽容，心动更有行动

师：宽容，你也能做到的。接下来，有两张小纸条，请你写给你认为最需要写给他的人。

相信，你能宽容！
亲爱的_____！ 　　我知道，你是一个宽容、豁达的人，以前，我做过让你生气的事，请你原谅我，好吗？ 　　祝你开心！ 　　祝我们都开心！ 　　祝愿我们在宽容的路上携手前进！ 　　　　　　　你的朋友：_____ 　　　　____年____月____日

是的，我能宽容！
亲爱的_____！ 　　我知道，你是无意的，以前，我对你生气，也有我的不对，我当然会原谅，没什么，都过去了！ 　　我很开心！ 　　我们都会很开心！ 　　祝愿我们在宽容的路上携手前进！ 　　　　　　　你的朋友：_____ 　　　　____年____月____日

师：好了，现在已经没有什么能够带给我们烦恼了，让我们背起行囊，轻松上路吧。

师：送给大家一首有关宽容的小诗吧！

出示：

宽容，是什么？

宽容，是一种胸襟，更是一种睿智；

宽容，是一种美德。

宽容，是什么？

宽容，是同学犯错时的一个原谅，是与人沟通的顺畅无阻；

宽容，是快乐自己的秘密。

师：宽容是什么？谈谈自己的看法。

学生分享。

师：宽容是人类仁爱的灵魂，它是迷航人的明灯，友谊的润滑剂。宽容是一种风度，如雨生云；宽容是一种气度，似雨润物。希望同学们学会豁达，宽以待人，幸福与快乐就会如影随形！

【设计意图】宽容需要感悟，要善于挖掘学生内心的冲动和激荡，让学生说出对宽容的理解，凝聚宽容点滴，分享宽容，学会宽容，为学生今后如何宽容指明方向。

学生体会与感悟

QQ 表情最有意思，说真的，最喜欢"微笑"表情，有时跟同学聊天，对方若发一个"微笑"，就感觉非常温馨。生活中更是这样，看到同学的微笑，感到特别舒心，看来需要多微笑。这节课上，两个感人的故事让人非常震惊，一个是宽容挽救了两条生命，另一个是不接纳失去了自己儿子的生命，有点潸然泪下。想想自己，需要改变一下了，这样会获得更多的朋友。把老师最后的那一句"学会豁达，宽以待人，幸福与快乐就会如影随形！"作为座右铭，慢慢去践行！

教后反思与建议

如此丰富的内容，如何上得紧凑，突出重点呢？建议如下：

①"宽容度测试"放在课前完成，课上对照结果或课前学生自我对照即可，涉及学生隐私，不要公布于众。

②第三版块的"两个经典故事"衔接性、对比性很强，不建议因为时间紧张而作取舍。建议课前先给学生讲一半的故事，结局在课中呈现，可以带给学生强烈的感受，拨动学生心弦。可分成两课时，第一课时上前三个版块。

③第四版块的情境题针对性很强，需要重点解读，可以让学生懂得如何宽容。五个情境加一个视频，从浅入深，可以根据需要或学生年龄进行取舍。

④第五版块是针对"宽容度测试题"的一个能力实践，可以让学生选自己没有做好的其中一条来作答，进行重点分析、交流。不过要把握好时间，避免拖沓。

⑤"宽容小纸条"需要课堂上完成，学生的感悟和勇气本来就是即兴的，过了这个节点，也许就不再感动了，要好好把握，让个别对同学心有芥蒂的学生，能及时通过这节课和好如初。

善待他人，惠及自己

（友善主题）

教育背景

善待他人，是人生的必修课，也是人存在的意义。可现今社会，出现了一些不和谐的现象，虽是零星个别，却通过报刊网络的迅速传播，造成恶劣影响。于是，一些父辈向孩子传递了一些反向思想，如：拒绝乞丐，不要去扶摔倒的老人以防被讹，不轻易相信陌生人等。长此以往，学生形成了对什么事都保持"怀疑"的态度。慢慢地，孩子习惯性地拒绝别人，对人没有同情心，常怀有落井下石的心态，追求私利而不讲奉献，等等。

因此，要感召学生，让他们对有困难的同学报以同情心，予以帮助，学会礼让同学，善待家人、朋友，明白善待他人，惠及自己的道理。

教育目标

·知识目标：让学生明白"帮助他人，惠及自己；关爱他人，快乐自己；赠人玫瑰，手有余香"的道理。

·情感目标：善待他人，多替他人想一想，形成良好的心态，树立正确的价值观。

·行为目标：学会说话、做事将心比心、换位思考，并能落实到行动上。

课前准备

课前必要时进行表情传递游戏指导；收集相关故事，制作课件。

 教育过程

第一版块：游戏导入，激起学习兴趣

师：我们来做一个小小的游戏，我请三个同学帮忙。（请三个组的最后一位学生 A、B、C）

三位学生背对黑板面向老师，老师背向全体同学，依次向学生 A 做一个"发怒"的表情，向学生 B 做一个"鬼脸"的表情，向学生 C 做一个"笑脸"的表情。

师：来，你们回到自己的位置上，让你的前一位同学转过脸，你不能发出任何声音，只向他做一个老师刚做的表情。

学生向前一位同学传递表情。

师：请这三组的最前面一位同学来展示一下你们的表情。

A 组学生展现"发怒"的表情；B 组学生展现"鬼脸"的表情；C 组学生展现"笑脸"的表情。

师：为什么你们做这样的表情呢？

生：因为我看到的就是这样的表情。

师：请 A、B、C 三位同学来展现一下。

师：你们发现什么？

生：原来他们也都做了这样的表情，看来表情会传递，会感染。

师：是的。其实，不仅表情会传递、会感染，我们的行为、语言也都会传递、感染。也就是说你给他人什么，将来自己或许收获的就是什么。（板书：____他人，____自己。）

【设计意图】通过表情传递游戏，让学生明白任何一种情绪、行为、语言都会传递，自己做出什么，将来可能收获的就是什么。

第二版块：经典案例，唤醒内心感悟

师：我们来看一个故事。

出示：有一位单身女子刚搬了家，她发现隔壁住了一户穷人家，一个寡妇与两个小孩子。有天晚上，那一带忽然停了电，那位女子只好自己点起了蜡烛。没一会儿，忽然听到有人敲门。

师：你们猜大概是谁在敲门呢？到底是什么事？

学生纷纷表示：肯定是隔壁的小孩，他们来借蜡烛，因为他们家里比较困难，可能没有蜡烛。

出示： 原来是隔壁邻居的小孩子，只见他紧张地问："阿姨，请问你家有蜡烛吗？"女子心想："他们家竟穷到连蜡烛都没有吗？千万别借他们，免得被他们依赖了！"

师： 接下来会发生什么？

学生纷纷发表自己的猜测：有的说女子会找一个借口不借；有的说女子会把孩子骂走，因为这里的文字描述是"千万别借他们，免得被他们依赖了！"；而有的坚持说，女子会把蜡烛借给小孩，因为她的爱心战胜了冷漠。

师： 同学们的猜测都有自己的理由。认为"女子会把蜡烛借给小孩"的同学，他们也许知道这有违故事的事实，可他们还是希望女子能回心转意，老师比较赞赏，你们很有爱心。

出示： 于是，女子对孩子吼了一声说："没有！"准备关上门。

师： 你能猜对结局吗？面对这样的局面，若你就是那个小孩会怎样？

学生大部分表示会离开，不会赖在那儿，这个女子太没有人情味了，学生们义愤填膺的言语淹没了一切。

师： 遭遇如此委屈，这个小孩到底是怎样面对的呢？我们继续来看发生了什么。

出示： 那穷小孩展开（关爱的）笑容说："我就知道你家一定没有！"说完，竟从怀里拿出两根蜡烛，说："妈妈和我怕你一个人住又没有蜡烛，所以，我带两根来送你。"

看完这段话后，学生沉默了，很多学生的眼中闪出了泪花。

师：（低沉地）说说你的感想，好吗？

生： 没想到这个小孩是来送蜡烛的，女子误解了，她会很感动，会拥抱小孩，会热泪盈眶，太感人了。

生： 我也真的很受感动，这个小孩面对阿姨的吼叫，不仅不离开，反而展现笑容，好有爱心，好有气度呀！

生： 小孩和妈妈值得我们好好学习。

出示： 此刻女子自责、感动得热泪盈眶，将那小孩子紧紧地拥在怀里。

师： 是的，谁不感动呢？在这则故事中，你有什么感受？学到了什么？

学生纷纷表示，凡事不能以怀疑之心去看待别人，要善于理解他人，被误解若还能释出善意，将会收获更大的感动。

小结： 被人误解，释出善意，收获感动。（板书）

【设计意图】以经典案例引入，故事情节峰回路转，结局出人意料，学生刹那间明白如何去看待一件事，读懂一个人，自然产生一种豁然顿悟之感。学会即使被误解，也要怀着一种善意，用积极的心态去面对，收获另一种感动。

第三版块：情境推测，反思自我表现

师：日常生活中，尤其是在发生矛盾之后，大家又是怎样对待同学的呢？我们一起来完成一个小小的事件进程推测，好吗？

出示：在走廊上，小东和同学玩，由于动作过大，不小心碰到了小明的头，非常疼。此时，小明，会如何选择？小东会如何回应？结局如何？（请大家根据自己的想法，把"我的推测"写出来。）

事件进程	小明反应	小东回应	双方表现	事件结局
我的推测				
我的想法				

学生独立完成表格，并汇报自己对事件的进程推测及想法。

教师根据学生汇报，出示小结：

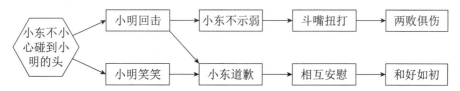

师：你能从这幅图中，发现什么？

生：当小明回击，而小东又觉得自己是不小心的，不肯示弱，两人的冲突就会发生。

生：我们看到，这件事若双方有一方让一下，笑一笑，道个歉，冲突就不会发生。这也告诉我们，学会道歉非常重要。

师：不知道，我们同学平时又是如何表现的呢？

学生七嘴八舌，有的说自己会礼让，有的说自己平时做得不够好。

师：想不想模拟一下？

第一组模拟双方不甘示弱的情境，让学生谈谈感悟。

学生纷纷表示，冲突让人感到害怕，而且起冲突后，争吵的人表情也非常难看。

第二组模拟小明回击而小东道歉，双方和气收场的情境。

学生表示，总觉得气氛还是不够和谐。

第三、四组学生模拟双方礼让后，高高兴兴的情境。

学生表示，这样才更好，让人觉得心情舒畅，本来就是不小心，没什么好计较的。

师：在双方表现中，你认为谁最友善？你最愿意学习谁的做法？

有的学生说，是道歉的小东，因为对方回击了还能不计较，这样很大气。有的学生说，是笑一笑的小明，对方也是不小心，没什么可计较的。

师：不计较、大气、友善，总是最受人欢迎。（板书）

【设计意图】寻找学生日常生活中再小不过的真实事件，通过让学生选择事件发展的过程和结局，挖掘学生内心的真实想法。利用情境模拟，让学生看到礼让和友善的美好结局，从而唤醒学生内心向善的感悟。

第四版块：两难情境，引发学生思辨

师：生活中，还是经常发生一些即使你释出了最大的善意，而别人却还是不理解的事件。此时，你又该如何？

情境一：在回宿舍的路上，由于人很多，小方摔倒了，我急忙扶她起来，可小方却和她的同伴说，是我在后面推倒了她，要不然怎么这么好心扶她起来呢。

情境二：中午在寝室午休，小东非常吵，不停地吃东西、讲话、作弄人。

情境三：好朋友小陈被人欺负了，向我求助，就想着给对方一个教训，我该怎么办？

情境四：我看到街上的乞丐很可怜，想给他一些自己的零用钱，可妈妈说他们是"职业乞丐"，是假的，其实很有钱。

师：这些事情，在你的身上发生过吗？如果你就是当事者，你会如何面对？

生：我试着回答第一个问题。自己做了好事，却被人误解是一件非常沮丧的事，可人家怀疑了，只能慢慢地跟她解释，当然要有诚意。要让对方明白真不是自己推倒她的，即使真是自己，也是不小心，请求她能原谅。

师：这个问题在社会上也偶有出现，有老人在路旁摔倒了，你去扶他，他却说是你撞倒的。若真有这样的事发生在你身上，你会怎么办？

生：我的态度还是扶他起来，事后慢慢解释，万一他摔坏了，不扶他及时就医，会出大事的。

师：我非常欣赏你的这种态度，希望大家都能和你一样，做一个充满善意的人，即使被误会也要不后悔、不退却。

生：第二个问题中，小东这样是不对的，影响了同学们休息，我们也不能因为善意待人而不去提醒小东，我们要明确地告诉小东，他这样是不对的，让他明白错误，这是最大的善意。若不提醒，被老师发现了，就得挨批了。（学生笑）

生：我回答第三个问题，被人欺负是一件很令人伤心的事，可是以暴制暴是不对的，这要跟小陈解释，重要的是要找到对方，说清欺负人是不对的，规劝对方跟小陈道歉，达成和解。

生：乞丐真的很可怜，穿得很破旧，吃得很差，我想没有谁愿意去当的。不管他是职业的，还是真有困难，我们都应该给他一点力所能及的帮助。万一他真的很困难，我们的一点帮助就能解决他的燃眉之急，这样不是很好吗？

师：你这样做，自己觉得快乐吗？

生：快乐呀！

小结：是呀，释出善意，不仅让对方快乐，自己也更加快乐。有句谚语，"送人玫瑰，手留余香"，就是这个道理。（板书：释出善意，快乐自己。）

【设计意图】道理越辩越明，把问题摆出来，才有利于学生分清对错，明白今后如何面对这些两难的问题，为自己今后的行动指明方向。

第五版块：助人事例，感受惠己真谛

师：在生活中，你遇到过帮助了别人后，自己也获得别人帮助的事例吗？

生：有一次小雅受伤了，不能去食堂吃饭，我们每天轮流给她送饭吃。后来，有一次我的脚崴了，小雅让他的堂兄每天来背我上下宿舍五楼。

生：有一天，小俊的值日安排在清洁区，可我发现他被科学老师叫去补作业了，若再不清扫，班级就会被扣分了。我急忙清理了清洁区，等小俊来的时候我已经清理干净了，得到一个高分。后来我值日时，小俊经常来帮助我。

师：这告诉我们什么？

生：善待他人，最后自己得到收获。（补充板书：善待他人，惠及自己。）

【设计意图】挖掘学生记忆中善待他人，惠及自己的事例，学生不仅能被自己感动，更能明确今后做事的方向和心态。通过故事的呈现，感人的场景，动人的画面，让学生不知不觉浸染自我，升华自我。

第六版块：善意宣言，心动更有行动

师：在别人遇到困难时，他们需要我们的帮助，需要我们释出善意，我们的善意也许只是只言片语，却将给需要帮助的人带去一片暖意。请看善意宣言。

出示：

★ 当她因为考砸了而哭泣时，她需要我的一个安慰：别伤心，还有机会。

★ 当他跑1000米坚持不下去的时候，他需要我的一个鼓励：加油！坚持到底就是胜利！

★ 当她被人欺负时，她需要我的一个支持：不要欺负她。

★ 当他感到寂寞时，他需要我的一个邀请：来，我们一起玩吧！

★ 当她生病落下功课时，她需要我的帮助：别担心，有我呢！

★ 当她拖着重重的行李时，她需要我来分忧：来，我帮你！

★ 当他犯了一个错误时，他需要我的原谅：没关系，你也是不小心。

师：同学们！这些话，让你想起了曾经给予别人的温暖人心的话了吗？在你的记忆中，还有哪些值得大家学习的话语呢？

出示：

★ 当他＿＿＿＿＿＿＿＿＿时，他需要我的＿＿＿＿＿＿＿＿＿。

学生分享，选择优秀宣言让学生进行板书。

最后，全体学生齐读善意宣言。

师小结：善意是无价的，善意是会传递的，终有一天，这个善意会来到你的身边，让你有所收获，给予越多，收获越大。最后，愿大家多多释出善意，收获满满的幸福。

【设计意图】善意宣言，激起学生的善意记忆，提出善意设想，为将来的付诸行动，打下情感和认识的基础。

▼ **学生体会与感悟**

让我印象最深刻的是"不小心打人"那个环节，大多数时候我们都会

"还击"，除非是自己最好的朋友，于是往往以吵架结束。我们也都知道让一下、忍一忍就没事了，可就是咽不下这口气。现在在课堂上模拟了，如果大家都能这样礼让一些，那我也肯定会那么做。毕竟，我也不想吵架。

最让我感动的是那个被隔壁阿姨吼了还掏出蜡烛的孩子，友善的人收获友善，慢慢学吧！

教学反思与建议

在要不要给乞丐钱的问题上，学生争论比较多，如何在学生面前传递善意呢？正当自己不知所措时，学生教育了我："万一他真的很困难，我们的一点帮助就能解决他的燃眉之急，这样不是很好吗？"不管对方是谁，帮助别人，快乐自己，这才是最大的收获。

对于如何上好这节课，建议如下：

①传递表情游戏容易笑场，而得不到相应结果，可减少传递人数，最少可以是"师—生—生—生"四人表演，让学生明白表情会传递即可，当然让每一个学生都体验是最好的。

②第三版块的情境推测，需要重点突出，充分调动学生的积极性阐述自己的理由，让学生呈现现状，发现问题，寻求最佳策略，并通过模拟，学会在实践中加以运用。

③两难思辨时，解决身边事时，要提示学生善待同学，启示换位思考——从"我"的角度出发去思考、解决。给乞丐钱，要从"帮助别人，快乐自己"的角度切入，从"心中有善，满眼皆善"的层面进行引导。

团结合作，互惠共赢

（合作主题）

教育背景

团结合作的意义不言而喻，是现代人必备的技能，也是永恒的话题，"独木孤单难成行，滴水集成汇海洋"。现在的学生由于从小缺少兄弟姐妹结伴成长的机会，团结合作意识不强，团结能力没有得到充分的发展，许多学生在学校生活中越来越多地表现出不善于与人合作和交往、不团结的弱点。因此，很有必要让学生认识团结的重要性，培养学生的团结合作意识，增强其团结合作能力。

教育目标

·知识目标：让学生懂得团结的好处和必要，知道如何做才是真正团结。
·情感目标：让学生明白团结是互惠互赢的基础，具备团结合作意识。
·行为目标：让学生学会与他人合作的方法，培养团结合作能力。

课前准备

找好势均力敌的两个大力士，作为游戏主角；收集相关视频资料及故事。

教育过程

第一版块：小小游戏，透视团结力量

（游戏：看谁最快拿到苹果）

师：听说咱们班能人辈出，而且有很多大力士。今天，我就请两名大力

士上台来接受我的挑战。

（请两名力气大的男生上台）

师：大力士，你们好！握个手，拥抱一下。我把两个苹果分别放在教室左右窗台上，请两位手拉手，不能松开，分别去拿两边的苹果，30秒时间，看看你们能否拿到。

两位大力士开始了"拔河"，由于势均力敌，拉了一会儿，两人不分胜负，都没有拿到苹果。

师：同学们，你们想对大力士说什么？

学生纷纷表示，他们俩的力气差不多，不容易分出胜负。

此时，有两个女生说她们能很快拿到。只见她们手拉手，先拿走右边的苹果，又快速地拿走左边的苹果。学生一片哗然，纷纷表示这样是耍赖皮。

师：同学们说你们耍赖皮，你们怎么解释？

生：老师的规则是我俩不能松手，30秒之内拿到两个苹果，我们都照做了呀！这是智慧，合作的智慧。

师：你们觉得呢？

生：符合规则，而且很有智慧，应该给她们掌声。（学生一片掌声）

师：怎么形容她们俩和刚才两个大力士？

学生纷纷表示：团结力量大；合作共赢，争斗双输；做事要有智慧，相互合作很重要。

师：是呀！合作共赢，两个文弱的小女生团结在一起，完成了两个大力士都完成不了的任务。今天我们就一起聊聊这个话题。（板书：团结合作）

【设计意图】游戏，是学生最喜欢的教育形式之一，利用游戏导入课题，可以马上紧紧地吸引学生，"拿苹果"的游戏能教人深思，斗力不但拿不到苹果，反而"两败俱伤"，合作却能轻松地拿到苹果。通过亲身体验，让学生真切地感知团结的力量，怀着浓厚的兴趣参与接下来的环节。

第二版块：团结故事，激发学生深思

1. 说合作，话团结

师：同学们，为什么要团结合作？

生：单打独斗，力量总是很薄弱，团结在一起力量大。

师：是呀！生活中你们体会到团结的好处了吗？跟大家分享一下。

学生根据自己的经历和理解，阐述团结的意义。

老师一一给予肯定，并相应板书。

【设计意图】挖掘学生所经历的团结故事，让学生从中感知不团结带来的是痛苦的回忆，而团结才能留下美好瞬间。

2.小寓言，思团结

师：同学们，很多人在困难的时候知道团结，在利益和荣誉面前，却不知道如何团结，请看下面的一则寓言故事。

出示：在一望无际的大草原上，有三头牛，分别是红牛、黄牛、黑牛，它们和平共处，团结互助，共抵外敌，是这个大草原的守护者。

师：这三只牛可能做了哪些团结互助的事情？

生：帮助小动物，一起赶跑老虎、狮子、饿狼等。

出示：一天，狮子饿坏了，着急地寻找食物。这时，狮子看见了这三头牛，它不管三七二十一，朝着三头牛飞快地奔过去，三头牛屁股朝后，狮子一到，就来了个超级后踢，把狮子踢倒了。

师：你觉得故事到此结束了吗？

生：狮子再也不敢来了，团结就是力量。

出示：狮子受伤了，在休养当中，它想：没想到这三头牛那么厉害，把我踢成重伤，我一定要把它们吃掉，不过，它们联起手来的话，我还是……得想个办法，嗯，想到了。

师：狮子可能想到了什么好办法？

学生讨论发言。

出示：一天晚上，狮子来到牛的住处，大吼了一声，三头牛愤怒地说："你还来干什么？小心又把你踢飞。""不，不，不，我是想来看看你们谁更厉害。""当然是我。"黄牛说道。"是我，是我。"红牛争辩道。"你们错了，要不是我把狮子踢飞了，恐怕你们早被吃了。"黑牛不屑地说。三头牛便争吵了起来。

师：结局怎么样？

生：它们不团结，会被狮子打败的。

出示：最后三头牛打了起来，狮子笑了，因为它们中计了，最后三只牛都受了伤，狮子吼了一声，说："我才是最厉害的。"然后把三头牛都咬死了！

师：这个故事使你明白了什么？

生：三头牛联合起来能打败狮子，可惜它们为了争一个谁最厉害的虚名，开始内斗，结果被狮子吃了，很可惜。

【设计意图】通过寓言让学生看到不团结带来的残酷后果，提醒学生在现实生活中就存在许多自私自利的行为，其结果可能就是我们所不想看到的，也让学生通过激辩的方式，勾起回忆，激发深思，真正感悟团结的意义。

3.看视频，悟团结

师：是呀，团结力量大，我们来看几段视频。

出示视频：

①狮子合作捕食的画面（《动物世界》）。

②小丑鱼尼莫指挥群鱼集体挣破网的画面（《海底总动员》）。

③大象集体拯救陷入泥潭小象的画面（《动物世界》）。

④原始人克鲁德一家六口在老爸的庇护下生活，每天齐心协力抢夺鸵鸟蛋的画面（《疯狂原始人》）。

师：看了这些画面后，你们有什么感想？

生：不管是动物，还是我们人类，若要生存，就必须团结在一起。

师：是呀！团结非常可贵，是动物及人类赖以生存的法宝。而人类更是把团结发挥到了极致，请继续看！

⑤攀登珠穆朗玛峰的登山爱好者，用绳索相互连接的画面。

⑥辽宁舰上"歼15"起飞，地勤人员"走你"姿势画面。

师：同学们，你们在这些画面中看到了什么？

生：攀登珠穆朗玛峰是勇敢者的行为，单打独斗是不行的，路上都是冰雪，很容易滑下山崖，他们绳索相连，万一有人坠崖，其他人就能把他拉上来！

生：听说在航母上起降飞机，是"刀尖上的舞蹈"，很危险，虽然只有几个人在飞，却需要几百人服务，不团结是绝不能实现的。

师：是的，这些动人的画面，无不告诉我们，这就是"团结"。

（板书：团结就是目标一致，齐心协力。）

【设计意图】通过播放视频，让学生感受到，人类和动物只有团结才能更好地生存，从而初步感知团结的意义和力量。

第三版块：面对现实，学会如何团结

1.小两难，辨团结

师：生活中有些事我们难以抉择，又不得不面对。换成你该怎么办？

情境一：考试时，平时的合作伙伴递来小字条，让你把答案写给他，等会儿你不会的地方，可以让他帮忙，这样相互合作，可以达到互惠共赢。

情境二：在合作中若出现以下情境，你会怎样做？

①合作伙伴的想法不符合自己的想法，怎么办？

②自己的做法被合作伙伴误解了，怎么办？

③合作中，两个人都需要某件东西，怎么办？

④你的合作伙伴各项成绩都在你之上，你会如何做？

情境三：班级里，有两位特殊的学生，一位是小周，另一位是小王。她们一个双目失明，一个双耳失聪。

情境四：小方跟班上的同学小唐因小事吵架了，两人不欢而散。一天，小方看见一个高年级的学生在欺负小唐。小方该怎么做？

情境五：一个房间不慎起火，霎时浓烟滚滚，可房门口很小，里面有六七个人，情况十分危急，此时你若是这个房间的主人，会怎么做？

学生讨论，教师根据学生的回答小结。（板书：团结合作也要诚信；团结是体谅＋友善＋沟通；团结是取长补短；团结是巧妙合作，相互协作。）

【设计意图】有思辨，才能有更好的感悟。从学生已有认知出发，让他们诠释对团结的理解，并进行适当引导，更能帮助学生树立对团结的正确认识，感悟什么才是真正的团结。

2. 现最佳，知团结

师：情境三的两位特殊同学，大家的建议是应该帮助她们，来看看她们是怎么做的。

出示：在辽宁师范大学教育系里，就有这么两位学生周婷婷和王铮，两个人组成了"海伦·凯勒"号联合舰队，在生活上、学习上互帮互助。周婷婷听不见看得见，她做了王铮的眼睛；王铮看不见听得见，她做了周婷婷的耳朵。两人取长补短，扬长避短，在学习上取得了优异的成绩。

生：原来她们的成功，是源于"团结友爱，互相协作"。

生：她们自己组成一个组合，相互帮忙，取长补短，真是令人敬佩。

师：其实每个人都有自己不足的地方，都要善于合作，取别人的长处，来弥补自己的短处，这样才能共赢。（板书：相互帮忙，取长补短。）

师：情境五的火场如何逃生，大家想不想看看最有效的方案？

出示：这个主人大喊："大家不必拥挤，谁离门口近，就先出去，按照大家办公桌位置的顺序依次跑出就可以了。"他自己跑到了最后，结果，大家十几秒钟就都安全脱险了。

师：从这个小事故中，你明白什么道理？

生：危险面前，紧急关头，也别忘了互相协作，这样大家都能逃生。如果一股脑儿地往外跑，都挤在门那儿，有可能发生踩踏。

（板书：互相协作，互相配合、礼让。）

【设计意图】呈现危急关头最佳方案，给学生以启迪。

3. 小实践，会团结

师：想不想体会一下团结合作的力量呢？下面老师请大家吃饼干，每人吃一个，会吃吗？开始吧！

学生在快乐中轻松完成。

师：哦！好像很简单，对吧！现在设置一个小小的规则，规则是：拿饼干的手，不能弯曲，现在看谁能够吃到饼干。

学生各种姿势，花样百出，却发现自己怎么都吃不到饼干。于是纷纷表示：这样吃不到饼干，可不可以改改规则？

此时，有两个同学采取了互相喂的方法，吃到了饼干。

师：你们愿意来分享一下经验吗？

生：相互喂，就可以轻松吃到饼干。（学生给予了热烈的掌声）

师：你们能针对他们的成功，谈谈自己的感想吗？

生：团结合作，互惠共赢（板书）。

【设计意图】"吃饼干"小游戏，是"上帝参观天堂地狱"场景的改版，这个小游戏让学生明白，无论做什么事，只要大家团结就一定会取得成功。

第四版块：团结合作，心动更有行动

师：团结合作，在我们的生活、工作中无处不在，小到我们的值日，要多人合作；大到航天，要多部门合作，精心协调；即使是动物们，也知道如何团结，比如蚂蚁（出示蚂蚁一起觅食、卷成团抵御大火等图片）。智慧的前人，给我们留下很多关于团结的名言。

出示：

二人同心，其利断金。——《易经》

一滴水只有放进大海里才永远不会干涸，一个人只有当他把自己和集体事业融合在一起的时候才最有力量。——雷锋

人们在一起可以做出单独一个人所不能做出的事业；智慧、双手、力量结合在一起，几乎是万能的。——［美］韦伯斯特

师：团结起来能发挥无穷的力量。对于团结合作，你们准备怎么做呢？把你们的想法和做法写下来。

出示：

★ 我们班_____最团结同学。我想对他（她）说：_____（说一句赞扬的话）。

★ 我们班_____是我的学习榜样，他（她）在_____地方值得我学习。

★ 我曾经这样帮助过同学：_____。

★ 我们班还有需要我帮助的同学，我准备这样帮他（她）：_____。

★ 我们班目前在_____方面还存在不良现象。

★ 我们今后应该这样做：_____。

★ 为增强我们班的凝聚力，我准备以后这样做：_____。

学生写想法并交流。

师：一粒粒小石子，铺成了万里高速路；一块块普通的砖头，砌成了雄伟的长城。一个人想获胜，需要团结；一个民族，一个国家，只有团结才能繁荣昌盛！希望同学们能牢记——团结合作，互惠共赢（学生齐读）。

【设计意图】体味身边的团结，让学生学会如何做才是团结合作，感知只有团结一致，齐心协力，才能互惠共赢，共创美好班级。

学生体会与感悟

看到动物们团结协作，一起努力的画面，很有感触，如果它们不团结，可能就不能生存下来。我们人也一样，有时一个人做不了，便需要团结协作，比如"不曲手吃饼干"

学会合作吧，取别人长处，来弥补自己的短处，去收获共赢。

教学反思与建议

课堂上，学生有点夸夸其谈，"说得比做得好"。可细细思之，能说得好，本身就是一种进步。如何在课堂上引导学生说得更好，并能付诸行动，达到最佳？建议如下：

①引入环节的"牵手拿苹果"游戏，两个大力士的选择需要课前完成，必须是势均力敌，否则游戏会失去应有的效果。当然，有必要的话还需要事先找好两位小女生，增加游戏的可控性、紧凑性和精彩度。

②三只牛的故事，传递团结需要自始至终的思想，可稍作停留，充分挖掘学生的想法和理解，可以细细品味，慢慢解读，以求感悟深刻。

③第三版块是重点，是学生实践团结的重要环节，要留足时间让学生讨论、实践。

④情境题部分，有学生正确回答即可，无需广泛讨论，以免造成课堂拖沓；学生需要填写的"想法和做法"，可让学生课前先完成，给学生更充分的时间思考，再到课内修改、交流，这样可以提高课堂的紧凑度。

肩挑责任，学做主人

（责任主题）

教育背景

责任的承担，是每一个人的义务，也是人存在的价值。现代学生，责任意识并不强，很多学生不懂得承担责任，遇到事情总喜欢指使或指责别人，把自己应该承担的责任推得一干二净。这源于许多孩子从小缺乏责任意识的培养，凡事过于依赖家人，导致责任心缺乏。因此，要从小培养学生的责任意识，让学生学会从自己分内的事做起，进一步学会如何对待他人、社会、自然，明晰几个层次的责任。要帮助他们从小树立正确的价值观，懂得做人的道理，为他们将来走向社会贡献自我、承担社会责任埋下美好的种子。

教育目标

·知识目标：通过真实感人的故事，启迪学生明白具有高度责任感的人，才是最美的人，从而让学生理解责任的含义。

·情感目标：正面引导，反面督促，使学生懂得责任的意义，激发学生努力去做一个有责任心的人。

·行为目标：学会承担责任的方法和技巧，能自我解决问题，为他人服务，敢于承担责任，学做主人。

课前准备

责任小故事，身边的责任小事，关于责任的名人名言，PPT课件。

第一版块：游戏导入，初识责任

师：同学们，我们先一起来做一个猜一猜的游戏，好吗？

出示："猜猜我是谁？"

①不管是大风还是大雨，烈日还是暴雪，他总是出现在通行特别困难的地方。都说他是戴着大盖帽的马路吸尘器。（交通警察）

②每一次出动，都面临生与死的考验。他总在危急时刻出现，挽救人们的生命和财产。都说他是一名危险的"逆行者"，冲向人们逃出的地方。（消防员）

③在人们还在梦乡时，他已经在马路上、小区里开始工作了。他不怨劳，不怨累，不怕脏，只为创造干净的生活环境而忙碌着。（清洁工）

④她总是不厌其烦地为我们解难释惑，当我们犯错时，她是起航的明灯，她是我们的大朋友，她引领我们成长，带着我们不断前进。（老师）

引导小结：每个人都在自己的工作岗位上用行动诠释着自己的责任。

师：今天，我们就一起来探讨有关责任的话题吧！（板书：责任）

【设计意图】通过展示一个人所担任的职责，让学生猜测这个人的职业，以猜谜的热身方式调动学生的积极性，带领学生进入课堂的学习状态，也明白每一个人都有自己的责任。

第二版块：小小如我，应负责任

师：同学们，每一个人都有责任，说说你们的责任是什么。

学生纷纷回答，有的说是学习，有的说是劳动，有的说服务大家……

1.做好分内事，就是负责

出示图片：

图片1：妈妈为孩子收拾乱七八糟的房间，孩子在一旁看书。

图片2：一个八九岁模样的孩子，让妈妈喂饭吃。

图片3：一个小学生，用手指着教室的玻璃，对爷爷说，那一块是需要他擦的。

学生交流讨论。

引导小结：做好自己该做的事，就是对自己负责任。（板书）

2. 为他人服务，也是负责

出示：

①小 A 看见一个小女生摔倒了，他赶紧离开。

②小 D 发现大家都离开了，可教室还没打扫呢。

③小 Q 是班长，对不遵守纪律的同学，总是严肃地提出批评。

学生交流讨论。

引导小结：为他人、集体服务，也是一份责任。（板书）

3. 为社会服务，履行责任

出示图片：

图片 1：志愿者在服务。

图片 2：医生在看病。

图片 3：工人在劳动。

学生交流讨论。

引导小结：长大后，为社会服务，履行责任。（板书）

4. 保护大环境，人人有责

出示：

①垃圾分类，节约用纸，不使用一次性用品。

②熄灯一小时行动，少开一天车行动。

③爱护植被，植树造林，不排放污染物。

学生交流讨论。

引导小结：保护环境，保护赖以生存的家园，人人有责。（板书）

师：我们对自己、对他人、对社会、对自然，都需要负起责任。

【设计意图】学生对责任的认识似懂非懂，本环节通过一些图片和简单的文字呈现，明确地告诉学生，一个人该负起哪些责任——对自己、对他人、对社会、对环境的责任，通过讨论，让学生明白自己该怎么做。

第三版块：经典事例，理解责任

1. 有责任感，才有机会

师：同学们，一个人非要负责任吗？

学生纷纷表示：对。

师：我们来看一个真实的故事，也许体会更加深刻。

出示：某公司要裁员，下岗名单公布了，有内勤部的小灿和小燕，规定一个月后离岗。那天，大伙看她俩都小心翼翼的，不敢多说一句话。因为她俩的眼圈都红红的，这事摊到谁头上谁都难以接受。

师：若你就是那两个人中的一个，心情怎样？怎么表现？

学生纷纷表达自己的想法，大部分说自己的心情会很差，有的说"此处不留人，自有留人处"，要想办法重新找工作。

出示：第二天上班，小灿心里憋着气，情绪仍然很激动，什么也干不下去，那些平时她应该干的活，全扔在一边，别人只好替她干。而小燕呢，她也哭了一个晚上，可是难过归难过，离走还有一个月呢，工作总不能不做，她还主动揽活。对于任何事情，小燕都是连声答应，随叫随到，坚守在她的岗位上。

师：同学们可以评价一下这两个人的表现。

生：我觉得小灿的表现也是正常的，反正被裁员了，早晚要走。

生：我认为应该向小燕那样，做好自己的本职工作，还有一个月呢，依然要尽到自己的责任。

师：你们觉得接下来，两个人的前途如何？

有的学生说，小燕会留下，因为她表现得很积极，公司不舍得让她走。而有的说，名单已公布了，小燕和小灿都得走。

出示：一个月后，小灿如期下岗，而小燕却留了下来。主任当众宣布了老总的话："小燕的岗位谁也无法代替，像小燕这样的员工公司永远也不会嫌多！"

师：小灿走了，小燕怎么留下了？

学生讨论。

引导小结：强烈的工作责任意识给了小燕留下来的机会。

2.尽心尽责，心动成长

师：坚守岗位，尽心尽职做好分内工作，让人感动的事情还有很多。

出示：一个少女到一家酒店做服务员，这是她涉世之初的第一份工作。但她万万没有想到上司安排她洗厕所！而且要求特别高：必须把马桶抹洗得光洁如新！怎么办？是接受这个工作，还是另谋职业？

师：换成是你，你会如何对待？

学生纷纷表示，干好这份工作。

师：呵呵！是受到刚才小燕的故事的影响了吧！（学生笑）

出示：一位前辈看她犹豫，不声不响地为她作了示范，当他把马桶洗得光洁如新后，竟从中舀了一碗水喝了下去！她惊呆了，前辈对工作的态度，使她明白了什么。

师：她明白了什么？

生：原来工作是不分好坏、贵贱的，而且工作需要做到极致。不过喝马桶里的水，也太恶心了吧？（学生大笑）

师：那你们明白了什么？

生：任何工作都可以做好，工作需要做到极致。

师：讲得好，你认为她会这样做下去吗？

学生表示会。

出示：从此，她快乐地清洗厕所，马桶一直光洁如新，她也不止一次喝过马桶里的水。

师：如果是你，敢从你洗过的马桶中舀水喝吗？

生：不敢哦！

师：她非常尽心尽责地完成她的工作，你认为，她的未来会怎样？

学生纷纷作出猜测，认为她会成为经理、主管、董事长等等。

师：看来，同学们对她很有信心呀！你们的信心来自哪里呀？

生：来自她对工作的尽心尽责，来自"她也不止一次喝过马桶里的水"那句话。

出示：几十年一瞬而过，如今她已是日本政府的邮政大臣，她的名字叫野田圣子。

引导小结：在工作中追求完美，这也是工作责任感的体现。

【**设计意图**】两个小故事，从不同角度诠释责任，让学生更加深刻地感悟责任的重要性，明白为什么要承担责任，初步感知只有尽心尽责的人才会有令人动容的成长，未来才会无限美好。

第四版块：辨析行为，强化责任

师：那么，怎样才能做到在自己的岗位上承担应尽的责任呢？让我们一起走进这样几个熟悉的场景。

1. 责任，先集体后个人

出示：早读，老师检查背书情况，小红没有完全背熟，但还是先去打扫卫生清洁区，同学提醒她老师要检查，她坚持说打扫包干区是她的责任。

讨论：如果你是小红同学，遇到这种情况会怎样？

引导小结：责任，先集体后个人。（板书）

2. 责任，不能严分彼此

出示：有几个学生看到自己包干区上有很多落叶，有的学生马上去捡，而有的学生却认为今天不是自己值日，不必去理会，等值日生过来自然会完成清扫工作的。

讨论：他们的做法对吗？为什么？

引导小结：责任，不能严分彼此。（板书）

3.责任，该出手就出手

出示：一天，小明看见一个低年级的小朋友拿着一根棍子在同学前面挥舞着，他觉得这样挺危险的，想去制止，可他又觉得玩玩没事，就走开了。第二天，老师告诉他，一个低年级的学生被棍子打破了头，还流血了。

讨论：小明当时该怎么做？为什么？

引导小结：责任，该出手就出手。（板书）

【设计意图】通过对故事的辨析讨论，让学生进一步明白责任是什么，哪些行为才是真正负责任的表现，从而增强学生的责任意识，学着做一个有责任感、有担当的人。

第五版块：学做主人，细谈责任

师：同学们，在你们平时的学习生活中，遇到过让你困惑的、左右为难的事情吗？你是怎么解决的？

出示：

①上课铃响了，同桌还在和别人聊天，你会……

②老师布置的作业，好朋友总是拿你的作业来抄，你会……

③考试时，有一道题目不会做，你会……

④轮到她值日了，她却草草了事，地上纸屑遍布，垃圾满满一桶，你会……

⑤好朋友因为琐事与同学吵架了，而且越吵越激烈，你会……

⑥班上的班干部都特别神气，经常对别人指手画脚，你会……

学生交流，解决日常生活中所遇到的困惑。

师：通过以上话题，你们明白什么是责任了吗？

引导小结：每一个人都有责任来共同维护班级的利益，我们都是班级小主人。

【设计意图】仅仅让学生明白责任的重要性是不够的，两难情境，旨在教给学生行之有效的方法和技巧，帮助他们解决坚守岗位时所遇到的困惑，让学生在遇到一些左右为难的事件时，学会以主人翁的精神去履行责任。

第六版块：升华情感，内化责任

师：关于责任，从古到今，有许许多多的名人名言，他们阐明了责任的意义，更诠释了人生的意义，让我们一起来欣赏一下吧！

出示：

世界上有许多事情必须做，但你不一定喜欢做，这就是责任的涵义。——马克思

人生须知负责任的苦处，才能知道尽责任的乐趣。——梁启超

责任心就是关心别人，关心整个社会。有了责任心，生活就有了真正的含义和灵魂。——【科威特】穆尼尔·纳素夫

师：是的，每个人都要有责任意识。虽然我们肩膀小，却也能扛起大责任，去做时代的小主人。

出示：

责任，是什么？

责任，是先做该做的事，再做喜欢的事。

责任，是把事情记在心上，还付诸行动。

责任，服务他人，服务社会，尽心尽责，这样社会才能更好地服务我。

责任，是善待环境，家园因此变得更加美丽。

责任，就是你负责，你也终将收获人生大礼。

引导小结：希望通过这节课的学习，同学们能够用自己小小的肩膀扛起大责任，努力学会做时代的主人。

【设计意图】最后，通过吟诵名人名言，共读启迪人心的《责任，是什么》小诗，感悟责任的意义所在，助力学生收获精彩的人生。

学生体会与感悟

原以为我目前最主要的责任是学习，妈妈总是说：你学习好就可以了，其他都先别管。学了这节课才知道，原来一个人的责任是全方位的，要对自己、对他人、对社会、对环境负责任。做好自己，是对自己的最大负责；服务他人，他人也服务我；对社会尽一份责任，自己也是社会的一分子；对环境负责，就是对自己赖以生存的家园负责。

做一个负责任的人，去收获美好和谐的未来。

　　说到责任，自然想起"天下兴亡，匹夫有责"那句话。但责任需要从小处着手，以小见大。本课，从学生身边入手，围绕责任，慢慢展开，娓娓道来，学生回答也精彩，比较准确地理解了责任的内涵，相信学生能有所收获。如何让学生有更好的体验，挖掘学生的真情实感？建议如下：

　　①第二版块的责任认识方面，呈现的是简单的图和简短的文字。如何启迪学生准确理解，正确表达人的几重责任，需要作好前测，课前找一两个学生，试着问问，进行一些启示，以便在课堂上能起到引领作用。

　　②第三版块的经典故事，需要悬疑呈现，让学生参与每一个过程的简单讨论，以便学生有更好的理解。建议提问的学生不宜过多，以免造成课堂拖沓。

　　③第四、第五版块，是考查学生感悟责任后的实际运用，可以把更多的时间留在这儿，多方讨论，让学生说说自己的生活真实体验，并进行正向引导，以便学生能够更深刻地理解责任，更好地履行责任，把责任意识根植于心中，成为一个真正负责任的人。

　　④感悟提升部分，可以改变设计，在责任小诗后面，留有空白，让学生根据自己的理解，写一句对责任的感悟，作为自己的座右铭，作为行动准则。

第二辑
行为习惯篇

CHAPTER 2
从班会课到成长课程

第三辑
卫生安全篇

学会倾听，收获更多

(倾听主题)

教育背景

　　倾听，是交流的必要基础，也是重要的学习技能，更是学生获取知识的有效保证。良好倾听习惯的养成，不仅让学生收获更多，更能受益终身。现代课堂中，我们面对的不再是只会瞪大眼睛听你高谈阔论的学生，而是藏着满腹疑问、随时准备插话，或是把手偷偷放在抽屉里、"身在曹营心在汉"的学生。学生的注意力不集中或集中时间短，在低年级时若得不到及时纠偏，就会导致学生不会听课，不会思考，不懂得尊重别人，不能做到取人之长补己之短。所以，让学生认识到倾听的重要性，并养成良好的倾听习惯非常必要。

教育目标

　　·知识目标：了解"倾听"是对别人的一种尊重，懂得"倾听"的基本要求。

　　·情感目标：通过活动体验当自己讲话时，大家认真倾听时"受重视"及无人倾听时"被忽略"的心情。

　　·行为目标：学会用身体姿势表示自己在认真"倾听"，学会用"心"倾听别人的发言。

课前准备

　　调查不认真倾听会有哪些表现，汇集学生的前期调查，制作课件等。

 教育过程

第一版块：游戏导入，揭示倾听的重要

师：今天我们大家做一个游戏，我给大家朗读一段话，请男同学记一记，这段话中出现了几次"蜜蜂"，女同学记一记出现了几次"蜂蜜"。

师：在你们记录之前，老师想问问大家，你们准备怎么记？

学生汇报，小结最佳方法。

教师朗读：

蜂蜜是天然滋补品，蜂蜜很甜，非常好吃！那么大家知道蜜蜂是怎样酿出蜂蜜的吗？

在采集花蜜时，对含苞或刚开的花，蜜蜂是不采的，蜜蜂只采盛开的花朵的花粉。蜜蜂采了花粉回到巢中酿蜂蜜。而蜜蜂王是不采花粉，也不酿蜂蜜的。蜜蜂小的时候主要吃花粉，长成大蜜蜂后，才吃蜂蜜。蜜蜂吃蜂蜜产生能量，有了体力才能出去采花粉酿成蜂蜜。

男女生分别汇报。

出示：（正确答案）"蜜蜂"出现8次，"蜂蜜"出现8次。

师：为什么有的同学记得又快又准，而有的同学出错较多？

学生讨论发言：注意力集中、认真倾听的同学反应就会快而准；相反，有的同学注意力不集中，不认真倾听，出错就多。

引导小结：反应又快又准的一个重要的前提，就是认真倾听。

（板书课题：学会倾听）

【设计意图】把"学会倾听"这一活动主题融入游戏，让学生参与其中，在亲身体验后，说说反应又快又准的原因，不仅激活学生学习的兴趣，又能让学生在游戏中感受到认真倾听对于信息捕捉的重要性，这比教师的直接讲授更深刻。这能激发孩子的兴趣，奠定认真倾听的基础。

第二版块：经典故事，感知倾听的价值

师：接下来，我们来看一个故事。

出示：曾经有个小国到中国来，进贡了三个一模一样的金人，金碧辉煌，把皇帝高兴坏了。可是这个小国不厚道，同时出了一道题目：这三个金人哪个最有价值？

皇帝想了很多办法，请来珠宝工匠检查，称重量、看做工，都是一模一样的。怎么办？一个泱泱大国，总不能连一个题目都回答不了吧！皇帝正愁着，一位老臣说他有办法。皇帝将使者请到大殿，老臣胸有成竹地拿着三根稻草，分别插入三个金人的耳朵。第一根稻草插进了第一个金人的耳朵里，从另一个耳朵穿了出来；第二根稻草从第二个金人的耳朵里穿了进去，从嘴巴里掉了出来；而第三个金人，稻草进去后掉进了肚子里，什么响动也没有。

老臣说：第三个金人最有价值！使者默默无语，答案正确。

小组讨论：三个小金人分别代表什么？为什么第三个最有价值？

请小组汇报讨论结果，并小结故事中的寓意——"倾听"，三个金人代表三种不同的倾听者：

第一个金人，左耳进，右耳出，这是一种不良的倾听习惯，倾听内容没有入脑；

第二个金人，耳朵进，嘴巴出，属于乐于传话的典型，把听到的当成趣闻乐事，说给别人听，有时容易成为谣言的传递者；

第三个金人，耳朵进，存肚里，能认真地听，且能保守秘密，保证了听的质量，又给人以安全的感觉，所以，最有价值。

师：生活中你是第几个小金人？最想做第几个小金人？

学生汇报。

引导小结：做一个善于倾听的人，用好耳，用心记，才是真正的倾听，做一个有"肚量"的人。

【设计意图】经典故事的引入，让学生更加形象地明了倾听的三种情况，明白什么才是真正的倾听。对比生活中的自己，了解自己，才能更加主动地调整自己。

第三版块：情境体验，感受倾听的意义

1. 你喜欢谁？

现场表演情景剧《谁是最佳听众》，请五位学生参与，老师把事先准备的要求，发给他们，请他们表演。

A——讲解有关值日要求的文字稿，大约 1 分钟。

下列同学被要求在 A 讲解的时候，表现出以下行为：

B——不停变换姿势，不停地插话，抢话题。

C——东张西望，不停地看表或转笔。

D——拿着课外书看，当 A 讲完时，突然问"刚才你说什么，能再讲一遍吗？"然后继续看书。

　　E——非常认真地看着 A，并不停地对 A 点头。

　　学生讨论：A 最喜欢哪一位听众？

　　采访 A，让他说说"被忽视"的感受和哪些行为让他觉得他们没在认真倾听，并说说自己最喜欢谁。

　　结论是 E 最受欢迎，因为他是一个认真倾听的人，讲述者感觉自己得到了足够的尊重。

　　学生五人一小组，进行模拟，说说自己的体会。

　　小结：喜欢认真倾听的人。（板书）

　　2.不合格听众

　　大家都喜欢认真倾听的人。那么，不认真倾听的人一般会有哪些动作行为呢？

　　学生汇报课前调查。

　　出示：

　　★ 眼神飘忽不定，东张西望。

　　★ 手经常放在抽屉里，或玩什么东西。

　　★ 坐姿不端正，歪歪斜斜的。

　　★ 看起来昏昏欲睡，不是很精神。

　　★ 爱插话、贫嘴。

　　★ 表现出爱理不理、一副不屑的样子。

　　★ 做其他事情。

　　★ 等待不耐心。

　　小结：不认真倾听的行为，看起来让人感觉不舒服。

　　3.我的感受

　　出示：

遭遇不认真倾听者的自我感受表

序　号	听众有以下表现	我的感受
1	眼神飘忽不定，东张西望。	
2	手经常放在抽屉里，或玩什么东西。	
3	坐姿不端正，歪歪斜斜的。	

序　号	听众有以下表现	我的感受
4	看起来昏昏欲睡，不是很精神。	
5	爱插话、贫嘴。	
6	表现出爱理不理、一副不屑的样子。	
7	做其他事情。	
8	等待不耐心。	

学生汇报感受：遇到不认真倾听的人，就感觉自己被忽视，很失落。

小结：认真倾听，就是对他人的一种尊重。（板书）

【设计意图】通过模拟让学生感受到别人不认真倾听自己的失落。展示学生调查的不认真倾听行为，让学生"看到"具体形象的行为，并真切感知这些行为所带给讲述者的感受，从而明白认真倾听实质是一种尊重他人的行为。

第四版块：寻找秘诀，学会正确倾听

1. 趣说"聽"字

（师板书：聽）

师：这是"听"的繁体字，同学们看看，根据这个字的组成，说说它的含义。

生：有耳，有心，说明"听"要注意用耳，用心，这样才是真正地听。

师：是的，同学们能认识到这点已经非常不容易，繁体字"聽"，从耳德，表示"听"是"耳德"，也是"耳有所得"的意思。"聽"字，左上方是"耳"，表示要用耳朵去听，下面有个"王"，合起来的意思为"听者为王"。右上方是"十"，表示倾听时头要正，态度端正，下面是"四"，代表眼睛，也就是眼睛要看对方；"四"下面是"一"和"心"，表示一心一意，专心、用心。连接起来就是：倾听，既要用耳朵和眼睛，也要用心；用心倾听，是一种美德。

2. "倾听"秘诀

师：我们班级就有许多倾听习惯很好的同学，当然，很多同学也有认真倾听的时刻，谈谈你们的经验好吗？

根据学生回答，梳理小结"倾听秘诀"。

出示：

★ 要看着对方的眼睛，不东张西望。

★ 要面带微笑，表情随对方的谈话内容有相应的变化。

★ 要专心致志，不做其他无关的事情。

★ 要让对方把话说完，不中途打断。

师：当然，还要注意一些事宜：不感兴趣时不要表现出来，不要因讲话者的外表和演讲方式而分心，要礼貌地赞扬（或鼓掌）。

出示：

倾听歌

眼睛看，耳朵听，

沉默等待有耐心，

提笔记录真用心。

点头微笑有德行。

小结：倾听事实上非常简单，相信同学们总结出的这些经验，能够让自己成为一名真正的倾听者。

【设计意图】通过对"聽"字的解读，了解听的真正含义，明白听是一种高尚行为。让善于倾听的学生小结自己的经验，理出简单扼要的"倾听秘诀"，并形成朗朗上口的《倾听歌》，让学生明白真正倾听没有那么难。

第五版块：做到倾听，真切感知收获

师：看来，同学们明白了如何真正倾听，刚才 A 同学朗读的那篇《值日要求》的文字稿（大约 1 分钟），有哪些要求，你们能回忆起来吗？

学生们纷纷摇头。

请 F 同学（表达能力一般）来给大家再读读好吗？也请同学们要运用"倾听秘诀"哦！

F 同学朗读后，学生谈谈感受。

学生纷纷表示：非常清楚地明白"值日"的所有细节，以后值日会做得更好。

F 同学说：有点紧张，不过，同学们的微笑和鼓励让我有勇气读下去。

小结倾听的好处：

★ 有助于获取全部信息。

★ 有效解决问题。

★ 有助于帮助讲话者把话讲得好。

★ 有时还能改善同学之间的关系。

小结：看来，真正的倾听有很多好处，不仅让你大有收获，更能改善关系。

【设计意图】在了解"倾听秘诀"的基础上，重新倾听《值日要求》，让学生感受到倾听的意义和收获。

第六版块：落实倾听，实现梦想计划

1. 成为合格的倾听者

师：我们知道了哪些是不合格的倾听行为，哪些是合格的倾听行为，现在让我们努力做一个合格的倾听者。结合下表，通过训练，你将成为一个真正合格的倾听者。

内　容	时　间					说　明
	周一	周二	周三	周四	周五	本表格每周一张，做到的请打"√"，做不到请说明理由。
1. 要看着对方的眼睛，不东张西望。						
2. 要面带微笑，感受对方的喜怒哀乐。						
3. 要专心致志，不做其他无关的事情。						
4. 要让对方把话说完，不中途打断。						

2. 帮助他人学会倾听

我们设计了一个倾听习惯养成评价表，结合师评、他评、自评的形式，每周评出能做到认真倾听的"倾听之星"。

当然，有的同学会做不到，我愿意做监督小组的组员，帮忙同学们真正实现自己成为合格倾听者的计划。

一周合格的同学可以获得"倾听能手"称号，连续四次获得"倾听能手"称号的，可以换成"倾听之星"。（这一环节目的在于结合多种评价方式，正面教育，树立榜样，激励引领，有效指导学生养成倾听的习惯。）

小结：西方有句名言，上帝分配给我们两只耳朵，而只给我们一张嘴巴，其用意就是要让我们多听少说。让我们在交往中灵活运用倾听的技巧，成为一个受欢迎的人。

【设计意图】倾听习惯的培养是一个长期的过程，必须蕴含于日常学习的整个过程，没有一劳永逸，必须时时抓，有计划，更要有具体的监督机

制，让学生一步步养成善于倾听的好习惯。

✓ 学生体会与感悟

想不到，倾听，原来是一门学问，有这么多讲究，还以为不就是听嘛！看来自己离认真倾听还是有蛮大距离的，怪不得数"蜜蜂"出现几次时，自己听错了。

想想的确如此，自己在讲话，别人如果不认真听，就觉得人家不尊重自己，很难过、很沮丧。若自己也是不懂得认真倾听的人，老师是不是也很沮丧、很难过呢？我决心好好对照"倾听秘笈"，好好练习，好好坚持，成为一个具有良好倾听习惯的人。

✓ 教师反思与建议

像"倾听"这样的习惯教育课，要更加注重"知""情"与"行"，教学上需重点落实，让课堂上那些"身在曹营心在汉"的孩子真正有收获、能改变。如何在课堂上达到应有的效果？建议如下：

①第一、二、四版块，是"知"的部分，老师讲的内容会比较多，要注意语言简练，能给学生准确的信息，又要情感饱满，富有感染力，以便带动学生积极参与。

②第三版块是"情"的部分，需要带领学生去自我感受，这部分比较难以操作，情景剧需要有表演天赋的孩子，有必要的话，课前可以先进行人员选拔和简单排练，以期待在课堂上精彩地表演，激起学生真正的感悟，避免笑场而失去应有的效果。

③第五版块，让一个能力一般的学生来朗读，通过大家认真倾听，让他感受到自己被尊敬，再有感而发。这是一个比较动态的部分，会因班级不同、学生差异而效果迥异。因此，老师要准确选拔，也需要感性一些的孩子来参与。

④第六版块，虽是为课后延伸作准备，却是这节课"行"的核心部分，可以说这节"倾听"课就是为此而服务的。因此，需要发动学生行动起来，将之作为常规细致地落实，从而让这节课达到应有的效果。

安静有时，动静相宜

（安静主题）

安静，不仅是一个习惯，更是一种生活方式。古人的书法、茶道、围棋、抚琴，都以安静功课为根柢，传递出一种深长的静思意味。现代人习惯快节奏的生活方式，加上电子化时代的到来，让安静阅读、安静沉思，成了一种奢求。社会的各种躁动时刻影响着孩子，一时间，我们的校园似乎也难以安静下来了。

学习和生活需要动静相宜，学习时"静若处子"，运动时又能"动如脱兔"，该静的时候能静下来，该动的时候能动得起来，这将是非常理想的状态。可对一个成长中的学生来说，能这样自如地控制是非常难的。活泼好动，是孩子的天性，很多孩子在课外热血沸腾，于是就把运动场上那种奔放的情绪延续到课堂中，课内很难安静下来，这样不仅影响自己的学习，更会影响同学的学习。所以，很多班主任，把"静"作为一种班风来建设，要求"入室即安"，期待学生能够在学习和休息的时候"静下来"。

教育目标

·知识目标：让学生了解声音分贝的相关知识，体会安静的优点和必要，懂得安静下来的意义。

·情感目标：深刻感悟到安静能给人舒服的感觉，安静是一种雅致的生活方式。

·行为目标：能够静得下来，动得起来，学会自如地控制自己的"动"与"静"，养成休息时能静养，学习时能静思的好习惯。

背景音乐、音频，背景图片。

第一版块：声音导入，别样体会

师：我们每天都会听到各种各样的声音吧。同学们能说说都听到了什么吗？

学生汇报：爸妈讲话声、汽车喇叭声、上课铃声、动物的叫声、同学的吵闹声……

师：课前，同学们一起收集了一些声音，作了一个汇编，能给大家呈现一些吗？

呈现：欢呼声、急刹车声、爆炸声、尖叫声、知了叫声、小鸟叫声、音乐声、机器切割声、人群喧哗声……

师：你喜欢这些声音吗？

生：我喜欢小鸟叫声、欢呼声、轻音乐，这些声音很动听、很悦耳，所以喜欢。

生：不喜欢汽车喇叭声、爆炸声、尖叫声、切割声、机器声、人群喧哗声，这些都是噪音，所以不喜欢。

师：刚才听到"噪音"这个词，为什么噪音让人讨厌呢？

生：噪音很刺耳，听起来很不舒服，心都揪起来了。

生：我爸爸说，噪音对人体是有伤害的。

师：是呀！声音过大对人的身心健康会造成影响，以上各种声音给人带来不同的感受，我们通过一个图例，来看影响程度（见下页）。

师：看了这幅图，大家能谈谈自己的看法吗？

生：我更喜欢安静的环境，听听轻音乐，倾听鸟叫，30～70分贝的声音比较适宜，非常舒适。

生：但是，安静并不意味着无声，20分贝以下也会让人恐惧哦！

生：噪音是让人接受不了的，尤其是那些100分贝以上的，令人不舒服，听了揪心，心里很烦躁，我们尽量不要去那些喧闹的地方，也不要自己制造噪音。

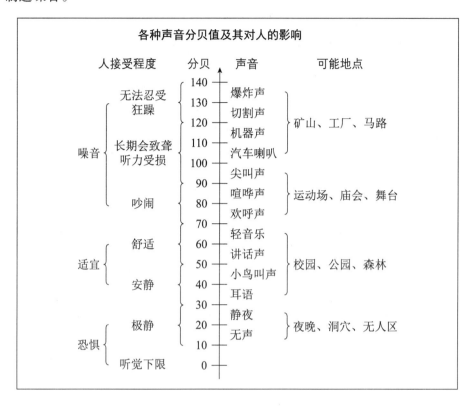

各种声音分贝值及其对人的影响

人接受程度	分贝	声音	可能地点
无法忍受 狂躁	140 130 120 110 100	爆炸声 切割声 机器声 汽车喇叭	矿山、工厂、马路
长期会致聋 听力受损			
吵闹	90 80 70	尖叫声 喧哗声 欢呼声	运动场、庙会、舞台
舒适	60 50	轻音乐 讲话声 小鸟叫声 耳语	校园、公园、森林
安静	40 30		
极静	20 10	静夜 无声	夜晚、洞穴、无人区
听觉下限	0		

噪音 适宜 恐惧

小结：说得好，高分贝容易让人烦躁，而过低又让人心生恐惧。人们最易接受 30～70 分贝的声音，这样会让人感到舒服。

【设计意图】以各种不同的声音引入，让学生去感觉，引出声音的分贝，让学生了解人可接受的分贝区间，同时明白噪音有损健康，使学生懂得避开噪音，健康生活。

第二版块：合适乐声，体验和谐

师：同学们，在这些可接受的声音中，你们平时喜欢哪些声音呀？

生：喜欢音乐。

师：能具体说说喜欢哪些音乐吗？

学生分别说自己喜欢的音乐。

师：来！我们来听几段音乐，同学们可以想想在这些音乐的背景下，我们最合适做什么。

分别播放乐曲片段:《西班牙斗牛舞曲》《运动员进行曲》《婚礼进行曲》《葬礼进行曲》《军港之夜》《摇篮曲》《茉莉花》。

生:(根据音乐分别回答)斗牛(拳击、斗殴),比赛运动,婚庆,悲哀(悼念、丧事),回忆,睡觉,赞美(表演)。

师:一种音乐代表了一种情绪,能让人进入到某种境界,音乐家在作曲时,其实也是因为体验过这种场景,才作出这样的曲子。下面我们一起来看一些场景,大家来选一选、连一连合适的声音。

根据学生回答进行连线,具体如下:

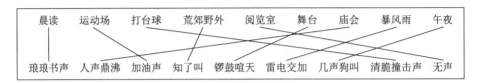

师:同学们!不同的场景会有不同的声音,如果是这样,你会觉得如何?

出示:"阅览室"配上"锣鼓喧天";"运动场"配上"无声";"晨读"配上"人声鼎沸"。

生:这样不合适,太滑稽了,尤其是运动场配上无声,岂不是把我们都当成了哑巴。(笑)

生:阅览室里锣鼓喧天?这样怎么能看书呢?

生:声音在不合适的场所出现,再好听的也是噪音。

小结:是呀!合适的场景,就应该出现合适的声音,不和谐不仅会让人感到非常好笑、滑稽,更会让人心生厌烦,再美妙都成了噪音。(板书:合适的场景、合适的声音)

【设计意图】从学生最喜闻乐见的音乐引入合适的场景,通过合适的场景与合适的声音的选择,再到不合适的场景和声音的搭配,让学生强烈地去体验其中的反差,为下文"动静相宜"的环节作铺垫。

第三版块:动静相宜,安静有时

1.动静相宜

师:在这幅连线图之外,你能说说我们校园中,哪些场合搭配哪种合适的声音吗?

学生讨论、举例:教室在什么时间段需要安静,什么时候需要热烈发言；运动场什么时候需要安静，什么时候可以高声呼喊；餐厅吃饭该不该安静；走廊里什么时候该安静……

师：老师这儿有几幅图，同学们看看，这些场景搭配合适吗？

出示："风雨交加"配上"几声鸟叫"，"图书馆"配上"锣鼓喧天"，"走廊"配上"高声呼喊"，"演出现场"配上"观众交头接耳"。

生：风雨交加，怎么可能还有鸟叫，鸟早就被风吹跑了，不搭配，应该配上大风呼啸声和大雨哗哗声。

生：图书馆是需要安静的地方，这样大家才能够专心地看书，阅读经典，学习知识。现在配上锣鼓声，那怎么能安心看书呢？不合适。

生：走廊上高声呼喊，是不合适的，这样会打扰其他同学上课，显得很不文明，要轻声慢步，不能跑，发出很大的声音都是不好的。

生：艺术是高雅的，演出现场，是非常讲礼仪的地方，能体现出一个人的文明程度，观看时要安静，只有在一个节目演出完毕，才可以报以热烈的掌声。

师：是的，该安静的时候就安静，需要动起来的时候就激情四溢，这样才是一个既文明又有活力的人。（板书：动静相宜）

2.安静有时

师：很多同学说，我们处于充满活力的年龄，动起来、喊起来，多好呀！你们看看，这些场景中，如果这样合适吗？应该怎样搭配？

出示："学生午休"配上"个别人有说有笑"；"上课"配上"小动作不断"；"晨读"配上"东张西望"；"学习或写作业"配上"电视播放"。

学生讨论后回答。

生："学生午休"配上"安静入睡"；"上课"配上"专心听讲"；"晨读"配上"认真齐读"；"学习或写作业"配上"态度端正"。

师：为什么这样搭配呢？

生：这样显得很和谐。

生：只有安静，才能入睡，才能专心学习、认真读书，吵吵闹闹怎么能休息、学习呢？这是很简单的道理。（笑）

师：是的，学习、休息需要安静（板书）。

师：你们觉得还有哪些时候需要安静？

生：看书、考试的时候。

生：听别人讲话时也要安静。

生：我觉得吃饭的时候，也需要安静。

师：哦！为什么这么说呢？

生：我爸爸说，吃饭安静才能专心吃好饭，古人把吃饭安静作为一种礼仪，甚至说："吃饭大于天。"

师：你懂得真多，吃饭时，大声喧哗，唾沫四溅，的确不文雅。若有人与你同桌，就遭殃了，自己不用动筷子，一张嘴，就吃到对方口中射出来的饭菜。（生笑）

生：还有像去参观、观看演出、排队等，都需要安静。

师：能概括一下哪些时候是需要安静的吗？

引导学生概括：自己需要专心或会打扰别人时，都需要安静。

【设计意图】利用合适场景的选择，促进学生对动和静的理解，即从学生已有的知识出发，构建对动和静的场合的基本意识，尤其是突出对静的讨论，从文明和需要两个方面让学生在辨析中发现：静，是自己专心及不打扰别人的一种需要。

第四版块：体验安静，感悟力量

1. 体验安静

师：那么！安静……难吗？

生：不难。

师：我们安静一会儿试试？

学生安静 30 秒。

师：你们觉得，这样就是真的安静下来了、专心了吗？

生：是的。（大多学生认同）

师：那说说，你们刚才的专心，有什么收获？

生：……（大多说不出来）

师：怎么不说了，都想了什么？

生：因为我们不知道安静干吗，所以什么都没想。

生：我只是不说话而已，其实心不在焉呢。

生：我看着老师，心里很想笑。（笑）

师：也就是说，其实刚才你们安静下来并没有实质在思考什么，或者说获得什么，就是安静而已。你们觉得，怎样才能做到真正的安静？

生：真正的安静是很专心地做一件事。

生：全神贯注就是真正的安静。

生：心不在焉不是真正的安静。

引导小结：安静有两种，一种是做做样子，是表面的安静，心不在焉；一种是专心的，那是真的安静。

师：想不想体验一下真正的安静？

生：想。

师：来！下面请大家保持30秒安静，试一试，你能听到什么？

生：窗外很远的地方有汽车喇叭的声音。

生：我听到了校园小鸟的叫声。

生：听到了自己心跳的声音。

师：好神奇呀！说说你的感受好吗？

生：安静真好，能听到平常听不到的声音。

生：安静让我们的心绪顿时宁静了许多。

师：你们对真正的安静又有什么新的理解？

生：真正的安静是听从内心的呼唤。

生：专心致志地去完成一件事，就是真正的安静。

师：是的，真正的安静并不是刻意的，而是专心致志时的一种氛围。

2.安静的力量

师：同学们都说安静很好，真的有这么神奇吗？想体验一下吗？

师：这里有一个"鸟巢的一角"，给大家15秒，请数一数，图1里一共有几条线。（背景：不停有爆炸、尖叫声）

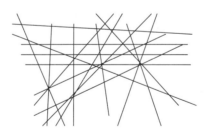

图1

学生操作，讲述自己数的条数。

师：正确答案有很多种吗？你觉得自己数对了吗？

学生纷纷表示，应该不对，因为太吵了。

师：那么，我们大家一起来营造一个安静的环境，再来数数"鸟巢的另一角"（图2）。

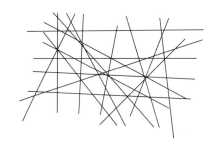

图 2

学生操作，并汇报自己数的条数。

老师公布答案：18 条。此时，大部分学生数对了。

师：通过两种不同环境的测试，你对环境有什么认识？

生：噪音会让我们心烦意乱。

生：安静能让我们更加仔细、更加专心、更加投入。

生：安静，让我们更加有能量。

师：是呀！安静是一种力量，更是一种境界。（选择学生精粹的语言板书）

【设计意图】让学生体验两种不同的"安静"，从而明白安静并非毫无目的，是有目的性地、专心致志地、思想集中地去做一件事，去获得更大的能量。并通过背景声音营造出两种不同的环境，让学生做同样的事，让学生体会到只有在安静的环境下，才能做好需要专心的事。

第五版块：学会安静，我能做到

1. 安静是怎样的

师：安静是怎样的呢？我们一起来体验一下吧！

出示（诗文配图）：

一片寒叶，伴着秋风落入水池，泛起点点涟漪，归于平静。

人闲桂花落，夜静春山空。月出惊山鸟，时鸣春涧中。

荷塘月色。

夜，更静了，偶尔传来的几声狗叫，也是隐隐约约的。

出示（音乐配图）：

舒伯特《小夜曲》配图"孩子安静睡眠"；

"古琴的悠悠声"配图"山涧流水"；

"海浪抚沙声"配图"碧海蓝天";

"轻轻的高亢歌声"配图"无尽草原";

"清风吹拂树叶的沙沙声"配图"清晨的校园"。

师：看了这些，你对安静有什么新的理解？

生：安静不是没有声音的，偶尔的、轻轻的声音，有时更加凸显出周围的安静。

生：安静是一种内心安稳和平静。

生：安静，很美。

师：是呀！安静就是一种美，不激动，不焦虑。那么幽静，那么美丽。真想沉浸在这样美好的安静境界中不出来，可是我们离这种境界又有多远呢？

2.我也可以安静

师：我们可以安静吗？该如何做，说说你的心得好吗？

学生自由发言。

生：可以在走廊和需要安静的地方贴一些温馨提示，如"轻声慢步，文明路过"，提示大家学会安静，学做文明人。

生：在该安静的地方要保持安静，在该发出声音的时候尽情高声。

生：校园里可以划定一些区域，说明哪些地方该发出多少分贝的声音，这样方便大家很好地做到。

生：我们可以这样做，听即静，读就响，文明休息，快乐运动。

生：每个人都安静些，我们校园就会变得安静起来，我们的心也会安静下来，静心读书，静心学习。

生：我们可以签订一个协议，大家相互监督，有时候我们一时做不到，可以相互提醒，相互督促，这样大家就都可以做到安静了。

【设计意图】通过营造"静"的意境，让学生体会到静的美。静是一种诗意，激发学生的向往之情，学生从而自然流露出对"静"的一种愿望。而对于如何保持"静"，经过畅谈，达成共识。

第六版块：静之宣言，动之守则

师：同学们都有自己独特的见解，我们每一个人分别对静和动说一句话，并作为自己今后行动的法则，可以吗？

学生发言。

静之宣言：做一个安静的人，轻声慢行，轻言细语，该安静时就安静。

动之守则：做一个热情的人，文明运动，激情有度，该运动时就运动。

师：任何事情，都有两面，对静和动来说，不是一味安静，也不能一直热闹。动得起来，静得下来，努力去做得完美。

【设计意图】静和动其实是相对的，一味静，一直动，都不好，动静相宜、动静有度才完美。在给学生传达安静的好处及如何安静的时候，给学生一些如何动的提示，有利于学生辩证地看到静，更加深刻地理解静的含义，真正地去区别动与静，娴熟地掌握动与静的技巧。

学生体会与感悟

安静，是需要用心体会的。我喜欢安静，喜欢"清风吹拂树叶的沙沙声"。上了这节课后，感觉好极了，也学了很多知识，比如声音的分贝，声音的合适场景，安静的作用等等，我很喜欢。也希望同学们能用心去体会静的意义，感受静的魅力，都能够安静下来，做一个有涵养、有气质的人。

安静吧！让我们做得更好。

教学反思与建议

学生在这节课上的体会还是蛮深的，尤其是体会安静的那个部分，刚开始是毫无目的，体会不到真正的"安静"，个别孩子都忍俊不禁了。当启迪学生有目的地去听一听，专心地去做一件事时，学生感悟到了真正的安静，终于懂得了如何才是真正的安静。那么，如何能上得更加到位呢？建议如下：

①第一版块讲述内容较多，容易变成老师讲、学生听的满堂灌，需要老师控制好自己的语言，尽量让学生多开口，而且把握好时间，建议用时5分钟左右。

②中间部分按照课的流程上即可，学生表现会非常积极，发言也很踊跃，若老师在语言上能幽默些，会更加精彩。

③数"鸟巢的一角"的线段数，建议课前先让学生数数这样的线段图，数量可以少一些，交给学生数的方法：绕一圈，数数有几个头（顶点）。若没有数的方法，可能再安静，学生都很难数正确，体会安静好处的效果就不明显了。

谦谦君子，知书达礼

（礼仪主题）

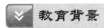 **教育背景**

　　礼仪是人类文明的标尺，是一个人美好心灵的展现，是每一个人必修的一门课程。人在社会交往中，注重仪表形象，掌握交往礼仪，自觉地运用礼仪规范，"举止文明，处世得体"，表现出古人所要求的"谦谦君子""知书达礼"，或是西方提倡的"绅士风度"，方称得上是一个有教养的人，方可"有礼行天下"。中华民族素有"礼仪之邦"之称，而目前，我们对青少年的礼仪教育都不够重视，加上一些负面影响，令我们担忧地看到这一代学生所表现出的礼仪规范方面的不足。注重礼仪方面的自我修炼，学习礼仪、运用礼仪，给人留下彬彬有礼和富有教养的印象，展现我们良好的"软实力"，能更加令人尊重和欢迎。

教育目标

　　·知识目标：懂得仪容、举止、表情、服饰、谈吐和待人接物等六个方面的礼仪要求，懂得礼仪是展现一个人教养的最好体现。

　　·情感目标：认识到礼仪的重要，有养成文明礼仪的迫切需要，并能严格要求自己。

　　·能力目标：学会常用礼仪的基本规范，尽量能做到"知书达礼"，有"绅士"风度。

课前准备

　　收集基本礼仪的知识、礼仪规范的图、相关视频、礼仪故事等。

 **教育过程**

第一版块：作揖导入，话说礼仪

师：（出示孔子像）一个简单的问题，这是谁？

生：孔子。

师：不错，我们的祖师爷，伟大的思想家、教育家。他的两只手放在胸前，这个姿势叫什么？

生：一个简单的习惯性动作。

生：天气冷，搓搓手暖和！（笑）

生：是在行礼吗？

生：我觉得是一种礼仪。

师：是的，一种行礼方式，叫"作揖"。孔子的画像，大多是这样的姿态。为什么要这样？你们能说说自己的理解吗？

学生表示：孔子是大圣人，儒学讲究以理服人，以礼待人，这样显得很谦恭，很有礼貌。

师：同学们回答得都不错，的确有这些含义。这种行礼方式影响深远，大家来看看。（出示各种作揖图）作揖，又叫拱手礼，上到朝见皇帝，下到日常问候，都会使用，是我们中华民族行礼的方式。其实这种行礼方式，有很多讲究，行礼时，男人左手掌在外，女人右手掌在外。同学们想不想试试？

学生尝试。

师：作揖有不同的动作规范，为什么这么复杂？见个面，还这样手摆来摆去的。哼哈一句，或者点个头，甚至互不搭理，多简单呀！

学生纷纷表示：出于一种尊敬，显得知书达礼，很有修养。

师：的确，显得很文明，有教养，我国自古就是"礼仪之邦"，提倡做人要有"谦谦君子"的风度，凡事要"知书达礼"。今天我们就一起来谈谈这些问题。（板书课题：谦谦君子，知书达礼）

【设计意图】作揖是古代人行礼的一种方式，利用思想家孔子的画像引入，充分调动学生的兴趣，学习作揖，明白古人作揖是一种接待的礼仪，从而让学生明白，我国是一个非常讲究礼节的"礼仪之邦"。

第二版块：谦谦君子，知书达礼

1. 何是谦谦，何为达礼

师：看到"谦谦君子""知书达礼"这两个词，你会想到什么？

生：很文明，很谦虚，很高尚的一种人。

生：知识很渊博，很有礼貌，有爱心，心地善良。

生：谦谦君子，是指那些温文尔雅，很有绅士风度的人吧。

生：男的有绅士风度，女的有淑女风范。

师：是的，这里还有一些词，哪些是形容谦谦君子、知书达礼的？

> 绅士风度，偷蒙拐骗，彬彬有礼，粗暴野蛮，无耻之徒，待人谦和，衣冠得体，谈吐高雅，工于心计，举止优雅，良好修养，淑女风范，得理不饶人，知识、渊博，人犯我必反击，见多识广，有爱心，为祸一方，尊老爱幼，无法无天，尊重对方，心地善良，肮脏可恨，无不良嗜好，心狠手辣，人际关系融洽，凶相毕露，满口粗话

学生回答。（师依次刷红）

师：这儿有几幅图，你觉得哪些人是谦谦君子，知书达礼呢？为什么？

出示：

图1：一位优雅的男士为女生指引。

图2：一位古代官员不屑地说："叫你滚呀，听不懂？"

图3：苹果公司前首席执行官乔布斯怒目而视。

图4：一位和蔼可亲的保安大叔。

图5：一位老奶奶乞丐给一个拉二胡的盲人乞丐捐钱。

图6：一老一少两个衣衫褴褛的人面带微笑地坐在石板上看书。

图7：一个老人为坐在轮椅上的老伴推车，自己却淋雨，一个志愿者为老人打伞。

图8：三个衣着鲜亮的年轻人爬上树枝玩耍。

图9："××到此一游"随处可见，甚至刻在埃及卢克索神庙浮雕上。

图10：有人在候机室、动车候车室脱掉鞋子休息或躺在椅子上等。

学生回答。

引导小结：谦谦君子跟容貌无关，知书达礼跟贫富无关，跟行为举止有关。（板书）

【设计意图】要让学生改变，就需要引起他们深思，激起他们迫切改变的愿望，这样他们才会有行动，改变才会更加彻底。本环节通过意义解读，词语的选择，包括图片的判别，从内而外地让学生做到全方位的了解，让他们明白谦谦君子、知书达礼的真正含义。

2. 何必谦谦，为何达礼

师：人为何要学着去做一个谦谦君子、知书达礼的人呢？

学生进行讨论后交流。

引导小结：这是人的一种需求，是社会进步、人类文明的一种表现。

【设计意图】只有让学生懂得为什么要做谦谦君子，有什么好处，他们才有愿望去改变，去进步。

第三版块：学习礼仪，我们能行

1. 礼仪知识知多少

师：其实我国很早就形成了一套礼仪规范，孔子的作揖礼就是证明。

出示：

古人要求，举止庄重，进退有礼，执事谨敬，文质彬彬，主要体现在"衣着、举止、言辞"三个方面。

内　容	要　求	释　义	理　由
衣着容貌	"冠必正，纽必结，袜与履，俱紧切。"——《弟子规》	帽子要戴正，纽扣要扣好，袜子和鞋子要穿得服帖。	衣冠不整，鞋袜不正，会使人反感。
行为举止	"君子不重则不威，学则不固。"——《论语》	君子不庄重就没有威严，学习了也不能巩固。	在公共场合举止应该庄重、谨慎而又从容。
言语辞令	"修辞立其诚，所以居业也。"——《周易》	修饰言辞出于至诚的感情，就可建功立业。	语言是文化修养的一面镜子。巧言令色的人，不能取信于人。

师：这是我国传统礼仪的精华。我们今天也有很多的礼仪规范，像我们的学校校规、班级公约等，都对此有所借鉴。

出示：

现代人的礼仪要求：

★讲究仪容和服装整洁。

★言行举止彬彬有礼。

★文明用语，礼貌待人。

2.我的礼仪怎么样

师：关于礼仪，你们觉得自己做得如何呢？

学生自我罗列。

引导小结：从"仪表、行为、语言"三方面去做到知书达礼。

3.懂得礼仪我能行

师：同学们，礼仪是一种无声的语言，能反映出一个人的道德修养，也向人们传递着一个人对生活的态度。

情境表演：

两个学生坐在凳子上，一个学生穿着邋遢，把一只鞋子脱了，把穿着袜子的脚翘在凳子上，一边挖鼻屎，一边写作业，并不时咬笔头，不时发出叽里咕噜的声音；另一个学生穿着整齐，端端正正地坐着，认真写作业。

学生纷纷表示第一个学生很不文明，应该向第二位学生学习。

引导小结：礼仪是修养的表现，一个优雅的人更能得到别人的喜欢。

师：如果你遇到这些情境，你们会怎么做？

情境一：几位同学穿着内衣在操场上打球，邀请你去，也这么穿。

情境二：表演现场，几位同学拉你一起嬉闹玩耍。

情境三：你上网，发现匿名的QQ和网络留言粗话、脏话满天飞。

情境四：有低年级的同学大喊大叫地在窗外跑过，影响了我们的学习。

情境五：在操场上体育课时，你和小A想去卫生间，可小A嫌去卫生间麻烦，拉你去草丛边，说反正没人看见。

学生讨论，并说明自己如何做得更好。

引导小结：文明要从仪表、行为、语言三个方面去努力改变，并要学会监督，促进大家共同进步。

【设计意图】从古人的谦谦君子到古人礼仪的约定，让学生意识到，谦谦君子不是口头上说说的，而需要具体规范，再引入今日的礼仪规范，并通过情境的辨别，让学生充分感悟，真正学会。

第四版块：文明宣言，争做君子

师：想做一个谦谦君子吗？

生：想。

师：那请大家说出自己的文明宣言吧！（宣读师生课前收集的关于文明礼仪的名言警句）

一个温馨的微笑，一句热情的问候，一个友善的举动，一副真诚的态度，尊重他人，与人友善，表里如一，文明礼让。

多一点幽默，少一点责骂；多一声问候，少一声狮吼；多一次礼让，少一次熙攘。

"请"字当头带微笑，妨碍他人说"抱歉"，请求帮助应"道谢"，分别时送"再见"，有理不必高分贝，无理更需自收敛，男士应具"君子"样，女士渐显"淑女"相，和谐社会共创建！

……

师：优雅的人，无论走到哪里，都受欢迎，希望大家都是知书达礼的谦谦君子。也期待大家有恒心，虚心接受他人的监督，不知同学们是否愿意？

生：当然愿意。

师：那么签订一个协议书，如何？

谦谦君子协议

我要签下谦谦君子协议，做到知书达礼，并接受同学、老师和家人的监督：

①讲究仪容和服装整洁，远离粗俗邋遢。

②言行举止彬彬有礼，文雅大方。懂得礼让，学会谦虚，遵守公共秩序。

③文明用语，礼貌待人，不做任何越礼之事。多使用"请""您""谢谢""对不起""再见"等文明用语，展示自我的教养和风度。

协议人：＿＿＿＿＿＿＿＿

学生签订协议书，选拔监督组，相互结成礼仪互助组合。

【设计意图】通过让学生展示自己收集的文明警句，进一步地增加理解，内化于心使之成为一个知书达礼的谦谦君子。以学生签订协议、建立监督组、自愿结对的方式，达成"知、情、意、行"。

学生体会与感悟

原来觉得"知书达礼"是很难的，几乎做不到。学了这节课才知道，原来很简单，衣着整洁、姿态文明、言语礼貌，都是"谦谦君子"的表现。看了情境表演后，发现我们平时的行为不是太好，自己可能意识不到。不过，我想，只要肯用心去学习，就能很好地掌握礼仪的各项知识，在生活中加以运用，就能真正成为一个有礼貌的人。

做一个知书达礼的人吧！若你是谦谦君子，那么，你将成为一个受欢迎的人。

⌄ 教学反思与建议

在这节课上，说说聊聊辩辩，师生对话比较多，学生容易扯得比较远。比如，出示孔子画像，学生就扯到孔子的历史和成就，因此，需要引导好，把话题集中到"拱手礼"这个讨论点。老师的引导非常重要，建议以下：

①引入环节，孔子的画像，讨论点很多，建议学生课前对孔子的成就和为人先进行了解，在课堂上，直接抛出"两只手放胸前，这个姿势叫什么"，指向性要非常明确，也避免学生扯得太远。

②第二版块的看图说说，课例文稿中考虑到肖像权，而没有给出相关示意图，上课的老师可以上网搜索相关图片。当然，不同的学生对图的理解可能不一样，课堂上可能会出现"异见"，这时，我们要马上停留一下，简单地组织学生进行讨论，问问学生的想法是什么，引导学生回到预想的轨道上来。

③情境表演要事先进行排练，精心挑选擅长表演的学生，以便学生能在课堂上表演充分。对于最后一个环节的名言呈现，需要布置学生课前完成，让尽量多的学生展示。

学会学习，终身受益
（学习主题）

教育背景

现代人最基本的一项技能就是学会学习，并且能终身学习。美国著名的未来学家埃尔文·图夫勒曾经说过一句话："未来的文盲已经不再是指不识字的人，而是没有学习能力的人。"学习能力在未来是每一个人必备的能力，是进入当今知识经济社会的一张通行证。

对于学生来说，为何学习，怎么学习，如何学习，都是困扰他们的一些疑惑。因此，需要为学生解决这些疑惑，教学生会学习，激发学习动力，发展独立学习能力，使学生能够自觉、主动、不断地总结学习经验，成功完成学习任务，实现发展，为终身学习奠定良好的习惯和信念。

教育目标

·知识目标：懂得为什么学习，掌握如何学习的基本方法，明白终身学习的意义。

·情感目标：明白学习的目的，能自觉、主动地学习，并在学习中找到乐趣。

·能力目标：学会学习，能成功地完成学习任务，为终身学习打下坚实的基础。

课前准备

教师收集相关图片、名人学习小故事，制作课件；学生寻找发现身边的学习榜样。

第一版块：位置决定视野，高处有胜景

师：看到这幅图，你们想到什么？

生：站得高，看得远。

生：想起一句诗：会当凌绝顶，一览众山小。

生：到了山顶，你才会发现别样的美丽。

师：能给这幅图取一个名字吗？

生：高处有美景。

生：越高越美。

生：为了美景，攀登吧！

生：高处视野好。

师：是呀！位置决定视野，高处有胜景。若是你就在那个看不见的位置，想要去那个可以看到别样美景的高处吗？

生：想呀！

师：谁都想去，可是怎么上去呀？

学生纷纷表示，可以攀爬上去，或让上面的人拉上去。

师：若这是一座书山，你们作何理解呢？

生：学习，就如攀爬那座高山，爬得越高，风景就越不同。

生：一本本书，就像一级级的台阶，学得越多，攀登得越高。

师：很有见解，有想法，下面我们就来聊聊如何登上顶峰的问题。（板

书：学会学习）

【设计意图】高处胜景图，非常简单明了地揭示出攀高望远的道理，视野越开阔，看到的美景就越多。用这样的图更能激起学生积极求进的愿望，并以此来映射书山，引起学生深思如何攀登，如何通过学习变得更好，看到更多的"美景"。

第二版块：才能源于学习，学而有获

1.才能源于学习

师：可能很多同学会问：学习为了什么？

生：为了学得本领，学到更多的知识，将来能够出人头地呀！

生：学得好，将来可以读更好的大学。

生：时代不同了，学习好，不一定能出人头地，现在很多大学生毕业找不到工作，而很多没有读大学的却能赚很多钱，比尔·盖茨就是一个例子呀！

师：好，给大家看几个名人的故事，其中就包括比尔·盖茨。

出示：

①战国时期，有一个著名的政治家叫苏秦。年轻时，他由于学问不多，曾到好多地方做事，都不受重视。回家后，家人对他也很冷淡，瞧不起他，这对他的刺激很大。所以，他下定决心，发奋读书。常读书到深夜，疲倦打盹时，就用锥子往自己的大腿上刺一下。这样，猛然间感到疼痛，使自己清醒起来，再坚持读书。后来，他当上了六国宰相。

②被誉为"杂交水稻之父"的袁隆平，1960年在一块田里发现一株穗特别大的水稻，第二年他把这"鹤立鸡群"的水稻种苗种在试验田里，却失败了，但他没有气馁，而是继续学习、研究、试验。1974年，他成功培育出第一代杂交水稻，到了1995年研制成功两系杂交水稻，并当选为中国工程院院士。

③盖茨7岁时最喜欢看书，经常几个小时连续阅读。11岁那年，他的数学和科学已遥遥领先。进入中学后，他学习仍然非常努力，并以优异的成绩进入哈佛大学。一年后，他辍学成立微软，不断努力学习、创新工作，微软成功了，他成了世界首富。现在他专心做慈善，捐钱给那些努力学习、不断创新的人。

师：请说说，你们看了这三则小故事后的感受。

生：原来比尔·盖茨也是因为不断学习，不断努力、创新，才有这样的成就的。

生：看来，他们的成功都取决于不断学习，才能只有在不断学习中才有长进。

生：不断学习，不断努力，才能够取得成功。

师：是的，任何才能都源自不断学习（板书）。

2. 学习才有收获

师：那么，学习是为谁呢？

学生纷纷表示当然是为了自己。

师：是为了自己吗？怎么验证呀？

学生表示现在明白这么多事情，就是学习的结果。

师：是的，老师这儿有一些材料，同学们看看是否能验证自己学到很多。

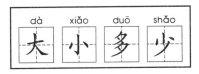

师：熟悉吗？

生：哈哈！这是幼儿园的识字和一年级的数学吧！这太简单了！

师：为什么简单？

生：因为我们都会了。

师：是呀！若当时不学这些知识，你现在还觉得这些简单吗？

学生表示应该不会。

师：再给同学们一些材料，看得懂吗？

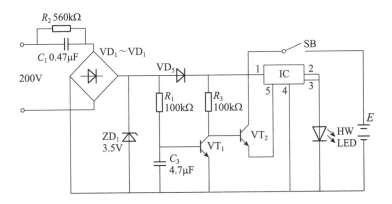

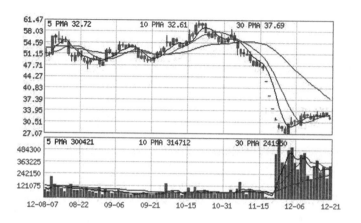

学生纷纷表示看不懂。

师：为什么看不懂了？

生：我们没有学过呀！

师：第一幅是应急灯的电路图，对于电工来说就像"4+5=9"那样简单，第二幅是股市的走势图，对一个股民来说，就像认识"大小多少"那些简单。这又说明什么？

生：没有学过，比看天书还难呢。如果我们以前不学习，现在也许连幼儿园的识字和一年级的算式都不会。只有不断地学习，学得比较深入，才能做得更好。

师：是呀！学习是为了自己，为了丰富知识，让自己有能力胜任一个领域的工作，乃至取得辉煌的成就。（板书：学习可以成就自己）

【设计意图】通过名人不断学习、不断研究成就自己的故事，让学生明白学习的意义，让学生认识到只有努力学习才能够成就自己。出示两组反差极大的图例，让学生直观地感知简单和困难，领悟到学习不是为了别的，就是为了自己能力和知识的增长，从而激发学习的愿望。

第三版块：为了明天，努力学习

师：接下来，我想给大家介绍一个人。（出示朱德庸照片）

师：你们认识他吗？

生：不认识。

师：他画的漫画，你们肯定知道。（出示《双响炮》《绝对小孩》《涩女郎》和《醋溜族》封面图）

生：哦！朱德庸。

师：对哦，著名的漫画家。你们觉得，他小时候会是一个怎样的人？

大部分学生表示，肯定是一个品学兼优，受老师喜欢的孩子。也有学生表示，也许比较差，从《绝对小孩》的"披头"经常得0分的现象可以看出。

师：为什么？

学生表示，只有小时候优秀，长大了才能有如此成就呀。也有学生问：如果成绩差，他又是怎样成功的呢？

师：让我们一起来看看吧！

出示：

从小学到初中，朱德庸对学校充满了恐惧。因为成绩太差，几次退学。最后，来到一所"问题学生集中营"高中。他不明白，自己怎么混得这么惨，青春一下子消耗完了，他决心把握住最后一次考大学的机会。他顶住了别人找他玩的诱惑，整整一年认真地复习，终于考上了大学。

通过不懈的努力，后来，他成为了一位著名的漫画家。

原来，他小时候患上了一种叫"亚斯伯格综合征"的泛自闭症障碍。

师：看了这则故事后，你有什么感受？

生：他小时候的一塌糊涂，原来是一种障碍。

生：这样说来，要想成功，还是要努力的，只要努力，总有成功的一天。

师：是呀！成功，源自不懈的努力。（板书）

【设计意图】朱德庸的漫画，学生非常熟悉，可他们大多不熟悉朱德庸的童年及成长的故事，泛自闭症障碍让朱德庸经历了非常惨的童年，也让学生明白，不管怎样的人，只要努力，都有成功的一天，出类拔萃的一天，从而激起他们积极向上、为自己的明天努力的情感。

第四版块：学习有了困难，该当如何

师：我也知道学习是自己的事，是为了自己，可我觉得非常难，有没有轻松一点的学习方式？有吗？

生：好像没有吧！"书山有路勤为径"嘛！墙上贴着呢。（笑）

生：太轻松，学到的都是一些皮毛，要学到真本事就要非常努力，可学习真的很难哦！

师：来看一个故事！

出示：

毛泽东学习时特意到最喧闹的地方去读书，每天故意让自己坐在闹市口看书，以培养自己看书的静心、恒心，锻炼自己的意志，使自己在学习时心绪不受外界干扰，在任何时间和场所都可以很好地学习。

学生纷纷表示：看来毅力有多强大，学习能力就有多强大。看到毛泽东的学习，我觉得我们的学习真是太轻松了。

师：是的，学习是一个不断克服困难的过程，也是自我挑战的过程。在遇到困难时，又该如何做呢？

生：有困难，找老师。（笑）

师：好方法，算是一条好途径。

生：有困难，先自己试着去解决，若还不行也可以请教同学。

生：学习最大的困难，就是自己不去想办法，努力去想办法，就能解决。

师：同学们刚才的回答，非常到位，可以这样归纳（板书）：

★ 要马上解决。

★ 多去问老师。

★ 多请教同学。

★ 对己有信心。

★ 先自己思考。

★ 常进行训练。

师：你们说的都赶上百度经验了，能说说对每一句话的理解吗？

学生交流。

【设计意图】学习中，如何克服困难是一个难点，这里先通过毛泽东闹市读书的故事，启迪学生认识到学习是一个自愿的、自我调整的过程。通过让学生谈克服学习困难的方法，使学生明白，原来克服学习困难的方法，自己本来就明白，这不是什么秘诀，从而进一步加深对如何克服学习困难的认识。

第五版块：好习惯伴我行，终身学习

师：北宋时期，著名的文学家王安石讲了这么一个故事。

出示：古代，有个方仲永，五岁时，他无师自通，提笔写诗，震动乡里。人们渐以宾客之礼待他，有人花钱求取他的诗。父亲认为有利可图，就每天带领着仲永四处拜访，不让他学习。这样，到了仲永十二三岁时，王安石请仲永作诗，发现其诗作已经非常普通了。又过了七年，王安石再次到金溪探亲，问起仲永，得到的回答是："他的才能消失了，做回了农民。"

师：这个故事说明了什么？

生：父亲不让仲永学习，最终他变成了一个普通人，非常可惜。

生：说明学习需要持续不断，需要终身学习。

师：是的，不断学习，终身学习，才会成功。像我们刚才提到的比尔·盖茨、苏秦、袁隆平都是其中卓越的代表。（板书：不断学习，终身学习。）

师：怎么做到终身学习，有诀窍吗？

结合学生回答，小结：清晰的目标；满满的自信；自觉＋主动；不断地坚持；良好的心态。

师：一起看看同学们收集的名人关于学习的警句，期待大家愉快学习，快乐生活。

出示：

只要愿意学习，就一定能够学会。——列宁

聪明在于学习，天才在于积累。所谓天才，实际上是依靠学习。——华罗庚

学习的敌人是自己的满足，要认真学习一点东西，必须从不自满开始。对自己，"学而不厌"，对人家，"诲人不倦"，我们应取这种态度。——毛泽东

学习知识要善于思考，思考，再思考。——爱因斯坦

对世界上的一切学问与知识的掌握也并非难事，只要持之以恒地学习，努力掌握规律，达到熟悉的境地，就能融会贯通，运用自如了。——高士其

师：希望同学们养成良好的学习习惯，成为一个不断学习、终身学习的学习者。

【设计意图】结合"伤仲永"的故事，提醒学生不管天资如何过人，若不主动学习，终究会成为一个平庸的人，任何成功的人，都是通过不断学习、终身学习，才有所成就的。通过让学生小结，使其学会如何终身学习，再结合名人学习的名言，让学生更加受益。

学生体会与感悟

醍醐灌顶，完全可以用这个词来形容上了这节课后的感受。

不学哪会懂得，"1+3=4""大小多少"和"电路图""股市行情图"的对比，使道理浅显而又深刻，让人回味无穷。有时我们就是真的不想学，觉得学太多没什么用，可朱德庸的故事，让人明白好好学习、好好努力的意义所在。

学到了很多方法：有信心、马上行动、自己思考、常常练习；明白一个道理：不学"仲永"，只有终身学习，才能永远进步。

教学反思与建议

正如学生所说，简单易懂的图形和浅显的小结语，让大家很有认同感，如何把一节知识性相对较强的课上得有趣？建议如下：

①引入学习环节，看图释义，有一定的内涵，不建议放在低年级教学，因为学生会因为看不懂简笔画，而错误地理解图义。比如把两个攀爬的人看成是两只蚂蚁在爬山等，容易导致课堂失控。

②第二版块，启示学习的意义，三个故事呈现后，不建议老师自己从头读到尾，建议学生默读，再发表想法；出示四张图片，建议稍作停留，启迪学生感悟，揭示学习收获。

③第三版块，朱德庸的故事对于一些基础比较薄弱、学习兴致一般的学生的触动性还是很大的，建议上课时多与那些学习动力不足、方法欠缺的学生互动，这样启发性会更大，激励也会更多。

④第四版块，总结学习方法，为重点版块。上课时，可能会遇到学生"启而不发"，导致"说而不绎"。建议老师把总结的相关内容用PPT提前做好，根据学生回答小结后再予以展示。

⑤最后一个版块，启迪终身学习，是让学生自我感悟、自我启迪、自我总结的过程，是整个学习活动的提升，建议提前让学生收集这些名言，汇集在PPT上，附上名言摘录者的姓名，把这节课推向高潮。

打败拖拉，远离磨蹭

（效率主题）

美国、加拿大等多个国家的统计数据表明，有 70% 的大学生存在拖延症状。而大学生的这个症状可以追溯到早期拖延的生活习惯，这一研究，也引起了社会的密切关注。

拖拉的养成是循序渐进的，是做小事过程中经常拖拉导致的习惯，调查发现孩子们的拖拉现象特别普遍，也是特别需要改正的坏习惯。我们常常看到这样一幕：孩子们坐在书桌前，半小时过去了，不见作业本上有什么动静，家长、老师急得像热锅上的蚂蚁，催促声此起彼伏，可孩子们却毫无感觉。因为拖拉做事效率低，学生学得不扎实，玩得不尽兴，形成恶性循环。因此，引导学生学会管理自己的时间，有计划、有效率地做事是习惯养成教育中的一项重要内容，也非常必要。

教育目标

·知识目标：在学习中，了解拖拉的日常现象，感知拖拉和磨蹭的危害，懂得如何有效管理时间。

·情感目标：在情境中，自感自悟，产生打败拖拉，远离磨蹭的强烈愿望。

·能力目标：在活动中，明了并习得管理时间的有效方法，练习并逐渐形成"不拖拉"的好习惯。

课前准备

讨论话题，排练情景剧，搜集相关音乐、视频，制作课件等。

教育过程

第一版块：体味生活，发现拖拉

1.小组传递学习材料游戏
师：这是今天课堂上学习所需要的一些材料，请同学们传递下去。
小组传递，老师把传递所用时间记录在黑板上。
师：这个数字，就是我们开始传递，到最后一位同学拿到学习材料的时间。
2.播放音乐视频——《妈妈拖拉之歌》

起床，起床，快起来！

去洗脸，去刷牙，记得梳头！

快点穿上你的衣服，你的鞋。

有没有在听啊？

快起来！然后记得叠被子！

……

师：妈妈在催孩子做什么？
学生交流感受。
师：你有这样被催过吗？
生：有。
师：催你做什么？怎么催的？能学学吗？
学生交流。
引导小结：每天我们都会被妈妈、老师、同学催来催去，做这做那，都是因为拖拉搞的鬼。（板书：拖拉）

【设计意图】由幽默风趣的歌曲导入，让学生不反感不排斥，乐于分享自己生活中的拖拉小事，并很好地理解什么是拖拉。通过回忆妈妈的催促，发现原来自己也有拖拉的小毛病。这样的引入能让课堂更生动，更直观，也更易抵达学生内心。

第二版块：创设情境，明白拖拉

1.由情景剧发现拖拉的危害
学生表演课本剧《寒号鸟的故事》。
传说中有一只全身长满了绚丽羽毛的小鸟，它叫寒号鸟。寒号鸟骄傲得不得了，它觉得自己是天底下最漂亮的鸟。别的小动物整天辛勤忙碌，积攒食物，建造鸟巢，可是它整天到处闲逛，吃吃喝喝。寒冬来临了，寒号鸟没有巢穴，没有食物，被冻死了。

师：孩子们，是什么导致这只可怜的寒号鸟在半夜里冻死了？

生：是寒号鸟拖拉的习惯，今天拖明天，明天再拖下一天，结果一直拖到天气冷了，还没有修好自己的窝，结果冻死了。

生：拖拉害死鸟呀！（笑）

2.交流生活中拖拉的危害

师：是呀！拖拉非常可怕哦！在生活中，拖拉都给你带来什么麻烦？

出示：

①聊聊自己身上的拖拉故事。

②学生交流身边的拖拉的危害。

③想想拖拉可能会带来哪些危害。

师：瞧，如果拖拉这个坏习惯一直藏在你的体内，当你长大成为——

出示：

①运动员跑步比赛时拖拉。

②医生做手术时拖拉。

③消防员救火时拖拉。

学生交流。

3.畅谈并学会打败拖拉

师：孩子们，你们喜欢拖拉吗？想对它说什么？

生：拖拉真是太令人讨厌了，它的危害太大了。

生：想让拖拉离我远远的，千万不能沾惹上它，太可怕了！

生：拖拉会给我们平时的生活带来很大的麻烦，甚至会威胁到生命，一定要打败它！

引导小结：拖拉非常可怕！一定要学会打败它。（板书：打败拖拉）

【设计意图】由活泼生动的课本剧开始，让学生直接感悟到拖拉的危害。再让学生体会现实生活、社会生活中拖拉带来的影响。通过让学生自己想象、发现拖拉带来的危害，感悟打败拖拉的必要性。

第三版块：参与活动，治理拖拉

1.初步感悟：一次专心一件事

①看视频，感悟专心。

乐乐和丽丽都在做作业，乐乐一会儿拿出玩具，一会儿玩笔，一会儿起身上厕所；而丽丽一直专心致志地完成作业。结果，丽丽的作业非常整洁，老师不仅打了一个大大的"√"，还写上"非常棒！"；而乐乐的作业非常潦草，老师用红笔圈出很多错别字。

师：拖拉藏到乐乐身上了，我们快来帮帮他。

生：乐乐写作业时非常不认真，所以就做不好作业。

生：乐乐一会儿玩玩具，一会儿玩笔，肯定做不好作业。

生：丽丽自始至终认真地完成作业，态度非常认真，作业就写得非常好。

引导小结：一件事做好了，才能更好地做另一件事情。

②玩游戏，再悟专心。

请一个学生上台参与游戏，第一次老师扔出一个纸团，学生很容易就接住了；第二次老师扔出两个纸团，学生想接住两个纸团，结果两个都没有接到，试了几次，都没能同时接到两个。换了几个学生，结果差不多，最多只能接住一个纸团。

生：一次只能接住一个，不能同时接住两个。

生：当我眼睛盯着这个时，发现那个已经掉在地上了。

生：想接住两个，结果两个都掉地上了。

引导小结：一次专心做一件事情。（板书）

师：孩子们，那你们给刚才的乐乐提提建议，该学到怎样的方法，才能够帮助他打败身上的拖拉？

学生交流。

2.学会方法：重要事情要先做

①小组合作——排顺序。

出示字卡：

| 做作业 | 看课外书 | 玩游戏 | 做运动 | 弹钢琴 |

师：这几件事，你们平时的先后顺序是怎样的？请同学们排列一下。

学生进行排序。

②学生反馈——说顺序。

学生小组交流，在阐述排序的想法中明确方法。

引导小结：学会先做重要的事情。（板书：重要事情要先做）

③进行判断——固方法。

师：出两道题考考你们。

出示：

①放学回家，有好看的电视节目，也有老师布置的作业，小明该怎么做？

②周末，乐乐完成作业后，在家玩游戏，同学们来叫乐乐外出踢足球。

生：要先完成作业，再看电视，重要的事情要先做。

生：游戏要适可而止，参与运动，身体才能健康。

师：是的，有了这两条妙招，拖拉的行为会越来越少。

3.打败拖拉：准备停当能更快

①观看视频，感悟充分。

乐乐写作业过程中，一会儿拿橡皮，一会儿找草稿本，一会儿拿铅笔刨，半个小时过去，才写了半页。

学生纷纷表示，乐乐没有充分作好准备，做作业的效率很低。

引导小结：做作业时要把东西都准备好才会更有效率。

②取物游戏，练习落实。

小实践：从书本里，拿出语文书和语文作业本，开始做作业，你可以怎样准备以更有效率？

学生实践，交流心得。

生：语文书和作业本一起拿，可以节省时间。

生：书、笔、橡皮都准备好，更方便。

生：之前整理好书包，语文书和作业本按顺序摆放，拿得才会快。

引导小结：看来准备充分了，做事儿就能特别快！（板书：准备停当能更快）

③用上方法，解决问题。

师：看来同学们都是准备高手，那老师再来问问你们，明天上学，今晚要先作哪些准备？

学生纷纷表示，要准备好第二天穿的衣服、裤子和红领巾；整理好书包，书本、作业本有序摆放，学习用品收拾妥当，调好闹钟。

4.远离磨蹭：一分一秒要珍惜

①全体挑战，远离磨蹭。

师：拖拉有一个孪生兄弟，叫磨蹭，知道什么是磨蹭吗？

生：就是磨磨蹭蹭。（笑）

生：跟拖拉差不多。

师：是呀！老师课前写了这个数字，知道是什么吗？是你们传学习材料的时间。上了这节课，我们知道了如何打败拖拉、远离磨蹭的方法，用上这些方法，再传一次，缩短时间。（记录传递时间，与课前时间对比。）

生：我们明白了传递的意义，就加快了速度，所以就快了很多。

生：传递过程中，我们没有再拿来看一下，而是拿了自己的材料，就传给后面的同学，所以快了很多。

生：原来我们传递得慢，就是拖拉和磨蹭搞得怪。

引导小结：珍惜了每分每秒，打败拖拉，远离磨蹭。（板书：一分一秒要珍惜）

②抓紧时间，要讲规则。

出示：

图说拖拉：《乐乐的烦恼》

图1：乐乐着急回教室赶作业，进校园不排队。

图2：午餐拼命吃，早一点到球场，可以抢到位置。

图3：乐乐为了加快作业速度，字迹比较潦草。

师：乐乐也很抓紧时间了，但他要注意些什么呢？

生：遵守秩序更加重要，要心怀大家，不能因为自己着急，就不顾同学。

生：拼命吃饭，会不利于消化，参与运动，也要注意健康。

生：抓紧时间，也要注意把事情做好，做得又快又好，才是真正打败拖拉。

引导小结：抓紧时间，要讲规则。

5.牢记方法：打败拖拉小秘诀

师：这节课我们学了那么多打败拖拉、远离磨蹭的妙招，连起来拍手读一读吧！

出示：

一次专心一件事。

重要事情要先做。

准备停当能更快。

一分一秒要珍惜。

【设计意图】本环节是本课最重要的环节，先感悟再游戏，于小组合作中体会、找到打败磨蹭的方法，并遵循一方法、一习得、一落实的学习过程，让学生行动起来，在自由自主的学习氛围里，亲自体验打败拖拉，学得妙趣横生，学得扎实有效。

第四版块：放眼生活，告别拖拉

1.顽强拖拉，顽固磨蹭

师：学了如何打败拖拉，如何远离磨蹭之后，乐乐同学会怎样呢？

生：乐乐已经远离磨蹭了，他的效率开始高了。

生：我也觉得乐乐已经能做到打败拖拉，做事、学习、作业的速度越来越快了。

生：我认为，乐乐的拖拉坏习惯还会回来。

师：是这样吗？我们一起来看看现在的乐乐吧！

播放视频：

乐乐回家做作业，第一天，第二天，回去都是先及时完成作业，可到了第三天，书包一丢，开始悄悄地打开了电视机，第四天，拿了一个小汽车玩具，放在桌上，一边做作业、一边玩小汽车……

学生纷纷表示，乐乐只有前两天好一些，没有真正地打败小拖拉和小磨蹭。

视频最后出示小拖拉和小磨蹭的对话：哈哈！我们又回来了！

2.打败拖拉，下挑战书

师：你想对乐乐说什么？

生：要坚持下去，这样才能彻底打败拖拉。

生：要懂得克制自己，不能让自己已经拥有的好习惯远离自己。

师：是呀！我们记住了小妙招，要学会坚持，坚持一个月，就能养成好习惯！做一张挑战书，坚持一天，就把☆涂黑。坚持下去，一定能打败拖拉、远离磨蹭。

"打败拖拉，远离磨蹭"挑战书

拖拉小秘诀：做到"一次专心一件事、重要事情要先做、准备停当能更快、一分一秒要珍惜"。

1. ☆	2. ☆	3. ☆	4. ☆	5. ☆
6. ☆	7. ☆	8. ☆	9. ☆	10. ☆
11. ☆	12. ☆	13. ☆	14. ☆	15. ☆
16. ☆	17. ☆	18. ☆	19. ☆	20. ☆
21. ☆	22. ☆	23. ☆	24. ☆	25. ☆
26. ☆	27. ☆	28. ☆	29. ☆	30. ☆

坚持每一天，30颗★，调整成功！

挑战者：

20＿＿＿年＿＿月＿＿日

【设计意图】将打败拖拉的方法进一步落实，让学生能"行"在平时的生活中。通过下挑战书，激励全体学生参与，坚持每日记录，将30天"打败拖拉，远离磨蹭"的活动常态化，让学生将珍惜时间、告别拖拉的行为一直延续下去，培养并巩固好习惯。

（浙江省温州市籀园小学张玮老师参与本课设计）

学生体会与感悟

拖拉，磨蹭，我有吗？以前好像自己都没有发现，只知道妈妈老是催呀催呀。

学了这节课我才知道，原来"拖拉"这个坏习惯，自己看不见，别人看得一清二楚。我可不想当"寒号鸟"，我要告别小拖拉，打败小磨蹭，远离它们，做一个有效率的人。

可是，该怎么做呢？这节课我学到了很多，做事不能一心两用，要一次专心做一件事，先做重要的事情，一分一秒都要珍惜。

坚持下去，一定能打败拖拉、远离磨蹭。

教学反思与建议

这节课学生参与的积极性很高，如何在热热闹闹的课堂上，把知识要点落到实处，让学生学有所获呢？建议如下：

①第一版块的传递材料，操作时可以随意些，不要苛求效率。但老师要记录时间，以方便进行第三版块时作对照，前后呼应。

②第二版块，寒号鸟的拖拉导致其冻死的故事，具有震撼感。建议老师不过分解读文本内容，注意引导学生对"拖延结果"的讨论，启迪学生看到拖延的危害。

③第三版块，是重点部分，共有五个活动，需要注意时间的合理分配，注重学生参与活动后的感悟，形成结论性方法，需要板书的内容较多，可以课前制作好板书小字卡，以节省时间。

④第四版块，学习方法后的落实，是活动的延伸部分，老师需要明确告诉学生习惯会有反复，需要持之以恒，落实行动需要监督和坚持力。课堂上若没有明确监督人员和评比措施的跟进，需要课后补上，以真正落到实处。

第三辑

卫生安全篇

CHAPTER 3

从班会课到成长课程

第四辑

节俭环保篇

清爽干净，卫生健康

（卫生主题）

卫生，是一个人健康的保障。从小养成良好的卫生习惯，不仅让人受益终生，更能令人处处受到欢迎。一个清爽干净的人，给人彬彬有礼，很有教养的印象。而邋里邋遢不仅给人恶心感，更容易受到细菌、病毒的感染，从而因为免疫力下降而导致生病甚至过早死亡。

可部分学生对卫生的重要性还存在认识上的不足，表现在：不能很好地打理自己，经常是从家里出来干干净净的，回家时已经邋里邋遢；公共卫生意识缺失，不考虑周围环境及他人的感受，自己方便就行，随意丢弃垃圾的坏习惯依然严重。这也说明，培养学生公共卫生意识及个人卫生意识的教育，迫在眉睫。

教育目标

·知识目标：懂得相关的卫生知识，明白个人卫生和公共卫生是健康的重要保障。

·情感目标：通过卫生相关知识的学习，激起学生保持个人和公共环境"清爽干净"的强烈愿望。

·能力目标：学会对个人卫生的打理和保持，能有效维持公共环境卫生，懂得如何清理和保洁。

课前准备

收集相关的卫生知识、图片，准备课件。学生收集同学们的日常卫生情况。

第一版块：图片导入，激起对卫生的反思

师：先给大家看两张照片，你们喜欢哪一张？

学生纷纷表示，第一张照片里的小孩很脏、很丑，看了不舒服。第二张照片里的小孩非常干净，很清爽，给人一种很有礼貌、很健康的样子，看了令人喜欢。

师：第一张照片上的孩子，生下来就是这样的吗？

生：不是，生下来大家都是一样的。

师：对呀！到底什么原因造成两人现在的情况截然不同呢？

学生表示，是后天的环境，具体原因很多。

师：若从卫生的角度分析，同学们想想，她们是怎么变成这样的呢？

学生回答。

根据学生的回答板书：不洗手，不洗头、洗澡，不换衣服，乱丢垃圾，吃不卫生的食物。

师：刚才同学们提到了一些不好的行为，你们觉得这些行为会带来哪些危害？

根据学生的回答，课件出示如下内容：

不洗手：带菌的手污染了食物，再经过食物传播，让人生病洗手阻断了病菌的传播链。

不洗头、洗澡：生头虱、长头癣，身上长污垢，易得皮肤病。

不换衣服：穿一天的衣服上会沾染几十万个细菌，不勤洗勤换，会变得很邋遢，也不卫生。

随地吐痰：痰液中含有病菌，随地吐痰会污染环境，传播疾病。

乱丢垃圾：垃圾容易滋生苍蝇、老鼠、蚊子、蟑螂等，它们会传播各种致病菌。

吃不卫生的食物：变质的食物中含有大量病菌和毒素，导致疾病的发生。

师：是呀！卫生关系到我们的身体健康，今天，我们就来探讨这个问题。（板书：卫生健康）

【设计意图】出示两张简单的照片，引出课题，引导学生深入探寻肮脏的原因，挖掘学生对一些不卫生现象的了解，进一步学习相关的卫生知识。

第二版块：模拟猜测，明白卫生才有健康

1.猜测未来，预测结局

师：她们未来的发展如何？

学生回答。

师：请大家以小组为单位进行讨论，选择其中的一个，与下面的图片、卡片组合一下。

| 感染疾病 | 英年早逝 | 邋遢懒惰 | 受人尊敬 | 清爽干净 |
| 健健康康 | 快乐长寿 | 勤劳卫生 | 被人讨厌 | 脏乱丑陋 |

第一组：我们选择第一个小孩，她出生在全是垃圾的地方，继续邋遢懒惰，脏乱丑陋，被人讨厌，后来感染疾病，英年早逝。

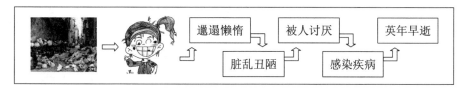

第二组：我们选择第二个小孩，她出生在一个非常干净的高档小区，勤

劳卫生，让自己保持清爽干净，健健康康，受人尊敬，后来快乐长寿。

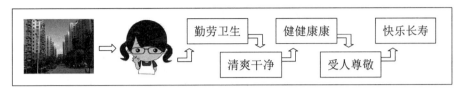

师：你们为什么这么选择？

学生表示，因为第一个小孩很脏，我们把不好的词都给了她；第二个小孩很干净，所以把好的词都给了她。

2.提出建议，策划改造

师：是呀！一个干净卫生的孩子，的确也应该得到这些好的词。可是，你们有没有觉得第一个小孩很可怜？

生：是的。

师：你们能想想办法，对她进行一下改造吗？

生：能。

师：老师这儿有一份改造计划表，你们提提建议，帮忙第一个小孩改变现状。

学生讨论、汇报。

建议分别是：勤洗头理发、洗澡、洗手、洗脸，勤换衣服，不要去脏的地方玩，不随地吐痰，不乱丢垃圾，也不要以垃圾为伴。

经过一番讨论，学生认为，改造的期限应该是：终身。

3.震撼呈现，直面结果

师：经过你们的改造，第一个小孩会有怎样的结果呢？请大家利用刚才的图片和字卡，再组合一下。

学生组合后，汇报。

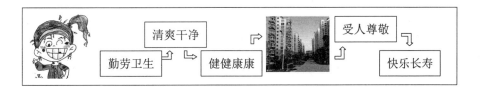

生：她开始勤劳卫生，让自己保持清爽干净，变得健健康康，还住进了卫生漂亮的高档小区，受人尊敬，后来快乐长寿。

师：看到她能够变得如此好，你们高兴吗？

生：高兴。

师：那你们试着把剩下的图片和字卡给第二个小孩，组合一下，看会有怎样的结果呢？

学生通过讨论、组合，结果如下：

生：第二个小孩，开始邋遢懒惰，不讲卫生，于是，她也变得脏乱丑陋，后来居住在全是垃圾的地方了，被人讨厌，后来感染疾病，英年早逝。

师：怎么会有这样的结果？可能吗？

学生纷纷表示完全有可能。

4.对比分析，学会反思

师：刚才同学们给两个小孩进行了不同的组合，出现了两种不同的结局，我们一起来看看，这样的结局是什么原因造成的？

生：我发现"健康长寿"的关键是要"勤劳卫生"。

生：我也发现了，"英年早逝"源于"邋遢懒惰"。

师：是的，同学们的发现非常正确。看来勤劳卫生，对每一个人都很重要，甚至影响人一生的命运。（板书：勤劳卫生，清爽干净，才能健康快乐。）

【设计意图】让学生自己通过选择、拼组，去"看到"过程的不同及产生的截然不同的结局，在震撼学生心灵的同时，让学生看清勤劳卫生的重要作用，启迪学生告别"邋遢懒惰"，力争去做一个"清爽干净""健康快乐"的人。

第三版块：直面现状，学会面对卫生问题

师：你们在课前对同学们的卫生情况作了一些调查，我们一起来听听，再说说该怎么办。

生：我调查的是同学们饭前洗手情况。

调查内容	同学们饭前洗手情况				
时间	周一中午	地点	餐厅门口	对象	随机
调查情况	有近三分之一的同学没有洗手，直接进餐厅。洗手的同学中，有近一半同学，洗手非常潦草，手冲一下水就好了。只有三分之一的同学正确、认真地洗手。				

学生小结归纳：①在餐厅门口设立监督员，提醒同学们及时洗手；②在洗手池旁放一些洗手液，这样也方便同学们更干净地洗手；③学会正确洗手，可以在醒目的位置粘贴正确洗手的宣传画。（学生模拟了正确洗手的流程）

生：我和×××同学一起，用了两天时间，对我们班同学衣服洁净情况进行了调查。

调查内容	同学们衣服洁净情况				
时间	周一、二	地点	教室	对象	全班同学
调查情况	周一上午，全班44位同学中，有42位同学的衣服是干净的； 周一下午，只有25位同学衣服是干净的，男同学有大部分不干净。 周二上午，全班有9位同学衣服不干净，有8位同学衣服没有换； 周二下午，衣服不干净的人数增加到了22位，有19位是男同学。				

学生小结归纳：①要学会勤换衣服，夏天要每天换洗，冬天要每天换内衣、内裤；②保持干净，不到脏乱的地方玩；③手脏的时候要及时洗，不能擦在衣服上；④吃饭、喝汤时要注意不要弄脏衣服。

生：我对全班同学的抽屉卫生进行了调查，情况是这样的。

调查内容	同学们抽屉卫生情况				
时间	周二、三	地点	教室	对象	全班同学
调查情况	周二上午，24位同学的抽屉非常整洁，有12位同学的比较整洁，有8位同学的很乱，其中有两位同学的又乱又脏。 周三下午，这个情况好像并没有改变，还是那24位同学的抽屉整洁干净，那两位同学的依然凌乱。				

学生小结归纳：①书包和文具要正确地摆放在抽屉里，用不到的书本可以放回书包；②抽屉里尽量不放垃圾，若有垃圾，下课要及时丢到垃圾桶；③同桌可以相互提醒，卫生委员或值日的同学多多监督，并进行评分。

生：我对全班同学桌子底下的卫生保洁情况进行了调查。

调查内容	同学们桌子底下卫生保洁情况			
时间	周二	地点	教室	对象	全班同学
调查情况	周二上午，38 位同学桌子底下非常干净，只有 5 位同学桌下有一两张纸屑，其中有一位同学桌底下有一摊水，很脏。 下午，不干净的同学开始多了起来，有 12 位同学的桌底下有纸屑，其中 3 位纸屑特别多，那位桌底下有脏水的，水干了，却多了很多纸屑、笔屑之类的。				

学生小结归纳：①千万不可以吐痰，水杯注意要盖紧，尽量别放桌子上，防止打翻；②每位同学都要负责自己桌底的卫生，并及时清理；③笔、书本之类的学习用品，不要放在桌上，免得被碰到桌子底下。

师：真好，相信同学们能正确对待这些卫生问题。

【设计意图】实际调查学生身边的卫生问题，让学生通过自己的眼睛去观察、去发现问题，比老师直接给予要更好，更能激起学生的自我反思。看到问题的存在，就会有解决问题的想法，才有动力实施行动。

第四版块：从小事做起，让我们行动起来吧

师：可能有的同学会说，不就是不卫生一点嘛，有那么严重吗？对这句话，你怎么看？

生：我认为这样说不对，不讲卫生，就会影响健康！

生：卫生做不好，其他事情也会做不好，卫生关系到自己的健康大事，怎么能够马虎呢？再说了，不卫生会让人讨厌的。

生：凡事本来就是从一点一滴做起的，小事做不好，肯定做不好大事。

师：说到小事做不好，肯定做不好大事这一点，还有一个典故。

出示：

东汉时有一少年名叫陈蕃，自命不凡，一心只想干大事业。一天，其友薛勤来访，见他独居的院内脏乱不堪，便对他说："孺子何不洒扫以待宾客？"他答道："大丈夫处世，当扫天下，安事一屋？"薛勤当即反问道："一屋不扫，何以扫天下？"陈蕃无言以对。

陈蕃欲"扫天下"的胸怀固然不错，但错的是他没有意识到"扫天下"正是从"扫一屋"开始的，"扫天下"包含了"扫一屋"，而不"扫一屋"是断然不能实现"扫天下"的。

生：这个故事我看过，"一屋不扫，何以扫天下"很有道理，教育我们不要忽视了小事。

生：我们真的要行动起来，从现在做起，从小事做起，为了健康的未来，从干净卫生开始做起。

"做好卫生小事，成就健康大事"行动书

卫生，是一个人健康的保障，有健康才有未来。我决心为健康而努力，学会卫生的生活方式，让自己清爽干净，让环境整洁卫生。

在生活中，努力做好"四勤和四不"：勤洗手剪指甲，勤洗头理发，勤洗澡换衣，勤刷牙漱口；不喝生水，不吃不洁食物，不随地吐痰，不乱丢果皮纸屑。

接受同学的监督，并且对同学的不卫生行为大胆提醒。

愿我们生活的每个地方都干干净净，愿每一个同学都能卫生健康，快乐生活！

行动人：_____

_____年____月____日

全体学生签署。

师：是呀！做好小事成大事，做好卫生小事，成就健康大事。希望同学们能够牢记在心，并在实际行动中很好地表现，相信你们能行。

【设计意图】卫生虽是小事，但是坚持却不容易，心动还需行动。通过"一屋不扫，何以扫天下"的故事让学生明白，做好小事才能成就大事，消除学生的一切顾虑，使之全心全意地投入保持自己和环境卫生的行动中，养成良好的卫生习惯。

学生体会与感悟

卫生，是一个人健康的保障，有健康才有未来。

这节课我学了很多，也懂得了很多。很多不卫生的细节，都是我平时没有注意到的，我决心从现在开始，学会卫生的生活方式，让自己清爽干净，让环境整洁有序。做到自己原来没有做到的：勤洗手，勤洗头，勤换衣服，不乱丢果皮纸屑。接受同学监督，对同学的不卫生行为进行大胆提醒。

我想干干净净的，也愿每一个同学都能卫生健康，快乐生活！

教学反思与建议

本节课强调学生的自主，建议放手让学生自我操作，悟出结论，达成共识。因此，在教学中需要注意以下几点：

①一个邋遢、一个干净的小孩图片，考虑到肖像权的问题，选用卡通人物，建议老师上网搜索，找到对比度强烈的两张图片。

②摆放字卡环节，需要制作可以直接贴在黑板上的大图，让学生可以进行自由摆放，摆放时，要让学生说说摆放顺序及理由。

③第三版块的卫生调查，建议上课前进行，并让学生就调查情况给出建议，当然课前老师也可以进行建议指导，这样上课时学生的汇报就更有说服力，学生的触动也会越大，改变也就越明显，上课效果就会更好。

校园生活，安全有序

（校安主题）

校园，是学生茁壮成长的幸福之地，校园生活总会给孩子们留下很多美好的回忆。校园安全，牵一发而动全身，青少年学生的健康成长，关系到千千万万个家庭的幸福安宁和社会稳定。然而，校园事故却时有发生，给孩子们留下了非常苦涩的回忆和痛苦的回眸，很多意外伤害还造成了一些孩子的早亡，给孩子的家庭带来极大的痛苦，给学校、社会造成难以挽回的损失。

要做好校园安全教育，保护好每一个孩子，通过教育让孩子们树立强烈的安全意识，使学生了解生命之可贵，珍惜生命，形成自护自救的意识，自觉地保护自己和他人，使发生在他们身上的意外事故减少到最少，让学生安全、健康地成长。

教育目标

·知识目标：了解校园安全事故发生的原因，掌握相关的校园安全知识。
·情感目标：意识到校园安全关乎生命安全，树立强烈的安全防范意识。
·能力目标：能安全有序地生活，懂得发现、报告和及时排除安全隐患，能预防安全事故的发生，能初步处理和积极应对校园安全事故。

课前准备

准备PPT，收集有关校园安全的案例、故事等。

 教育过程

第一版块：谈话导入，了解恶作剧玩笑心态

师：你们平时开过玩笑吗？

学生纷纷表示开过玩笑。

师：都开怎样的玩笑？

学生阐述。

师：为什么要开这样那样的玩笑呢？

学生表示，开玩笑能活跃气氛，大家感到很开心。

出示： 鬼来了。

师：你们喊过吗？为什么喊呢？

一部分学生表示喊过，觉得想吓吓人，好玩而已；也有学生表示，若有人喊，他就会跟着喊，可以烘托气氛。

师：喊一句"鬼来了"，结果会怎样？

生：会害怕，不喜欢他们开这样的玩笑。

生：我不会，我胆子比较大。

生：没什么，开个玩笑而已。

师：是的，因为是玩笑，大家都不会太在意，于是就有同学比较随意地开这样的玩笑，想吓吓同学，觉得好玩。

【设计意图】通过谈话，从开玩笑情况调查开始，活跃气氛，拉近与学生的距离。利用喊一声"鬼来了"的情况调查，透视学生对这一现象的反应及心态，为下一个环节的故事呈现埋下伏笔。

第二版块：悬疑呈现，"经历"校园残酷的踩踏

师：老师给大家讲一个故事，看看一句"鬼来了"的代价是什么。

出示（逐条）：

时间：2005年10月25日晚8时

地点：四川省巴中市通江县广纳镇小学

人物：一群小学生

经过：学生晚自习下课刚走出教室，灯突然熄灭，不知是谁趁机大喊："鬼来了！"

师：接下来会发生什么？同学们猜测一下。

有学生表示会有人跟着喊，有的表示会很害怕，甚至有人会被吓哭，等等。

出示：听到喊声，学生们都跟着大喊"鬼来了"。 楼道一片漆黑，大家都争着向楼下奔跑，唯恐落在后面，纷纷向楼下奔跑。

师：这样做可以吗？

学生有的表示不行，会有危险，有的表示跑快点就没事的。

师：危险？你觉得会发生怎样的危险？

有的表示会摔疼，有的说会头破血流，而有的说没关系，擦破一点皮而已，很快就会好的。

师：也许这种情况并没有发生在你们身上，你们不知道会有怎样的结果。在呈现这个结果后，希望能引起同学们的高度重视，也希望这样的案例永远只成为个例。

出示：突然前面有同学摔倒了，后面同学仍跟着冲下来，并踩在倒下同学的身上，接着又有同学倒下、踩踏，现场惨叫不断，但后面的同学仍不断地向楼下奔跑，现场一片混乱。

学生一片沉默。

出示：学校老师处理现场时发现，有几十个人倒下，其中 7 个同学伤势太重，当场死亡，另有 5 人重伤，13 人轻伤。

个别学生眼泛泪花。

师：一句"鬼来了"=7 死 +5 重伤 +13 轻伤。

生：没有想到后果这么严重！

师：是呀！让人看了心情十分沉重。你们觉得这样的结果可以避免吗？

生：完全可以避免，只要不喊那句"鬼来了"，不要跑、不要冲就可以了。

师：好，让我们一起来审视整个过程，看看有哪些细节是导致这起事故发生的主要原因。我们一起来找找。

学生回答。

出示：

细节一：灯突然熄灭。

细节二：趁机大喊："鬼来了！"

细节三：跟着大喊"鬼来了"。

细节四：楼道一片漆黑。

细节五：大家都争着向楼下奔跑。

细节六：前面有同学摔倒。

细节七：后面同学仍跟着冲下来，并踩在倒下同学的身上。

师：同学们，一连串的细节连在一起，造成了最后那样残酷的结局。

引导小结：校园安全，重在注重每个细节，期待大家能强烈地重视，做到安全有序。（板书课题：校园生活，安全有序。）

【设计意图】从一句玩笑话，引入一个惨痛的校园踩踏案例，通过对案例的分析，引起学生的深思，从而让学生明白，校园安全重在注意每一个小小的细节，只有做到井然有序，才能有效地避免事故发生。

第三版块：情境模拟，学会预防

师：文中的任何一个细节若不出现，会不会还是这样的结局？请同学们讨论一下。

细节七：后面同学仍跟着冲下来，并踩在倒下同学的身上。

讨论并模拟：学生试着跳过或扶起倒下的同学，觉得都不可行。最后通过模拟发现，马上停止奔跑，前面的同学一边用后背顶住跑下来的同学，一边大喊"前面有人摔倒，大家不要跑，前面的同学用后背顶住"。同学们都这样做，也这样大喊。一传十，十传百，直到所有奔跑的同学都停下来。

细节六：前面有同学摔倒。

讨论并模拟：马上扶起摔倒的同学，或把他拉到一旁，抓住栏杆，并大喊，让大家停止奔跑。

细节五：大家都争着向楼下奔跑。

讨论并模拟：时刻注意，楼梯上不能奔跑，尤其是漆黑的时候，切记要靠右行走。

细节四：楼道一片漆黑。

讨论：学生说可以用手电筒、打火机、手机照明，后来发现他们平时并没有这些物品；有学生提议去办公室找老师，把跳闸的开关合上，经过谈论，发现也是不可行的。此时，有学生质疑：为什么楼道一片漆黑，不是该有应急灯吗？

模拟：寻找应急灯，以及楼道的安全设施隐患，并及时报告老师、校长。

细节三：跟着大喊"鬼来了"。

讨论：学生表示跟着喊"鬼来了"并不好玩，可以喊："老师来了！"有学生质疑，那样的话，跟喊"鬼来了"是一样的，最好是大家都别出声，用沉默孤立那个恶作剧的同学。

细节二：趁机大喊："鬼来了！"

讨论：以后不能开这样的玩笑了，并不好玩，还可能会喊出严重的后果。

细节一：灯突然熄灭。

讨论：平时在晚上的时候，也有灯突然熄灭的时候，最好的方式就是待在原地别动，冷静地等电来，或是在老师和同学的引导下缓慢而有秩序地离开。

师：可以欣喜地看到，同学们通过讨论和模拟，明白了这件突发事件的处理方式，也有效地避免了这些可能导致严重后果的细节出现，真了不起。

【设计意图】让学生在讨论中明理，在模拟中习得紧急情况如何正确地去面对，也让学生明白安全事故的消弭并不难，只要大家懂得规矩，冷静对待，就能让一切不该发生的安全事故远离自己。

第四版块：发现隐患，寻找妥善解决的方法

师：像刚才案例中的那些细节，在我们的身边存在吗？

生：有一次，我正要上楼，楼上有一位同学冲了下来，差点就撞到我了。（板书关键词：从楼上冲下来）

生：我从走廊走过，有同学伸出一条腿，我差点就被绊倒了。（板书关键词：伸腿绊倒同学）

生：有一次我正想坐下，某同学抽走了我的椅子，我摔倒在地上，大家哄堂大笑。（板书关键词：故意抽走椅子）

其他同学板书：护栏上往下滑，猛追猛打，乱丢体育器械，带打火机、刀具来学校，从高空扔东西，脾气暴躁，推推搡搡……

师：同学们能写出这么多关键词，非常棒！那你们又是怎样处理的呢？有没有自己的经验，告诉大家好吗？

学生根据板书的关键词阐述自己的心得，并形成安全小贴士。

①不能在楼梯、走廊或教室里奔跑，不能从护栏上往下滑，以防滑倒、摔伤或碰伤。

②不能乱玩体育器械、卫生用具或尖锐东西，更不可带刀具，以免划伤同学或自己。

③懂得礼让同学，不要因为小事发脾气、闹矛盾、起冲突而伤害他人。

④时刻注意一些设施的安全，要懂得报告；遇到紧急事情要冷静，学会自护自救的方法。

师：今后还会遇到一些安全隐患，我们要学会冷静，妥善处理，有效保证自己和他人的安全。

【设计意图】让学生通过回忆，搜索脑海中的记忆，把平时自己遇到的一些隐患关键词进行分类、汇集、分享，今后还可以尽量多地去收集这些关键词，以完整呈现。收集、分享，是为了让学生看见更多的隐患，排除隐患，以求更加安全地活动、生活。

第五版块：防微杜渐，防范校园事故的发生

1.防微杜渐

师：有的同学觉得，都是小事，没这么可怕。这让老师想起古英格兰有一首著名的民谣，我们一起看看。

出示：少了一枚铁钉，掉了一只马掌；掉了一只马掌，丢了一匹战马；丢了一匹战马，丢了一个国王；丢了一个国王，输了一场战争；输了一场战争，亡了一个国家。

师：这则民谣表达了什么？

生：少了一枚铁钉，亡了一个国家。真的吗？

师：这是一个真实的故事。

出示：这是发生在英国查理三世时的故事。查理准备与里奇蒙德决一死战，查理让一个马夫去给自己的战马钉马掌，铁匠钉到第四个马掌时，差一个钉子，便偷偷敷衍了事。不久，查理和对方交上了火，大战中忽然一只马掌掉了，查理被掀翻在地，王国随之易主了。

师：看了这则故事，有什么感想？

学生表示，做好小事，才能很好地预防大事故的发生。

引导小结：校园安全，从做好小事开始。

2.达成协议

师：校园生活，有序才会更安全，需要每一个人作出努力。同学们，你们准备好了吗？下面有一份"校园生活，安全有序"协议书，请大家补充完整，签名遵守，好吗？

"校园生活，安全有序"协议书

校园生活，安全为先，为了自己和他人的安全，我会遵守以下协定：

（1）在教室里休息不追逐、推拉、打闹，防止课桌椅的碰撞，造成意外伤害事故。

（2）在楼梯、走廊、过道上行走时，靠右慢走，礼貌让路，不嬉闹拥挤。

（3）不做危险游戏，不带危险物品到校。

（4）同学之间有摩擦，会宽容谦让。

（5）自觉遵守校园安全秩序，做到及时报告，及时监督提醒。

（6）我还能_____。

承诺人：_____

_____年____月____日

师：生命是美丽的，生活是多姿多彩的，而要拥有这一切的前提是安全。同学们，让我们携起手来，共同创建一个安全、文明、和谐的校园。

【设计意图】反思，促进学生的自醒，看看自己还有哪些地方没有做到。协议，督促学生今后能遵守协定，为今后能够更加安全有序地生活奠定基础。

⌄ 学生体会与感悟

没想到喊一句"鬼来了"，结局竟然那么令人震惊。就其中的细节，老师带领我们进行了讨论和模拟，让我们懂得了许多，也知道如何避免这样的事件发生。之后，老师还让我们去寻找、谈论身边的安全隐患，并让我们讨论如何消除这些安全隐患。

我也明白了，安全事故的消弭并不难，只要注意每一个小小的细节，懂得规矩，做到井然有序，遇到突发事件冷静对待，就能让一切不该发生的安全事故远离自己。

教学反思与建议

班会课选用灾难的素材，是让发生在别人身上的悲剧，成为自己的教训，这是成本最小的教育。踩踏事件的灾难素材，没有影像和图片，只有文字叙述，没有了直观感知和视觉冲击，如何唤醒学生的认知？本课选用悬疑呈现的方式进行艺术化处理。全课只有一则新闻报道，如何上得拨动人心？建议如下：

①引入环节，交流开玩笑"鬼来了"的情况，为下一个环节铺垫，尽量要以最轻松的姿态进行交谈。

②第二版块，是关键环节，悬疑呈现新闻事件，操作起来并不复杂，关键在于启发学生对后续事件发展的猜测，呈现学生的判断，从而挖掘教育的内涵，让学生有所感悟。

③第三版块，选择关键细节，并没有多少难度，建议老师在制作PPT时，把关键词用不同颜色凸显出来。

④第四版块，消弭安全隐患，需要让学生进行充分模拟，以让学生明白如何真正消除安全隐患，让学生懂得安全不是口头上的保证，而是行动上的落实。

⑤最后一个版块，让学生明白安全无小事，要从生活点滴做起。签订协议书后，可组织学生共读，以强化认同，内化于心。

安全待火，预防第一

（防火主题）

教育背景

在火灾面前人的生命显得如此渺小、脆弱，消防安全关系人的生命安全及财产安全。学生对火的知识有所了解，对火灾的可怕也有初步感知，但缺乏完整的"预防、扑灭、报警、逃离"的知识，面对火灾，缺乏必要的求生技能。应激起学生的紧迫感，形象地展示这些枯燥的知识，让学生在参与中"经历"，在感悟中感知，在互动中领会，从而乐学、知学，学有所得。

教育目标

·知识目标：了解一些基本的预防火灾的消防知识，知道发生火灾后应该如何扑灭、报警、正确逃生。

·情感目标：了解火灾的可怕，充分调动学生对消防安全的重视。

·行为目标：学会正确预防火灾的发生、能及时扑灭小火及正确逃生。

课前准备

学生进行课前调查；教师收集相关新闻，防火知识，制作 PPT 等。

教育过程

第一版块：激趣导入"火"，初步感知"火"

师：听说我们班的同学文采很不错，会写文章，会诵诗，老师这儿有一首诗，非常美，想请大家朗诵、欣赏一下。

出示：

红红黄黄一枝花，家家户户不离它，

温驯可爱最可亲，狂暴怒放人人怕。

师：其实，这美丽的小诗是一则谜语，你们猜猜，谜底是什么？（火）

【设计意图】通过谜语导入，激起学生的兴趣，此谜语展现了火的魅力、重要作用和可怕，让学生初步感知火。

第二版块：展现火的魅力，了解火的可怕

1. 火是文明之源

师：亲爱的同学们，火是人类的朋友，给我们带来光明和温暖，让我们可以烹饪美食，"家家户户都不离它"，它推动着人类社会走向文明。但失去控制的火，"狂暴怒放"时，会带来破坏力极大的灾害，它能烧掉茂密的森林、高大的楼房，烧毁我们的家园，甚至夺去人们宝贵的生命和健康。（老师在描述的同时，展示相关图片。）

2. 措施不当成悲剧

师：下面我们来读几则新闻，看几张火灾的图片。（展示火灾的悲惨场景，让学生了解火灾的可怕。）同学们，看到这些，你们有什么想说的？

学生纷纷表示：火灾很可怕，我们要预防，不要火灾而要平安等。

师：是呀！火灾往往导致各种悲剧。

出示：上海中山西路的上海商学院内，一名女生在宿舍里使用"热得快"烧开水，结果由于使用不当引发了火灾，大火很快将走道和阳台封闭。

师：什么原因引发了火灾？

生：这是电器使用不当引起了火灾。

师：我们一起来看看逃生情况吧！

出示：起火后该宿舍有4名女生发现走道被大火封闭了，就用手扒着阳台栏杆，身体悬空在外以避免被火烧伤，却终因体力不支坠楼。

大火引起的烟雾直冲到隔壁寝室，隔壁寝室内的女生先后躲到阳台上，最后被安全救出。

学生讨论，交流。

引导小结：要学会预防火灾的方法，发生火灾时要懂得用正确的措施对待，避免出现同样的悲剧。

【设计意图】阐明火的重要性，它是我们的生活、工业生产都离不开的，具有推动文明、推动发展的作用。可如果使用不当，造成火灾是非常可怕的。通过图片和故事，利用视觉冲击和故事情境来展示火灾的可怕，激发学生去深入了解火灾及如何预防。

第三版块：了解火灾原因，做好防火措施

师：多么触目惊心的火灾呀！就这样吞噬着人们的生命和财产，那么你们了解火灾发生的主要原因是什么吗？（学生汇报课前调查结果）

1. 火灾原因大调查

老师补充并进行系统概括，总结展示如下：

★ 用火不慎：玩火、放鞭炮、吸烟、点蜡烛；

★ 用电不当：电线老化、乱接，电加热等电器设备超负荷，或设置使用不当；

★ 燃气意外：炉灶设备和燃料储备违反防火安全要求或出现异常引起火灾；

★ 自然因素：自燃、雷击、静电、地震等自然因素也可能引发火灾。

师：火，是我们人类的朋友，有时也会成为敌人。只有我们时常做个有心人，把用火安全记在心间，才能防患于未然，火也就不会那么可怕了。

2. 预防知识大搜罗

师：大家再议议，根据这些原因，平时该如何预防火灾的发生呢？请大家谈谈你们所了解的知识。

根据学生回答，小结展示如下（结合图片展示，让学生看图回顾）：

★"用火不慎"预防措施：

①不玩火，点燃的蜡烛、蚊香、打火机不靠近窗帘、蚊帐等，不在有易燃物处放鞭炮或焰火；

②提醒家人不要乱丢烟头，最好不吸烟，躲起来吸烟更危险；

③烧菜时油锅起火，不可用水浇灭，盖上锅盖或倒入冷菜即可。

★"用电不当"预防措施：

①插拔电源插头时不要用力拉拽电线，提醒家人及时更换老化的、外皮剥落的电线；

②电器使用中有冒烟、冒火花、焦糊的异味等情况，应立即关掉电源开关，使用完毕，要及时断电；

③不用手或导电物（如铁丝、钉子等）去接触插座内部，远离高压电。

★"燃气意外"预防措施：

①离家或睡觉前关闭燃气阀门；

②发现燃气泄漏，要关紧阀门，打开门窗，不触动电器开关和使用明火；

③定期更换燃气胶管，严禁使用老化、龟裂、曲折或损坏及过期的胶管。

★"自然因素"预防措施：

①提醒父母汽车上要常备灭火器，提防自燃，若真发生自燃意外，赶紧下车逃离；

②雨天尽量不到野外，不在大树下避雨，小学生不参与野外救火行动；

③遇地震等要及时关闭燃气闸门和电源总开关，以免燃气泄漏、电线短路引起火灾。

【设计意图】通过大调查，挖掘学生已知的火灾原因，深度剖析火灾的起因及细节，让学生明白火灾是可预防的。并根据火灾原因，逐一有针对性地提出预防措施，让学生有的放矢地学习预防知识，并通过实践进行运用。

第四版块：学会科学自救，正确逃离火场

师：如果因为疏忽，发生了火灾，我们该怎么办呢？（学生讨论）

1.小火扑灭自救

师：是呀！小火不可怕，我们不必慌张，自己就能够灭火，可以用灭火器扑灭。那么如何使用灭火器呢？（出示：先拔掉安全销，一手紧握压把，一手将喷嘴对准火源根部，压杆即开启，左右扣射，快速推进。）

师：下面请大家来看几幅图，学习如何自救，共读共悟。

出示：

★电器着火扑灭自救

①千万不要用水灭火，要使用干粉、气体（二氧化碳）灭火器灭火；

②可以用湿棉被盖上进行灭火。

★油锅着火扑灭自救

①油锅着火不能用水泼，这样油外溅会使人受伤，加大火势；

②用锅盖盖上，关闭燃气阀门或尽快使油锅离开火源；

③在火势不大时，用湿抹布覆盖火苗，也可灭火，可向锅内放入切好的蔬菜，也可放入米或冷的油冷却灭火。

★煤气罐着火扑灭自救

①煤气罐着火用湿的衣物、被褥等把火捂灭并迅速关闭煤气罐阀门；

②用灭火器灭火让煤气和氧气隔离，就可灭火。

★ 身上着火扑灭自救：

①要脱掉衣服，或在地上打滚压灭火；

②身上着火也可以用湿棉被盖上瞬间灭火。

2.火灾如何报警

师：发现起火时，要懂得如何报警，正所谓"报警早，损失小"。如何正确报警呢？我们通过相关知识来了解。

出示：

★ 一般报警方法

①人员相对集中的居民楼、学校、商场等场所可用广播或按警铃报警；

②也可用多种方法并用，如一边呼喊一边敲锣（金属脸盆）等，以引起人们的高度注意，促使他们迅速采取必要的行动。

★ 119 报警要求

①讲清楚火灾地址、联系电话、联系人；

②讲清起火物品，火势大小，有无爆炸危险物品，是否有人被围困。

★ 谎报火警违法

谎报火警对社会的危害很大，它不仅有损社会公德，而且是扰乱社会秩序、妨害公共安全的违法行为。《中华人民共和国消防法》第四十七条规定："谎报火警的，要处以警告、罚款或者十日以下拘留。"各地公安消防队的119 火警台可监控、追查到谎报者。

3.大火正确逃生

师：若小火扑灭不了变成大火，这时，我们唯一能做的就是正确逃生。如何逃生？看同学们了解得如何。

出示：

★ 火灾现场逃生，正确的做法是（　　　）。

①赶紧开门逃出去

②先检查门窗烫不烫，不烫，外面没烟，再逃生

③不管怎样，得抓紧开窗呼救

④只有在没有浓烟的情况下才能开门、开窗

答案是：②④。

★ 逃生路径的选择，正确的做法是（　　　）。

①发生火灾要走楼梯

②走楼梯太慢了，乘电梯会快一些

③楼下着火，楼上的人要抓紧跳楼

④不能往楼下逃生时，应关闭门窗等待救援

答案是：①④。

★ 浓烟中逃生，正确的做法是（　　　）。

①用湿毛巾捂住口鼻，低姿行走或匍匐前进

②用湿棉被裹在身上

③拿毛巾麻烦，快跑即可

④不是拿湿棉被而是贵重物品

答案是：①②。

★ 窗口逃生，正确的做法是（　　　）。

①用室内床单、窗帘等撕成条状结成绳索爬下

②火势凶猛，不管怎样跳出去再说

③实在太高也没绳索，就趴在阳台地面上等待救援

④离地面不超3米可以跳

答案是：①③④。

★ 高层被困求救，正确的做法是（　　　）。

①若下层火势大，可向上层逃生

②火灾时被困高层，呼救等待救援

③到窗口大声呼救和发出明显的信号

④无法逃避时，可藏到顶楼、壁橱等地

答案是：①②③。

【设计意图】让学生了解火灾发生后如何进行扑灭自救，不能及时扑救如何正确报警，更重要的就是让学生学会如何正确逃生。看图共读共悟，了解小火正确扑灭的基本常识；选择题抢答，让学生辨别如何正确逃生。有趣的学习方式，让枯燥的知识变得生动、活泼，让学生在饶有兴趣的识图、抢答中完成学习，掌握知识。

第五版块：把安全记心间，让灾难站一边

师：刚才我们学习了很多的消防知识，现在老师来考考你们。

出示：

①发生火灾时，是盲目开窗开门，还是用湿毛巾捂住嘴？（用湿毛巾捂住嘴）

②扑救时，是先救人还是先救物？（先救人）

③起火时，是先断电还是先救火？（先断电）

④你能说出几种逃生方法吗？（关门求生，从窗户逃生，从安全出口

逃生……)

⑤我们有哪些自救方法?(疏散逃生,就地打滚,捂住口鼻,贴近地面……)

师:今天这次班会,我们学了许多消防知识,但光我们知道还不行。我们还要把学到的这些知识介绍给身边的人,传到千家万户,让更多的人加入到我们的行列中来,让安全记心间,让灾难站一边,让幸福永在身边!

【设计意图】通过考测,起到巩固作用,让学生将知识内化为自己的技能。

学生体会与感悟

火的魅力无穷,作用极大,可使用不慎,酿成火灾,就非常可怕,不仅会造成财产损失,更会威胁生命安全。

今天学习了很多知识,关键在于预防,只要预防得当,就能防止火灾的发生。而且,我还学会了在火灾初始阶段,如何进行扑救的相关知识,懂得了一般的小火都是可以扑灭的;若变成大火,真没法救时,就要正确、迅速地逃离,虽然无奈,但财产诚可贵,生命更无价。

教学反思与建议

火灾预防课,需要掌握好两点:一是灾难素材如何恰当呈现,避免给学生带去困扰;二是知识内容如此多,如何突出重点?建议如下:

①第二版块在出示火灾图片时,要注意呈现的技巧,出示"熊熊大火,有人哭泣"即可,没有必要过分渲染和呈现死亡、烧伤的图像,让学生害怕,去挑战学生的心理底线,给他们造成困扰。

②第三版块的火灾调查,有多重因素,让学生知道火灾的原因有用火不慎、用电不当、燃气意外、自然因素四个方面。上课老师要选择贴近学生实际的原因开展教学,如农村学校可以选"用火不慎、用电不当",城市学校可以选"用电不当、燃气意外"等进行稍详细的解读。

③第四版块是本课重点内容,火灾预防、小火扑灭、大火逃离,都是一些知识性很强、技巧性要求很高的内容,要创设条件让每一个学生都有机会参与模拟练习,以便学生能真正掌握相关技巧,使学生有所"经历",有所认识,有所准备,以便面对危机时,不会陷入不知所措的混沌之中。

珍爱生命，预防溺水

（防溺主题）

教育背景

　　孩子有嬉水、亲水的天性，由于预防溺水知识的缺乏及安全意识不到位，造成了许多溺水事故发生，尤其是那些缺乏父母监管的孩子，如留守儿童和外来务工人员随迁子女等，成为了发生溺水事故的高危群体。

　　预防溺水，关键是增强学生的安全意识，明白生命只有一次的道理，从而产生珍惜生命的意识。要让学生掌握防溺知识，提高遇险自救、互救的技能，从而能够安全地玩水，正确地对待水。本案通过大量惨痛的案例和防溺安全教育挂图、卡片等，让学生明白私自下水游泳玩耍的极端危险性，掌握预防溺水知识和遇险逃生、自救、互救技能，做到主动远离危险水域，确保安全。

教育目标

　　·知识目标：使学生了解溺水的主要原因，懂得自救的方法，强化防溺水的意识。

　　·情感目标：使学生了解生命的宝贵，感悟生命只有一次，要懂得好好珍惜。

　　·行为目标：全面了解溺水原因，懂得自救，并把预防溺水落实到行动上。

课前准备

　　收集新闻，制作课件。

教育过程

第一版块：图片导入，以震撼的画面直击学生心灵深处

出示家庭幸福生活美好瞬间的图片。

师：请大家晒晒自己的幸福生活吧！

呈现学生与家人快乐生活的图片，展现生活的美好。

出示孩子溺亡后，家长悲痛欲绝的场面图。

师：你看过或者听过这些事例吗？

学生举例，畅谈感想。

【设计意图】强烈的反差，刺激学生的视觉感官，溺水带来的悲痛，激起学生对溺水事件深入了解的渴求。

第二版块：分析数据，以残酷的现实激励学生正确面对

师：在我们身边，其实每天都会发生一些令人悲伤的溺亡事件，课前同学们也收集了一些数据，老师汇集了一下。

出示：

> 数据一：
>
> ◆ 7月1日下午，丽水云和县两名少年在竹子坪村的山塘水库边玩耍时，不慎溺水死亡。
>
> ◆ 7月2日下午，温州苍南县小张等3人在金乡镇甘溪村水库游泳时，不慎溺水死亡。
>
> ◆ 7月4日上午，舟山市临城老菜场后面的河边，一名男孩不幸溺水身亡。
>
> ◆ 7月5日下午，两个小男孩在天台县下肖村溪边玩水，掉入溪中溺水死亡。
>
> ◆ 7月13日，在温岭松门一名七年级男生到公园水塘里学游泳时，不幸溺水身亡。
>
> ……

师：生命诚可贵，人生的美好时光刚刚开启，就谢幕了，留下诸多遗憾和悲痛。在这组信息中，你读到了什么？

生：时间都是在 7 月份，也就是暑假。（板书：时间——暑假）

生：都发生在我们青少年学生身上。（板书：人物——学生）

生：都是发生在水库、池塘、小河等地方。（板书：地点——野外水塘）

师：你们知道每年会发生多少儿童溺亡事件吗？

学生回答。

出示：

数据二：

◆ 平均每年暑期有近 30000 名不满 14 岁的儿童死于溺水。

◆ 若按暑假 60 天计算，这段时间每天约 500 名儿童溺亡。

◆ 儿童溺水后，2 分钟后便会失去意识，4~6 分钟身体便遭受不可逆转的伤害。

师：你在这些数据中，了解到哪些信息？

生：竟然有近 30000 名，每天约 500 名，太多了！太可怕了！

生：还都是不满 14 岁的儿童，说明孩子溺亡的概率非常高。

生：溺水只在瞬间，2 分钟就失去意识了，太快了！预防溺水，要分秒必争呀！

师：没错，这组惨痛的数据，给了我们太多的警示。一个个生命就这样转瞬消失。此刻，你在想什么？请谈谈你的看法。

学生发言。

引导小结：生命只有一次，珍爱生命，预防溺水。（板书课题）

【设计意图】让学生去收集溺水事故的新闻，通过解读，让学生明白溺水事故正在频繁地发生着；通过展示和分析，让学生看到残酷的现实，了解溺水发生的原因，激起学习预防溺水知识的渴望。

第三版块：正确对待，以科学知识强化学生预防溺水

1. 溺水事件如何发生

出示：20×× 年 8 月 10 日下午，浙江省温岭市城东街道苇塘村河道里有两名女童溺水身亡，分别是 9 岁的小可和小芝。出事前她们共有 6 个小孩相约一起来出事河边游玩。不会游泳的小芝和小可在河水边摸着石块玩，由于身下石头松懈小可滑下去，小芝就用手去拉，结果两人全部落水。当岸上孩子跑回家喊来大人时，两名女孩早已溺水沉入河道。

师：到底是什么导致了这次溺亡的发生？

根据学生回答，引导小结：

★ 不会游泳，却轻易下水。

★ 在毫无安全防护设施的水边玩耍。

★ 意外落水，没得到及时救助，或救助不正确。

★ 寻求大人的帮助，大人却不在旁边。

2. 如何预防意外溺水

师：是呀！为了避免以上情况的发生，我们该做好哪些预防措施？

学生发表自己的想法后，引导小结：

★ 游泳玩水需大人陪同。

★ 不会游泳做到不下水。

★ 观察水域的安全状况。

★ 参与救助要正确谨慎。

3. 发现溺水者如何搭救

师：做好这些预防措施后，还是发现有人溺水，我们该怎么做呢？首先，老师要提醒——

出示：

友情提醒：由于学生尚未成年，发现有人溺水，<u>绝对不能下水营救</u>，以免造成更多伤亡。

师：可我们又不能见死不救，怎么办呢？

学生回答。

出示：

★ 岸上救援

大声呼救：应立即大声呼救，请会游泳的大人来救援。

用物救援：发现溺水者，可将救生圈、木板等抛给溺水者；也可以把竹竿、绳子的一头递给溺水者，再将其拖至岸边。

用脚救援：紧急情况下，也可以自己用手抓住牢固的地方，把脚伸给溺水者。

师：可是，若你是水性很好的成人，可以下水救人了，该怎么做呢？

学生回答。

出示：

★ 下水救人

背后托举：下水救人时，应绕到溺水者的背后或潜入水下，用手从其腋下绕过胸部，然后握住其另一只手，也可以在其背后抓住腋窝拖带上岸。

　　露出头部：下水救人时，要让溺水者露出头部，保持溺水者的呼吸可以畅通，以仰泳姿势将其拖向岸边。

　　防止抓抱：下水救人时，不要从正面接近，防止被溺水者抓、抱。若被抱住，应放手自沉，溺水者便会放开。

　　师：把溺水者救上岸，我们就要实施急救了，此时对溺水者最重要的治疗是心肺复苏。急救专家说，心肺复苏的顺序是ABC：A是开放气道，B是人工呼吸，C是胸外按压。

　　出示：

　　★ 岸上急救

　　A 开放气道：除去溺水者口中的杂物，以开放气道。

　　B 人工呼吸：将溺水者的下巴托起，口对口进行人工呼吸。

　　C 胸外按压：溺水者若呼吸、心跳停止，立即胸外按压100次／分，按压30次给2次人工呼吸。

　　对溺水者的岸上急救步骤，目前有争议，也有急救专家认为，应将过去的 ABC，调整为 CAB。

　　关于控水：如果溺水者有呼吸心跳，意识较为清醒，可以先控水，使溺水者卧在救援者大腿上，先拍一拍进行控水，然后进行施救。（注意：不要相信"倒挂法"。）

　　4.溺水者如何自我救助

　　师：一旦发现自己溺水了，应先学会自救，哪些方法可以自救呢？

　　出示：

　　①镇定第一。落水后应保持镇定。胡乱举手挣扎反而会使身体下沉、呛水而淹溺。

　　②仰泳露鼻。可采取头向后仰、面部向上的仰泳法，使口鼻露出水面进行呼吸。

　　③深吸浅呼。吸气要深，呼气要浅。

　　④缓解"抽筋"。若肌肉痉挛（"抽筋"），用手握住痉挛肢体的远端，反复做屈伸运动。

　　⑤保存体力。会游泳者在落水自救的过程中，应注意防止"抽筋"，并

保存体力。

【设计意图】溺水如何发生，如何防止溺水，如何自救，溺水发生后如何施救，这些正是学生必须正确掌握的基本知识，对于这些知识点的学习，通过学生之口说出，更容易记得。

第四版块：内化知识，巩固预防溺水知识成为技能

师：今天学习了预防溺水的相关知识，下面请大家从溺水原因，如何预防，如何相救这几个部分提出问题，然后回答这些问题。

1. 溺水原因主要有哪些？

出示：①不会游泳；②游泳时间过长，疲劳过度；③在水中突发疾病尤其是心脏病；④盲目游入深水漩涡。

2. 预防溺水，遵守"四不"

出示：①未经家长、老师同意不去；②不到河塘捞鱼摸虾；③深水的地方不去；④不熟悉的江溪池塘不去。

3. 溺水了该怎么办？

出示：

①发现有人溺水，你该怎么办？

A. 下水救助

B. 放手不管

C. 把救生圈等物品抛给溺水者，同时呼救（报警）

答案是：C。

②不小心腿抽筋了，怎么办？

A. 大声呼救并用手划水，使自己浮在水面

B. 用力蹬水

C. 使劲胡乱向岸上游

答案是：A。

③游泳时，可以比一比谁潜水的时间更长，游得更远，这个观点是正确的吗？

答案是：错误。

④将溺水者救上岸后怎么办？

A. 捉住腿，将人倒放

B. 让人趴在大石头上使劲摇晃

C. 将人平躺，除去口中杂物，按压胸部并间歇地做人工呼吸

答案是：C。

4.手脚抽筋自救方法

出示：

①手指抽筋，则可以手握拳，然后用力张开，迅速反复多做几次，直到抽筋消除为止。

②小腿或脚趾抽筋，先吸一口气仰浮水上，用手握住抽筋小腿或脚趾，并用力向身体方向拉，帮助抽筋腿伸直。

③要是大腿抽筋的话，要先吸一口气浮水上，采取用手拉抽筋肌肉的办法解决。

指导学生进行示范。

5.施救溺水者的方法

出示：

①迅速清除口、鼻中的污泥、杂草及分泌物，保持呼吸道通畅，并拉出舌头，以避免堵塞呼吸道。

②将溺水儿童举起，使其俯卧在救护者肩上，腹部紧贴救护者肩部，头脚下垂，以使呼吸道内的积水自然流出。

③进行人工呼吸及心脏按摩，并尽快送溺水儿童去医院。

【设计意图】以试问的方式，让学生充分认识到自己已知的防溺知识和不足，以及自己该从哪些方面进行努力。

第五版块：落实行动，把防溺知识根植于学生心中

师：同学们，父母给了你们珍贵的生命，你们要好好保护，珍爱自己的生命！预防溺水，我们在行动。

出示：

我们遵守"六不"承诺

生命安全，从我做起，我决心遵循"六不"，预防溺水：

1.不私自下水游泳；2.不擅自与他人结伴游泳；3.不在无家长或教师带领的情况下游泳；4.不到无安全设施、无救援人员的水域游泳；5.不到不熟悉的水域游泳；6.不熟悉水性的不擅自下水施救。

更要注意的是，遇到同伴溺水时要避免盲目施救，智慧救援，立即寻求成人帮助。

承诺人：

【设计意图】承诺的签署，让学生更加明白如何预防溺水，真正预防溺水就是遵循"六不"，从而真正远离危险。

学生体会与感悟

夏天游泳，谁不喜欢呀？人们都说爱水、戏水，是我们青少年的天性。

可是，当我看到那些数据时，我还是非常震惊的。"平均每年暑期有近30000名不满14岁的儿童死于溺水。""儿童溺水后，2分钟后便会失去意识，4～6分钟身体便遭受不可逆转的伤害。"看到这些，我非常急迫地想学习如何预防溺水。

学了这节课，我知道了溺水的原因，懂得了如何预防，学会了一些自救和救护他人的方法。虽然还缺少一些实践，但还是很开心，学了这么多的知识，以后去游泳就知道预防啦！

教后反思与建议

预防溺水的课，知识性的内容较多，如何用有限的时间，让学生尽量多地接受知识，内化为本领呢？建议如下：

①第二版块的数据出示，尽量收集身边的事例，以获得学生更多的感触和共鸣，激励学生学习和了解如何预防溺水的紧迫感。

②第三版块是重点内容，要把"如何预防意外溺水"讨论透彻，可以充分激励学生寻找一些身边事，听到的、看到的、新闻上了解的都可以，自己熟知的、同学口中讲出的，更具真实性。因此，要让学生进行课前收集，以免在课堂上无话可说，导致老师一言堂。

③第四版块的自救和救护，需要进行指导性的模拟，即使学生笑场，也要进行。必须正确指导，有模型最好，若没有，就需要指定学生来模拟，当然扮演者要自愿，最好找性格开朗的孩子——容易沟通，心无芥蒂。

拥抱友好，远离暴力

（防暴主题）

教育背景

校园暴力，是一个令人胆寒的名词。在生生交往过程中，少数学生动辄以武力对待同学，甚至情节严重到违法犯罪尚不自知，而令人不解的是受害学生大多忍气吞声，不懂得寻求保护自己的途径。校园暴力，对学生所造成的伤害极其深远，甚至影响学生智力的发展和性格的完整，影响一生的幸福。从施暴者的角度来说，不能很好地控制情绪上的冲动和愤怒，行为上的肆意妄为，极易成为心胸狭隘、自私任性、个性粗暴的人。受害者则因受到欺辱、遗弃、排挤，从而自卑自弃，胆怯懦弱，焦虑压抑，极易变成性格诡异、人格扭曲的人，甚至自残、伤人。加强预防教育，让学生知法懂法，认识到暴力的危害，以提高学生的心理素养和认知能力，同时自尊自强，自己长本事，学会有效防范侵害，显得非常必要。

教育目标

·知识目标：让学生了解暴力会给人带来哪些伤害，知道如何防范暴力的发生。

·情感目标：唾弃校园暴力，发自内心地构建自我防范意识，远离暴力，防范暴力。

·能力目标：养成高尚的思想品德和道德情操，具备健康的心理和完善的人格，能与人为善，能自强自护。

课前准备

准备相关的新闻、视频、故事、案例等。

 教育过程

第一版块：引入暴力，了解校园暴力危害

1. 铭记耻辱，引入课题

师：2015 年，我国隆重举行中国人民抗日战争暨世界反法西斯战争胜利 70 周年的阅兵仪式等纪念活动。同学们观看节目了吧？（展示阅兵的相关图片）

学生纷纷表示震撼。

师：那么，我们为什么要举行这样的活动呢？

学生表示，一是展示我们的国力，二是永远铭记那段屈辱的历史。

师：为了能够永远铭记耻辱，我们除了举行阅兵这样的纪念活动外，还建设了很多纪念馆，你们知道有哪些吗？

学生汇报：九一八纪念馆、卢沟桥纪念碑、南京万人坑等。

师：侵略者对我们使用各种暴力，带来的伤害是永久的，你们打算记多久？

生：记一辈子，也让我们的子孙永远记住。

师：施暴者遗臭万年，永远被人唾弃。我们要自强，让耻辱永远不再出现；我们爱好和平，也不要去当施暴者，免得永远被人唾弃。所以，我们要远离暴力。（板书：远离暴力）

2. 校园暴力，带来伤害

师：其实，在我们的校园里也常常出现暴力。你知道哪些行为属于校园暴力吗？

生：欺凌人的，比如：打架、打人。

生：骂人算暴力吗？

师：你们觉得骂人算暴力吗？

学生有的说算，有的说不算。

师：你们知道"暴力"会造成怎样的结果吗？

生：会让人受到伤害。

师：是的，凡是给人带去伤害的，都可以称为"暴力"。

生：打架、打人会让人的身体受到伤害。

生：有的同学辱骂别人，给别人取侮辱性绰号，也给人带去伤害。

生：那么，骂人、乱取绰号，嘲笑别人，都让人很难受，也都是暴力。

师：同学们说的很有道理，其实，校园暴力包括很多方面，有身体暴力、语言暴力、心理暴力等等。

出示：

语言暴力，指用污言秽语进行攻击，如：讥笑、谩骂、取绰号、威胁恐吓等。

身体暴力，指借助身体的优势打击，如：推、踢、殴打、抢夺财物等。

心理暴力，指用语言或行为等给其他的同学造成精神或心理上的压力，如：排挤弱势同学、散播不实谣言或中伤等。

师：遭受到这些校园暴力行为，会出现怎样的结果呢？

生：受伤害的人，会非常痛苦，很难受，会很痛恨那些施加暴力的人。

生：很想反击，想发泄。

生：恨不得揍他们一顿，以泄心头之恨。

生：记一辈子，恨他一生。

师：我们提倡以博爱的胸怀去谅解别人的错误，可暴力给人带去的伤害，往往是难以磨灭的，所以，我们真的要远离暴力。

【设计意图】以纪念抗战胜利 70 周年活动引入，让学生了解日本侵略者对我国人民施暴所带来的伤害，以史为鉴，充分感知施暴者将永远被人唾弃，从而引出自强不息，爱好和平的道理，为"远离暴力"的活动埋下伏笔。

第二版块：透视暴力，剖析校园暴力起因

1. 剖析校园暴力原因

师：我们来看几个校园暴力伤害的案例。

出示：1999 年 10 月 15 日，副班长小闵在午休管理纪律时，用小棍不小心错打在小沈的头上。小沈挨打后就骂小闵，两人发生撕打，被同学拉开。事后，小闵认为小沈没有把他这个副班长放在眼里，对小沈进行恶意报复，并致使小沈死亡。

2007 年 6 月，中国矿业大学学生"铊中毒"事件令人震惊。犯罪嫌疑人只因为 3 位室友平时经常在一起玩而不理睬自己，就怀恨在心，遂投毒泄愤。

2003 年 5 月 23 日，家住成都的晓建因长时间被多名同班同学欺侮，加上性格软弱一味忍让，最后，离家出走。被找到后，家人发现晓建目光呆滞，于是将其带到医院检查，诊断报告显示：晓建智商为 59（正常人是 90 ～ 110），精神发育迟滞，属轻度低能。

师：同学们，看了这些真的令人心情沉重，你们能结合案例，来分析一

下校园暴力产生的原因吗？

生：闹矛盾，恶意报复，最后演变成"校园暴力"，甚至导致死亡。

生：受到冷落，怀恨在心，报复同学。

生：胆怯懦弱，被人欺负，一味忍让，助长了他人气焰，结果精神出现严重问题。

引导小结并板书：闹纠纷，恶意报复；受冷落，报复同学；胆怯忍让，受欺负。

2.透视校园暴力危害

师：你们看到这些暴力发生的危害了吗？

学生纷纷表示，危害极大，太严重了，有的致人精神出现严重问题，甚至导致同学死亡。

师：对，这是同学们在案例中看到的，大家再分析一下，还有哪些伤害？

生：杀人要偿命，伤害了别人，自己也会受到惩罚。

生：造成了人家终身的伤害，简直不是人，良心也会被谴责一辈子的。

生：欺负人的，心里非常阴暗，是一个坏人，这本身就是一种惩罚。

师：是的，暴力不仅极大地伤害了别人，更伤害了自己，与人为善，是做人的基本素养。

【设计意图】暴力的危害令人触目惊心。虽然案例中那些特别严重的暴力，可能离学生的视野还比较远，可也让学生明白，任何暴力都是从小演变成大的，都是由一些小事引起，要让学生有所警惕，不能任其发展，导致暴力的产生。对于暴力，要及早发现，及早解决。

第三板块：预防暴力，我们可以做得更好

1.情境讨论，寻找最佳策略

师：那么，你若遇到这些现象，会怎么处理？

情境一：有人向你索要钱财，不给就要揍你。

情境二：同学故意找茬，用拖鞋打了你。

情境三：好朋友小苏，不知何故突然说不再理你，并鼓动几个平时跟你关系不错的同学也不要搭理你。

情境四：你看见两个身材高大的大哥哥，正在欺负一个弱小的男孩。

小组讨论，并分小组汇报。

小组一：要大胆反对，严词拒绝。若遇到人身侵害，要暂时答应对方，寻找机会脱身，不能盲目反抗，以免自己受到伤害。一定要及时把这件事情告诉老师，寻求老师的帮助。

小组二：可以生气，并要求对方道歉，若对方继续粗暴，就寻求同学们的帮助，拉大家一起反对这种不文明行为。若事态往严重的方向发展，需要避一避锋芒，但要及时告知老师和父母，寻求大人的帮助。

小组三：要及时与小苏沟通，看看到底是什么事情让小苏突然有这样的举动，是不是自己在某些方面做得不好？要做到及时沟通，相互理解。

小组四：要迅速报告老师，寻求大人的帮助，或者可以远远地大喊，"有人被欺负了，老师来啦"，或者"警察来了"等等。不能袖手旁观，"事不关己，高高挂起"的心态要不得，每个人都要尽自己的一份力量，去帮助别人。

师：同学们对以上问题提出了自己的解决方案，希望我们遇到实际问题时，还要以团结、友好、乐于助人的心态去面对，这样，不仅能帮助别人，更能帮助自己。

2.模拟推测，寻求预防方略

师：有一个现象，请同学们作一下推测模拟，看看可能的结局。

模拟推演：你受到一个同学的欺负，对方威胁你不能告诉老师或家长，否则，将会狠狠地揍你。

过程推演	开 始	过程1	过程2	结 局
遭遇与结局	你受到欺负，被警告不能揭发。			
你的表现				
对方想法				

学生独立完成，汇报。

推演如下：

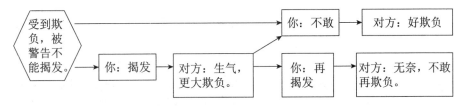

师：从这个推演结果的图中，你发现了什么？

学生纷纷表示：懦弱，会继续被欺负；只有勇敢，才能换回尊重，赢得尊严。

2. 自我防范，打造最佳自我

师：其实，预防校园暴力的发生，最佳的方式就是有自我防范的意识。同学们平时是怎么做的？

学生讨论，汇报。

归纳小结：

①提高自我保护意识。比如：遇事不要忍气吞声，要及时告诉家长或老师；身上尽量不携带太多的钱物；受到暴力侵害时，立即采取灵活的应急措施，不刺激对方，以减少被侵害程度，事后立即报案。

②提高社会交往能力。比如：交友要谨慎，少与行为不端的人联系，上网交友要谨慎，更不要网恋或私自会见网友；外出办事不单独行动，要与同学结伴而行，以免发生意外。

③养成谨言慎行的习惯。比如：在学校日常生活中，不要说刺激、伤害别人的话；在公共场合遇到可疑者时，设法避开；举止、穿着要得体，不要过分暴露；不要贪图小便宜，不要向陌生人交付现金以及物品；与他人发生矛盾或冲突时，尽量用和缓的语言和手段加以处理。

【设计意图】通过对学生平时可能遭遇的情境进行模拟解决，让学生真正学会如何面对，万一遇到这些行为，正确地应对，做到预防暴力的发生。模拟推演，启迪学生要勇敢地面对，学会坚强，正确地寻求帮助，才是预防被欺负的有效途径。

第四版块：远离暴力，我们一起共同努力

1. 计算成本，学会远离暴力

师：某一所学校，给学生制作了一张打架的成本卡，请同学们一起来看看。

出示：

> ★ 打架成本 = 直接成本 + 附加成本 + 风险成本
>
> 直接成本 = 5 日到 15 日拘留 + 500 元至 1000 元罚款 + 至少 2000 元医药费 +（严重的）追究刑事责任……
>
> 附加成本 = 心情沮丧郁闷 + 名誉形象受损 + 家人朋友担心 + 同学他人鄙视 + 自己内心恐惧 + 学习生活就业蒙受的巨大隐性损失……
>
> 风险成本 = 受害人轻伤、致残甚至死亡 + 3 年以下有期徒刑、拘役或者管制 + 3 年以上有期徒刑、无期徒刑或者死刑 + 高额的赔偿金……

师：从这一打架成本卡中，你看到了什么？

生：其实打架成本挺高的，也挺可怕的，文明多好，心情舒畅，同学关系良好，感到很温暖。

生：是的，这样的结果真的挺令人震撼的，形象受损，追究刑事责任，坐牢，想想就可怕，不仅伤害别人，也伤害自己，太可怕了。

生：今天，看到了暴力带来的种种可怕结果，让我们时时警觉，远离暴力，要从我们做起。

师：说得真好，要拥抱友好，远离暴力。我们就用这句话来作为我们今天这节班会课的课题，怎么样？（板书：拥抱友好，远离暴力。）

2.签署约定，做到远离暴力

师：是呀！远离暴力要从我们做起，让我们一起签约，拥抱友好，远离暴力。

拥抱友好，远离暴力

①与同学友好相处，遇到矛盾时，要沟通，不要斤斤计较导致矛盾激化。

②不要公开显露自己的财物，僻静的角落最好结伴而行，避免自己成为施暴目标。

③遇到语言暴力，要淡然处之，无畏回应，调整好自己。

④遭受力量悬殊的行为暴力时，切记不能蛮干，学会逃跑，大声呼救，可以求饶，若遇到攻击无法逃脱，则要双手抱头，尽力保护头部，尤其是太阳穴和后脑勺。

⑤在遭遇人身和财产双重危险时，应以人身安全为重，舍财保命，以免受到伤害。

⑥及时报告，以法维权，是避免暴力的有效途径。

承诺人：

时　间：

【设计意图】呈现打架成本，让学生产生敬畏之心。无惧无畏，有时恰恰是暴力产生的原因。签署"拥抱友好，远离暴力"的协定，更是一次学会如何远离暴力的教育，让学生从协议中懂得更多，学会更多。

懦弱，会继续被欺负；只有勇敢，才能够换回尊重，赢得尊严。

老师说，不是鼓励同学去打架，而是让我们在受到欺负时，勇敢地站起来。的确是这样的，我们"友好不打架"，但我们不怕打一场"免受欺负的勇敢之架"。

心怀善意，人人平等，不卑不亢，勇敢面对，这样才会受到尊敬，这样才能远离暴力。这是上了这节课后我明白的道理，也是今后自己的行为准则，我想如果更多人学学这些知识，明白这些道理，我们就更有可能真正做到远离暴力了。

让我们拥抱友好，远离暴力，和谐幸福，从自身做起。

▼ 教学反思与建议

这节课，要让学生"看见"暴力产生的原因，懂得如何远离暴力，这就需要引入一些暴力资料，组织相关模拟，并需要注意以下几点：

①课前，让学生收集有关学生暴力的资料，初步了解暴力发生的情况，感知暴力就在我们身边，需要我们提高警惕，远离暴力。

②第一、第二版块，有大量的内容，简述什么是暴力，暴力为什么发生，人们对暴力的唾弃等等，因学生对知识的了解和课前调查的铺垫，这两个版块要非常紧凑，不要过多停留，以免造成课堂拖沓。

③第三个版块模拟暴力发生的推测，是本课重点，也是一大亮点，让学生直接感受暴力发生的原因。通过推测、模拟，让学生看到各种结局，告诉学生坚强勇敢才能赢得一切，给学生传递一种信念，培养有骨气的新一代学生。建议老师一定要提醒学生远离暴力，不是以暴制暴，而是友好、友善地对待，但在受到欺负时，亦不能一味忍让，可暂避锋芒、巧妙回避、事后报告老师等。上课老师要把正确的知识和经验传递给学生。

④考虑到课的紧凑性，没有设计实践和行动板块，上课老师可以根据"拥抱友好，远离暴力"的承诺，开展相互监督，评选"友好达人"等落实行动。

第四辑

节俭环保篇

CHAPTER 4

从班会课到成长课程

第五辑

情感能力篇

懂得节俭，合理消费

（理财主题）

教育背景

如何做到合理消费是现代社会每一个人都应学会的能力，很多人觉得，合理消费应该是成年人的事，跟小孩子并没有多大关系。其实，合理消费也要从娃娃抓起，有人从小就乱花钱，大了也就习惯了，有的人从小就懂得勤俭节约，用钱非常有计划，长大了消费比较理性。

现实生活中，许多学生认为，自己好好学习就行了，有什么需要就向大人伸手，而有的家长宁愿自己省吃俭用也要尽量满足孩子的要求，放任孩子消费，造成孩子合理消费观念淡薄，花钱没有计划，不懂得勤俭节约，乱花钱的现象严重。因此，对学生进行合理消费教育，帮助他们树立正确的消费观念，掌握基本的合理消费技能和方法，显得十分必要。

教育目标

·知识目标：学习合理消费的基本知识，懂得如何把钱用到该用的地方。

·情感目标：培养学生正确的消费观念，了解到勤俭节约的意义，学会有计划地用钱。

·能力目标：帮助学生学习和体验合理消费的方法，培养学生合理消费的能力。

课前准备

收集资料，制作课件。

第一版块：小小调查，引入消费话题

师：父母平时给你们零花钱吗？都是怎么使用的？

学生回答。

师：如果你有100元，你打算怎么使用这笔钱？若是一周、一个月的零用钱，你又如何使用呢？

学生回答。

师：是呀！同样是100元，有的同学喊不够用，有的同学通过合理安排，结余了一笔比较可观的数额，这说明什么？

生：每一个人使用钱的想法不一样，有的人节省一些，有的人大方一些。

师：是呀！这不仅是消费观念的问题，还是会不会合理消费的问题。（板书：合理消费）

【设计意图】从100元如何消费的问题引入，从一次使用、使用一周、使用一月等不同的角度和不同的情况对学生进行调查，透视学生日常的消费情况及消费观，进而引入合理安排、理性消费及节省用钱等观念，为后续学习作好铺垫。

第二版块：消费对比，节俭才有结余

1.消费对比

师：我们一起来看看小光、小明兄弟俩是怎么使用零花钱的。

出示：这学期开始，妈妈每天给小光和小明兄弟俩每人5元零花钱，可是弟弟的钱每天总是花光了，而哥哥每天都能留一些。这是怎么回事呢？

生：弟弟乱花钱，哥哥比较节省。

师：是不是乱花呢？我们来看看他们买的东西。

出示：弟弟小明，每天都会买薯片、饮料、游戏卡（每天结余0元）。哥哥小光，每天喝开水，会买薯片等零食，偶尔买游戏卡（每天结余2～3元）。

师：同学们，你们对兄弟俩使用零花钱有什么看法？

生：弟弟没有结余不好，哥哥有结余好一些。

师：有结余，好在哪里呢？

生：可以用来买自己更想要的东西。

师：是这样吗？我们继续来看这两兄弟的故事。

出示：一天，兄弟俩逛书店，看到了自己喜欢的书，价格不菲，弟弟小明摸了摸口袋，里面空空的，只能摇头离开；此时，哥哥小光拿出了这十来天积攒的钱，欢天喜地地买了一本，喜滋滋地看了起来。

师：这个故事说明了什么？

生：哥哥比弟弟好，有钱买书。

师：为什么妈妈同样每天给哥俩5元的零花钱，哥哥能买到自己喜欢的书，弟弟却不能呢？

学生表示，哥哥通过节省的方式，把钱储存起来，最后买到自己喜欢的东西。

引导小结：花钱要理性、懂得节省。（板书）

2.理性消费

师：自从看到哥哥通过节约的方式买到自己想要的图书后，弟弟羡慕不已，他也开始向哥哥学习。

出示：哥哥小光，每天喝开水，平时买薯片等零食，偶尔买游戏卡（每天结余2～3元）。弟弟小明，每天喝开水，平时买薯片等零食，偶尔买游戏卡（每天结余2～3元）

师：看到了什么？

生：弟弟这回没有乱花钱，也跟哥哥一样有了一定的结余。

出示：一天，兄弟俩逛书店，看到了自己喜欢的书，弟弟小明掏出所有的钱，欢天喜地买了一本彩色的精装书，喜滋滋地看了起来。哥哥小光在打折区，买了好几本喜欢的书，而且还有结余，买了一个自己喜爱的小木偶，弟弟也喜欢，可他已经没有钱买了。

师：这次弟弟没有乱花钱，可为什么最后却没钱买喜欢的小木偶呢？

生：弟弟不懂得合理使用，买了很贵的书，最后就没钱了。

生：哥哥懂得合理消费，每次都能买到自己喜欢的东西。

引导小结：要学会合理用钱。（板书）

师：你有哪些省钱的妙招？

学生交流：网购、团购、拼客、废物利用等。

引导小结：消费要合理，实用实惠才能有更多的结余。

3.积少成多

师：原来消费有这么多学问，看来大家懂得挺多。

出示：为了给灾区的人们献出一片爱心，学校发起了爱心捐款，小光和小明兄弟俩都很想表达自己的爱心，可是他俩都没有钱了，心有余而"钱"不足，都只能开口向妈妈要。

师：咦？哥哥原来一直都有钱，这次怎么也没钱了呢？

生：哥哥虽然每次都有结余的钱，可到最后，都买了自己喜欢的东西，也没有结余了。

师：是呀！这可怎么办？

学生表示，只能先问妈妈拿了，可以让妈妈在零用钱里扣除，以后要懂得储存，不能把钱用光。

师：同学们，提到了要把钱储存起来，该怎样存储呢？

生：每天存1元，然后一直不用，就可以了。

生：不是一直不用，而是在最需要的时候，拿出一部分使用。比如，每天存1元，一个月就有30元了，若遇到非常想要的东西，可以买，但不要全部用完。

学生纷纷表示同意。

引导小结：每天积存一些，积少成多，留有结余。（板书：计划花钱，懂得储蓄，积少成多，留有结余。）

【设计意图】本环节通过兄弟俩的消费故事，让学生明白怎样节省、如何合理消费、怎样才算节省，感悟到理性消费带来的好处，树立正确的储蓄观，知道积少成多、留有结余的意义。用故事的形式，更利于学生讨论、接受和明白道理。

第三版块：精打细算，勤劳更加富有

1. 收入账单

师：刚才，同学们在讨论兄弟俩的零花钱使用的时候，有没有想过一个问题，兄弟俩的钱是从哪里来的？

生：妈妈给的呀。

师：那妈妈的钱又是哪里来的？

生：都是辛苦挣来的。

师：是的，爸爸妈妈通过自己的努力，在为我们的幸福生活打拼呢。这是小光、小明的爸爸妈妈2015年一年的收入和支出情况表。

收　入	支　出	消费建议
	日常饮食 3000×12=36000 元	
	水电煤气费、取暖费、物业费 7200 元	
	购置新衣等（全家）16000 元	
爸爸的收入： 6800×12=81600 元	书报、上网宽带、通讯费（全家）4000 元	
	培训费、学费及零用钱（兄弟俩）20000 元	
	职业培训、买化妆品等（妈妈）10000 元	
妈妈的收入： 4500×12=54000 元	买健身卡等日常开支（爸爸）5000 元	
	私家车保险及油费 15000 元	
	看电影、音乐会（全家）1000 元	
	节假日外出旅游（全家）10000 元	
	家中人情及其他支出 10000 元	
总收入：135600 元	总支出 134200 元	
结余	1400 元	
我的理财方案		

师：看到这份账单了吗？说说你们的想法。

学生交流。

引导小结：收入少，消费多，结余就少；收入多，消费少，结余就多。

2. 精打细算

师：请同学们给小光小明家提提建议，并说说你们的方案。

学生填写、交流。

引导小结：合理消费、懂得节省、学会储蓄、精打细算。

3. 勤劳致富

师：除了节省来提高结余，还有什么方式可以提高结余呢？

生：多增加收入，多创造财富。

师：对！你们有什么具体想法？

学生纷纷表示，可以让爸妈多去兼职，也有的表示自己可以去打工。

师：我们还小，外出打工是不合适的，要满 18 周岁。可以怎么做呢？

出示： 在美国，家庭不论贫富，总是支持孩子学习独立，鼓励孩子从小尝试打工，让他们享受劳动成果。因此，大多数美国孩子很习惯打工，在家洗碗、扫地或帮邻居做临时保姆，给其他学生做家教等等，只要是可以赚钱的活儿，都会被鼓励去做。美国的家长要让孩子从小明白一个道理，那就是：劳动创造财富。

师：看了这个故事，你们明白了什么道理？

生：我们不能随便向父母要钱，应该以劳动的方式来换取。

生：我们还小，可以通过帮家里做事的方式换零用钱，长大了，再到外面去赚。

师：多付出劳动，从小养成习惯，等我们长大了，可以尽量为家庭多做事。付出劳动，得到报酬，这就是工资，下面有一道关于工资的选择题，大家来选选。

出示：

为了能给家里减轻负担，哥哥准备假期去勤工俭学，有一份工作的工资待遇如下：

①工作 30 天，每日工资 30 元。

②30 天，第一天的试用工资为 3 元，如果工作努力，工资以每日比前一天多 3 元的方式给予。

学生大部分选择第一种，因为钱比较多。

计算结果：选择①，工作 30 天，每日工资 30 元，这样一个月是 900 元。

选择②，工作 30 天，第一天 3 元，第二天就是 6 元，第三天是 9 元，到第 30 天是 90 元，这样一个月可以拿到 1395 元。

师：如果是这样的结果，你会怎么选？

有的学生表示还是选第一种，比较稳定；更多的学生开始选第二种，表示具有挑战性，钱会更多。

师：两种方案代表了不同的观念，但这道题目给我们传递了一个怎样的信息？

学生回答。

引导小结：不要期望一夜暴富，哪怕起点低到仅有"5 元"，只要你每天努力一点，每天多做一点，就能创造一个意想不到的奇迹。（板书：努力，会有奇迹；勤劳，更加富有；积少，才能成多。）

【**设计意图**】通过收入和支出账单的呈现，让孩子明白现在家庭一般收入和支出的情况，懂得从账单中分析如何通过节省的方式精打细算，从勤劳努力方面思考如何增加财富，向学生渗透"开源节流"的理财内涵，并培养储蓄的意识。

第四版块：勤俭节约，懂得合理消费

1.请你帮助他们

师：看来，同学们都学会了一定的理财知识。有一天，小光小明兄弟俩和妈妈一起外出，遇到了一些现实问题，请同学们帮帮他们，告诉他们怎么办。

镜头一：弟弟小明看到一个悠悠球十分眼熟。"对了，后排的小扬也有一个，昨天还向我炫耀来着。"再一看价格，"呦，挺贵啊，二百多呢！""哼，难道就你买得起？"小明要求也买一个。

学生回答。

引导小结：消费前先作预算，不与周围的人盲目攀比，在自己能够承受的范围内购买物有所值、经济实用的商品。

镜头二：哥哥小光看很多人挤在一个柜台前，原来该柜台正在搞促销，推销员的解说实在是太有吸引力了，而且原本要价800元的风衣现在只售300元，虽然他风衣已经够穿了，可看到这么多人在买，式样也挺好看的，他的心也痒痒的了……

学生回答。

引导小结：在消费时要多一些理性，把钱花在关键的地方，少一些盲目。

镜头三：午餐时间到了，兄弟俩说难得出来一次，要去最高档的饭店好好享受一下，妈妈提议去一家经济实惠的小饭店。

学生回答。

引导小结：

消费宝典

消费前，先预算，把钱花在关键点。

消费中，不超支，经济实用是首选。

有理智，不攀比，用钱绝对不浪费。

节俭点，多存点，合理消费多快乐！

2.讨论勤俭节约

师：有的同学认为，现在我们生活比较富裕，为什么还要"勤俭节约"，甚至国家也在倡导？

出示探究：现在生活水平提高了，为什么国家还要倡导"勤俭节约，艰苦奋斗"？

学生小组讨论、交流。

引导小结：①勤俭节约是我国的传统美德。②我国人口众多、资源匮乏，生活水平不高，因此要提倡勤俭节约。③勤俭节约是一个人的良好品质，是成就事业的必要条件。

3.学会管理零用钱

师：同学们，若现在给你们100元，你们打算怎么使用呀？

学生回答。

师：其实呀！当你花钱去购买时，需要准备三个钱包：消费包、爱心包、储蓄包。

出示：

100元"三个钱包"使用方案

使用时间	使用方案		
	消费包	爱心包	储蓄包
一次使用			
使用一周			
使用一月			
我的心得			

学生完成后，交流心得。

引导小结：消费包尽量少放钱，把更多的钱放在储蓄包，也让自己的爱心包更亮、更红。

【设计意图】合理消费需要学以致用，通过对小光小明消费故事的点评，使合理消费内化为学生自己的本领。畅谈为何勤俭节约，运用"三个钱包"的方法重新使用100元，使得前后有呼应，让学生更懂得理财的意义及方法。

第五版块：理财名言，分享消费经验

1.名人消费故事

师：这个世界上，有一些人是非常富有的，他们是怎么消费的呢？你们想知道吗?

出示:

①比尔·盖茨以500亿美元的身价位居世界首富。盖茨夫妇生活却很简朴，衣着从不看牌子或价钱，穿起来感觉舒服就好。他没有私人司机，坐飞机不坐头等舱而坐经济舱，还对打折商品感兴趣。盖茨曾说过:"我要把我所赚到的每一笔钱都花得很有价值，不会浪费一分钱。"

②马克·扎克伯格拥有135亿美元身家，是全球最年轻的巨富，可他经常穿一件几十元的T恤，在他女儿出生后，表示捐出了自己99%的股份。

③一些富豪都做慈善，比如马云捐款124亿做慈善，马化腾捐129亿做慈善等。

师:看了这些信息，你们有什么新的感受?

学生纷纷表示，原来那些富豪都很节俭，也热衷慈善。

2.分享理财名言

师:我们在学习理财时，对金钱要有一个正确的认识，让我们来学习几句理财名言吧!

出示:

★ 省一分钱等于挣一分钱。

★ 致富的奥秘在节俭二字。

★ 不浪费，不会穷。

★ 智慧生财。

师:通过这节课的学习，希望同学们能真正理解消费的内涵，懂得节俭，合理消费，为自己的未来去努力。

【设计意图】通过介绍富豪消费故事，给学生树立消费榜样，进一步让学生懂得勤俭节约和奉献爱心的意义;呈现简单扼要的经典理财名言，便于学生理解和记忆，期待能成为学生理财的座右铭。

学生体会与感悟

没想到，消费还有那么多学问。我从小光小明的故事中，明白了结余的意义。消费，看来真是"痛快的现在，痛苦的后来"。

其实，结余也非常简单，克制一下自己，合理消费，积少成多，不要浪费，不要攀比，懂得储蓄，这样，就有钱啦!看到那些大富豪原来也是如此节俭，突然明白节俭不是丢面子，而是非常光荣的一件事。

那么，我们还等什么呢？行动起来吧！

教学反思与建议

本课主要是以两兄弟的故事为主线，让学生在故事情境中，寻找共鸣点，明白消费相关的知识。在课的推进过程中，需要注意以下几点：

①老师的语言不宜过多，故事叙述部分，尽量让多个学生来朗读或描述，一来激励更多的孩子参与，二来有利于提高学生的兴趣。

②尽量引导学生去小结，对于日常消费，学生有自己的经验，也有自己的纠结，因此让学生在讨论中明理会更好。

③第三版块的"合理消费"部分，家庭账单若全部填写，时间会不够，可以提醒学生挑自己认为最不合理的消费部分进行重新调整，提出建议，让学生说说自己的理由，这是比较精彩的部分。至于学生的理由，老师一般不加以评判，只有在严重错误的情况下，合理引导。

④第四版块是技能学习的版块，小结、梳理、应用，尤其是"三个包"的 100 元使用，尽量合理，不填做不到的"空头支票"，这需要老师给予学生正确的指引。

攀比有度，做好自己

（攀比主题）

教育背景

攀比是很正常的心态，每个人或多或少都有攀比心，而这种心态的存在，可以促使人去努力，比如努力考一个好学校、努力获得奖项等。人前进的动力，就是为了得到好的生活和得到他人的尊重，因此，关键在于如何把握，在自己能力所及的范围内，争取该争取的，就没有什么可非议的。

孩子攀比，追溯原因，无非是看同学追求物质享受，产生从众心理；或缺乏自信，想通过表面的东西来弥补；或性格敏感，太在意自己的形象；或受到同学嘲笑，产生不服气的心理等。因此，不能一味地打压，避免孩子产生逆反心理，而是根据不同的原因进行不同的引导，帮助孩子及时调整自己的心态，正确认识自己，不拿自己的短处和别人的长处比，要善于把握"尺度"，不盲目攀比，有多少能力办多少事情。

教育目标

·知识目标：理解何为攀比心理，认识到盲目攀比带来的危害，懂得进行合适的攀比。

·情感目标：了解攀比的积极一面，善于利用适度的攀比，激励自我，提高自我。

·行为目标：懂事明理，攀比有度，能说服自己，学会跟自己比，做最好的自己。

课前准备

收集故事、相关材料，准备情景剧，制作课件等。

第一版块：故事引入，揭示攀比

师：给大家讲个故事。

出示：

要拍毕业照了，班级同学商量后，打算各自回去买一件白色 T 恤，妈妈买了一件 120 元的给小庆。小庆左右一打听：

其他同学都只买 90 元的。——心中狂喜，按捺不住炫耀一番，觉得妈妈真好！

其他同学都买 120 元的。——心头不免掠过一丝失望，埋怨妈妈不买好点的。

其他同学都买 150 元的。——心中郁闷，回家数落妈妈一通。

其他同学都买 280 元的。——心生愤怒，回家对妈妈大发雷霆，跟妈妈大吵一架。

师：妈妈同样买 120 元一件的 T 恤，小庆的反应为什么截然不同呢？

学生表示，同学们的 T 恤价格不一样，造成小庆的心理发生了变化。

师：那么，小庆的这种心理变化是因为——

生：跟别人比较。

生：就是攀比。（板书：攀比）

【设计意图】通过学生乐于接受的故事形式，让学生看到了当一个人拥有同样价格的物品，在不同背景下，产生的截然不同的反应，有兴奋、有失落，让学生初步感受"攀比"是怎样产生的，有哪些心理变化，从而引入攀比。

第二版块：搜索攀比，辨识价值

1.搜索"攀比"

师：在你们的身边，有攀比的现象存在吗？

生：有呀！

师：课前，同学们进行了有关攀比的调查，请大家说说自己调查的情况。汇报交流时，要注意我们之前的协定，不说出调查对象的名字。

出示：

我调查的是＿＿＿＿＿现象			
举例			
你觉得这是攀比吗？（请打"√"）	是（　　）	否（　　）	说不清（　　）
你认为这样好吗？（请打"√"）	好（　　）	不好（　　）	说不清（　　）
你身边还有其他攀比现象吗？请简单举例。			
		调查人：　　　　　　时间：	

学生汇报、交流如下：

①穿戴。班级有同学戴了一只手表，过了几天，其他同学都戴起了表；有同学穿了一双名牌鞋子，部分同学也买来穿了。是攀比，非常不好。

②带手机。有同学的父母在外地，为了方便联系，给他配了手机，其他同学就跟着带了，而且都在比谁的价格高。是严重攀比，非常不好。

③带钱、买零食。经常有同学带很多钱到学校，买很多零食吃，部分同学也跟风。是攀比，不好。

④其他攀比。如买眼镜、生日派对、去公园玩、购物，还有比父母开的车、住房等等。

2.讨论"攀比"

师：你们认为这些攀比现象好吗？

学生纷纷表示不好。

师：既然知道不好，可为什么这些现象还会出现呢？

生：可能是他们都想炫耀自己吧。

生：想让自己有面子一些，不至于被同学嘲笑。

3."价值"比拼

师："炫耀""有面子""怕嘲笑"，也许是同学们攀比的原因。那么，那些让你倍有面子的东西，真那么好吗？

学生有的表示好，有的表示不好。

出示：

准备两支笔，一支非常名贵，老师珍藏多年，1000多元一支；一支非常便宜，就是普通的圆珠笔，价格2元。

讨论：价值。学生有不同的意见。

师：我们用这两支笔来做个游戏吧！

出示：

游戏准备：两张纸，各印同样的 10 道口算题。

游戏邀请：两位口算能力差不多的学生。

游戏规则：看谁算得又对又快！

比赛结束，两个学生差不多同时完成，正确率都是 100%。

师：这么昂贵的钢笔，在这次口算比赛中，发挥了什么作用？

学生表示，昂贵的笔没有发挥任何作用，口算好不好，要看思维能力。

引导小结：敏捷的思维，是昂贵的笔所不能代替的。

出示：

讨论以下物品的价值：

a. 价值 2000 元的高跟皮鞋　　　b. 一件 2 万的貂毛大衣

c. 镶嵌钻石的拖鞋　　　　　　　d. 一双 50 元的布鞋

e. 灰姑娘的水晶鞋　　　　　　　f. 价值几个亿的太空服

学生讨论。

师：若你今天要参加篮球比赛，先请从以上物品中选一样。

学生纷纷表示要选择 50 元的布鞋。

师：那些价值很高的，能够让我们炫耀、倍有面子的物品，为什么没人选？你们都选择一双 50 元的布鞋，不怕被人嘲笑吗？

引导小结：合适的才是最好的，有的东西虽然非常有价值，但是有时会成为累赘。（板书：合适的，才是最好的。）

【设计意图】学生搜索自己身边的攀比例子，真切感知攀比的存在，透视攀比的原因就是为了"显示价值"和"避免嘲笑"。利用游戏和讨论，让学生看到那些"有价值的"、可以用来"炫耀"的东西，在不合适的场景毫无作用，能够明白"有价值的物品""毫无价值"的一面。

第三版块：攀比危害，懂得努力

1. 盲目攀比，伤害自己

（出示一个 iPhone4s 手机的图片）

师：这是非常伟大的发明，把视频、音乐、电脑、通话等各种功能集于一体，风靡全球，人们趋之若鹜。你们一定见过，说说你们在哪儿见过。

学生回答。

师：很多人都想获得，为了拥有它，有人这么做。

出示：

①彻夜排队。

②每月省吃俭用，辛苦攒钱。

③借钱或是分期付款。

④卖掉自己的肾。

学生讨论，纷纷表示太疯狂了，没有必要。

师：这些都是真实的写照，就发生在我们身边。

出示：湖南郴州17岁高中生小王为了一台时髦的苹果手机，卖掉了自己的一个肾。结果，构成重伤、三级伤残。

（继续出示iPhone5s、iPhone6、iPhone6s、iPhone7图片，以及人们攀比无休止的情景图。）

引导学生小结：凡事量力而行，自不量力、盲目与人比较是愚蠢的。

2.炫耀，不被人喜欢

（出示一个穿着时尚的学生的图片）

师：说说他的穿着吧！可以猜测价格。

学生作了猜测。

出示：头发——500元吹剪费用；眼镜——3000元一架；衣服——4000元一件；手机——6000元一部；裤子——1000元一条；鞋子——2000元一双。

学生一片惊呼！纷纷表示没有必要。

（出示一个衣着朴素的学生的图片）

出示：头发——10元吹剪费用；眼镜——70元一架；衣服——100元一件；手机——160元一个；裤子——50元一条；鞋子——50元一双。

学生纷纷表示那也太朴素了。

师：如果让你选择一个做同桌，撇开性格、脾气，你们怎么选？

大部分学生都不选第一个，压力太大；选第二个，过得轻松。

引导小结：过于炫耀给人压力，不为人喜欢。

3.适度攀比，努力做自己

（出示俞敏洪照片）

师：知道他吗？

学生大多不知道。

出示：新东方培训的创始人，一个喜欢"攀比"的人。

师：看看他是如何攀比的。

出示：一次落榜，两次落榜，第三次，他考上了北大。

在北大，他看到别人追女孩，他也追，由于很穷酸，没有女孩理睬他。后来，他通过不懈努力，创办了"新东方"，成了上市公司的老总。

讨论：攀比，到底好吗？

学生表示，要看攀比什么，若在学习上、工作上、劳动上攀比，就非常好了。有的学生表示，在吃住上，也要适度攀比，这是努力工作的动力和进步的方向。

【设计意图】利用 iPhone 手机的故事，引出过度攀比的现状，让学生清楚看到过度攀比的危害。通过两个学生穿戴的对比，让学生发现，炫耀是不被人喜欢，也被人唾弃的。但凡事要辩证地看，要学会在可以令人进步的地方适度攀比，努力成就更好的自己。

第四版块：做好自己，正向攀比

1.正视自己，发现优点

出示：一个风华正茂的青年路过一座豪宅，看见一个垂垂老矣的富豪坐在躺椅上晒太阳，小伙感叹自己一事无成，羡慕富人舒适的生活。

师：请回答两个问题：一是年轻人的打算，二是富豪的感受。

学生表示，作为年轻人要学会向富豪学习，富豪应该会鼓励年轻人吧！

出示：富翁却暗自伤心，自己年老多病，不如小伙子朝气蓬勃，充满活力。

师：这又说明什么？

生：都没有看到自己的优点，年轻人充满活力，未来充满无限可能；富翁坐拥财富，生活安逸。可大家都在羡慕对方。要学会看到自己的优点。（板书：学会看到自己的优点）

2.学会选择，正确面对

师：若你遇到以下情况，会如何选择？

出示：

①同桌买了件非常漂亮的风衣，恰是自己想要的，可妈妈认为太贵。

a.跟妈妈吵，吵到妈妈同意

b.软磨硬泡，妈妈总会同意

c.想其他办法，买更贵的

d.无所谓，不一定要

②家里终于同意买一部手机给我，我打算：

a. 买最贵的，可以炫耀一下

b. 买跟同学差不多的就行

c. 可以比同学差一点，但功能要齐全

d. 无所谓，能打电话就行

③因为家里经济有点困难，经常被同学嘲笑。

a. 不服气，凡同学有的自己也要有

b. 不理睬那些嘲笑别人的同学

c. 独自伤心落泪，看不起家人

d. 奋发图强，从学习上超越他们

④学习太难，不能像那些优秀同学般轻轻松松学习，算了，还有很多跟我一样的呢！

a. 表示认同，没什么好攀比的

b. 不必学习，比哥儿们义气就行

c. 独自伤心落泪，觉得自己不如别人

d. 一步一个脚印，相信总有一天能行

学生回答。

引导小结：不比物质、享受，要比进步、能力、志气和毅力。

3. 心态健康，激发潜力

师：通过这节课的学习，大家能根据自己的情况来说说攀比吗？

学生回答后小结。

出示：

攀比之歌

攀比，是把双刃剑。

若是比物质、比享受，

盲目攀比，将给人带去无穷伤害。

比进步、比能力，比志气、比毅力，

正向攀比，可以激发人的潜力。

我的未来我努力，自己就和自己比。

来！做最好的自己。

学生朗读。

【设计意图】攀比是一种可怕的心理，只有正确对待，看到自己的优点，培养正向攀比的心态，拥有一个健康的心灵，才能茁壮成长。

印象最深的是购买 iPhone4s 手机那个环节，其实自己曾经也这么想过，不管付出多大的代价，也要买一部，免得被同学嘲笑。当老师出示"卖肾换手机"的少年最后变成伤残的时候，自己内心开始有点震动，不过想想自己应该不会那么不幸运吧！心存各种侥幸。可当老师出示 iPhone5s、iPhone6、iPhone6s、iPhone7 的图片及人们更疯狂地攀比的情景图时，我刹时震惊了。身体是唯一的，而身外之物，永远都走在被淘汰的路上。说实话，老师的确非常高明，做最简单的游戏，举最平常不过的例子，却能让人深刻反思。

突然觉得攀比的确毫无意义，志气值千金！努力才是最好的攀比！

课的最后，学生能够理性地对待同学物质方面的超越，学会比学习、比进步、比为人，做到攀比有度。如何更拨动学生的心？建议如下：

①引入环节，主要是引入攀比，感受心理波动原因，时间不宜过多，能引出攀比即可。

②攀比调查，需要课前完成，学生课堂展示，是现象呈现，进行为什么攀比的小结，不宜过度解剖，以免引起个别不同价值观学生的反感；价值比拼，用两支不同价格的笔进行口算比赛，游戏比较容易拖拉，上课老师在课前要心中有人选，以免得不到相应的结果。

③利用 iPhone4s 手机和"时尚学生"来教学，对学生有年龄和经历的要求，适合小学高年级学生和中学生，低年级学生可以换成高价格的玩具和学生经常带的高档文具。这是本课的重点部分，可以充分挖掘学生的所思、所想，内化为他们自己的思想和观念。俞洪敏，作为激励进步、正向攀比的例子，有点成人化，只适合高中生或大学生，初中生、小学生可以引入不比吃穿、比勤奋学习、比谁可以升入好学校等事例。

④本课能让学生感悟至深的地方是，抛弃一味说教的方式，以故事、学生自我调查、自我剖析、游戏、判断、选择等，让学生置身于一定的情境中，去认识攀比、辨析攀比，激起学生正向攀比的激情和情怀。建议老师引导好学生懂得跟别人比什么，学会跟自己比，去做更好的自己。

爱护公物，我们能行

（爱物主题）

教育背景

社会上经常出现公物被破坏的现象，街道上有的垃圾桶面目全非，公用自行车缺胳膊少腿，公园里的座椅被刻了字，小区里的健身器材七零八落……无形中为学生带来了不珍惜公物的负面范例。校园内，学生不爱护公物的现象屡见不鲜：刻画桌子，糟蹋花草，踩跨椅子，把扫把、抹布当武器，用力踹门甩门……究其原因，一是学生心中无物，无视公物的"苦痛"，有着以破坏为乐的扭曲心态，需要调整；二是学生不知道如何爱惜公物，需要启迪学生学会爱护公物的技能。

本次班会旨在通过富有童趣、注重体验的活动，引导学生认识到爱护公物的重要性，懂得爱护公物"我有责"。让学生真正学会爱护公物，做到爱护公物"我能行"。

教育目标

· 知识目标：认识到什么是公物，为什么要爱护公物以及怎么爱护公物。
· 情感目标：体验到爱护公物的重要性，产生主动爱护公物的美好愿望。
· 行为目标：学会爱护公物，养成爱护公物的良好习惯。

课前准备

两个学生排演桌椅情景剧；组成搜搜小队拍摄不爱护公物照片，制作公物伤员病历；制作多媒体课件等。

教育过程

第一版块：情境引入，认识"公物"

1. 引入公物

（配乐展示整洁美观的校园、教室图片）

师：看了这些图片，你觉得我们的校园美丽吗？

生：非常美丽！

师：对，美丽就在我们身边。今天，老师给同学们展示两样美丽的物品，你们看，谁来了？

生：桌子和椅子。

两位学生表演情景剧《快乐的桌椅》。

桌子：嗨，大家好！我是桌子，漂亮的桌子。

椅子：嗨，大家好！我是椅子，可爱的椅子。

桌子：我的本领可大啦，有了我，小朋友就可以放学习用品，平平稳稳地看书写作业啦！

椅子：我的作用也不小噢，有了我，大家可以坐得很舒服啦！

桌子：我们是为小朋友服务的。

椅子：可我们不属于小朋友噢，我们是学校的。

桌子、椅子：你们愿意和我们交朋友吗？

生：（齐）愿意。

师：同学们知道吗，像教室里的桌子椅子这样为大家服务，又需要我们共同爱护的公共财物，就是公物。（板书：公物）

2. 认识公物

师：我们的身边还有哪些公物朋友呢？

生：扫帚、畚箕、拖把、垃圾桶、水桶、柜子、多媒体设备……

老师根据学生的汇报，分别贴出各种公物图片。

师：你们愿意和这些公物交朋友吗？

生：愿意。

（板书：我和公物交朋友）

师：你们能夸夸身边的公物朋友吗？

生：扫帚，能够让我们非常方便地把地打扫干净，它是干净整洁的守护神。

生：畚箕，方便我们把最脏的垃圾装起来，倒到垃圾桶里。

生：拖把，它能够把非常脏的地板拖得非常干净，让我们舒心地坐在教室里。

生：我来夸夸垃圾桶，它把最脏的东西装进自己的肚子里，却把干净留给我们。

生：水桶，你真厉害！能装下那么多的水，方便我们清洗。

……

引导小结：公物能给我们带来很多的帮助，是我们的朋友和助手。（板书：公物——朋友和助手）

【设计意图】用学生熟悉的场景引入，借助桌椅情景剧，使学生在充满童趣的活动中认识了公物，通过夸夸我的公物朋友，产生对公物朋友般的"亲近感"，从而提升对公物的认同感。

第二版块：公物"缺失"，体验重要

1. 体验没有桌椅

师：同学们，如果我们熟悉的这些公物消失了，会怎样呢？想不想体验一下？

生：想。

师：那好，现在桌子、椅子不见了，小朋友只能背起书包，站着上课喽！老师请小朋友拿出纸和笔，试试写"公物"两个字。

学生尝试，有的蹲着将纸放在膝盖上写，有的放在书包上写，有的干脆趴在地上写。

教师随机采访学生，让他们谈谈在没有桌椅的情况下写字的感受。

学生纷纷表示，非常不方便，桌子、椅子非常重要。

2. 体验公物消失

师：如果刚才同学们举例的这些公物统统不见了，会怎样呢？（课件播放：公物纷纷离去的画面）

学生表示会非常不方便，没有这些公物，生活和学习会很困难。

师：是的，有了它们，有时不觉得怎样，若真没有，才知道它们是多么的不可或缺。

引导小结：公物，不可缺少。（板书）

【设计意图】虽然学生平时不断地接触公物，但往往意识不到它们的作

用和存在的意义。通过情境模拟，让学生体验没有了这些公物之后生活和学习的不便，从而使学生真切地感受到公物的重要性和不可或缺。

第三版块："伤员"集结，爱物有方

1."烦恼"的桌椅

师：你们知道吗，公物对我们来说非常重要，可是它们却有自己的烦恼，想听听它们有什么烦恼吗？

生：想。

师：看，它们来了！

学生表演情景剧《桌椅的烦恼》。

桌子：（愁眉苦脸的）最近比较烦，比较烦，比较烦……

椅子：（关切的）怎么啦，桌子哥哥，唉声叹气的？

桌子：我实在受不了了！我一天到晚为小主人服务，可是他呢，用铅笔在我身上乱刻乱画，把我弄得脏脏的，也不给我洗个澡！真是可恶极了！

椅子：（委屈的）唉，不瞒你说，我也是这样。我的主人是个淘气的男生，整天把我摇来摇去的，有时还使劲向后靠，只让我的后面两腿着地。我的腿快受不了了，就要断了！

师：桌椅的烦恼是什么？

生：同学们不爱惜桌椅。

师：说得对，那怎样才能让它们减少烦恼呢？

生：我们应该爱惜它们，不在桌子上乱刻画，要经常擦桌子。

生：坐在椅子上，要有坐相，不能摇来摇去。

师：是呀！只有这样去爱惜它们，才能消去它们的烦恼。

2."伤员"俱乐部

师：除了桌子和椅子，其他的公物状况又是如何的呢？课前，搜搜小队进行了收集，我们一起听听他们怎么说吧！

用课件——展示（伴有伤感的音乐声）：

①教室里受伤的扫帚、畚箕和拖把。

搜搜小队队员1解说病情：同学们请看，受伤的扫帚、畚箕和拖把在哭泣，它们说自己多处骨折，非常疼痛。

②厕所里坏了的厕所门。

搜搜小队队员2解说病情：同学们上厕所，关门开门总是喜欢用脚来踢它，它很难过，同学们这么不礼貌，自己图方便，却让它遍体鳞伤。

③学校的墙壁、公园的景物上被涂着乱槽槽的黑点或被刻画着图案和字。

搜搜小队队员3解说病情：有人总喜欢在它们的脸上涂涂画画，把它们浑身上下都涂得脏兮兮的，多难看呀。我想，它们肯定很不开心。

④走廊上的不锈钢栏杆坑坑洼洼。

搜搜小队队员4解说病情：上次看见有个大哥哥用乒乓球拍狠狠地敲打它，有几个大一点的同学也经常用扫帚、拖把的柄来敲打它，它身上留下了坑坑洼洼的印迹，肯定非常疼。

⑤被折断的树枝，被扭断的水龙头手柄。

搜搜小队队员5解说病情：树木的树枝被折断了，就像我们的手被折断了一样疼；水龙头的手柄也被折断了，这哗哗流的水就像它的眼泪。

⑥操场足球网上的破洞。

搜搜小队队员6解说病情：有的同学总喜欢拉着它，把身体挂在上面，其实它没有那么牢固，于是它的整个身体都被撕破了，支离破碎，一定撕心裂肺地疼。

3.为"伤员"开药方

师：这些公物真是太可怜了，我们给他们治治病，提提护卫建议怎么样？请大家拿出这张"伤员病历卡"，请选择一个"伤员"，来谈谈它的"病情"，再说说如何"护卫"。

伤员病历卡		
伤员	病情诊断	护卫建议

师：我们以上面的椅子为例子，一起来说说怎么填写"伤员病历卡"。

集体讨论，并示范填写：

伤员：椅子；病情诊断：腿部断裂、身体倾斜；护卫建议：轻轻入座，不摇不晃，轻拿轻放。（并进行现场护卫演练）

四人小组组长上台领取病历卡，组员在限定的时间内讨论并填写护卫建议。

指名小组展示病历卡，集体交流，互相补充护卫建议。

4.情境小演练

逐一呈现情境，辨析反例，演练正确使用公物的技能。

情境一：哈哈，用扫帚、拖把和畚箕当玩具真好玩。（演练：轻拿轻放，摆放整齐。）

情境二：呀！厕所的门是不是很脏？怎么开门呢？砰！一脚踹开。（演练：用手轻轻推开，并轻轻关上，正确洗手。）

情境三：墙壁上已经有很多涂鸦，我也涂一个留念，反正没人知道。（演练：轻轻擦去涂鸦，不乱涂画。）

情境四：不锈钢是铁的，敲了也不疼，敲敲打打没关系。（演练：经常擦拭，懂得爱惜。）

情境五：折下树枝可以打仗玩，掰水龙头就是要用力。（演练：不折树枝，轻轻开关水龙头。）

情境六：把身体挂在足球门的网上，非常刺激，非常有趣。（爱护球网，不依靠，不挂吊。）

【设计意图】再次使用充满童趣的情景剧，以桌椅的哭诉，唤起学生的同情心与爱护意识。通过展现课前搜搜小队搜集的公物损坏情况及为受伤的公物填护卫建议，充分发挥学生的自主性，使学生在真切的情感驱动下明确护物要领。最后进行情境小演练，学生明辨了是非，学会了正确使用和爱护公物的技能。

第四版块：形成约定，促养习惯

1. 护卫升级

①劝说他人爱护公物。

师：同学们自己能做到爱护公物了，如果看到以下情境，你们如何对待呢？

出示：

①摘下鲜花戴在头上。

②爬到雕像上拍照。

③把沉甸甸的包挂在树枝上。

④踩在公园的凳子上摘树枝。

学生讨论后，表示应该劝说他人爱好公物。劝说时要注意：有礼貌，要委婉，讲道理。

②情境演练如何劝说。

生：叔叔、阿姨好！公园里的花是给我们大家看的，若你真爱花，就让它们充满生机地成长，摘下它们，它们会枯萎的。再说，摘花是不礼貌的，我们不应该这样做。

生：小朋友，爬那么高很危险，再说这是对神像的亵渎，非常不礼貌，若想拍照，可以站在旁边，不要去触碰。

生：阿姨，小树成长需要我们每一个人的呵护，你能把包从树枝上拿下来吗？

生：叔叔，不能踩在凳子上，会弄脏它的，大家还要坐呢。

引导小结：爱护公物，是一个人美好心灵的体现，也是一个人文明修养的体现。轻轻地摆放桌椅，轻轻地开关门窗，爱护一草一木，这些事情看起来很小，意义却十分重大，相信小朋友不仅能自己做到，还能带动他人做到，成为真正的护物小卫士。

2.小小约定

师：同学们，爱护公物是每一个人的责任和义务，让我们都来做一名公物小卫士，好吗？

我是公物小卫士

序　号	内　容	我能做到
1	不乱涂、刻、画墙壁、门窗、桌椅等	
2	轻轻开关门窗，人走关窗锁门	
3	爱护卫生用具，用完放回原处	
4	节约用水用电，不用时及时关闭	
5	爱护好音、体、美器材及学校其他设施，合理使用	
6	不在门厅、走廊、楼道及室内踢球、打球或玩推挤游戏	
7	爱护图书、杂志等，不在书报上乱写乱画，不撕页	
8	爱护花草树木，不踩、不爬、不折、不摘	

学生齐读。每一个学生都在"公物小卫士"卡上签名，并粘贴护物约定。

3.现场实践

师：同学们，今天我们学习了如何爱护公物，那就从现在开始做起吧！下课了，我们该如何做？

学生轻轻整理学习用品，摆好桌椅，安静有序地离开教室。

【设计意图】"护物升级"将学生爱护公物的视野拓展到了校外公物上，

提升了课堂的价值。得法于课内，得益于课外。"小小约定"与"现场实践"强化了学生爱护公物的意识，使课堂的意义有效延展到了课外。

（浙江省温州市建设小学叶托老师参与本课设计）

学生体会与感悟

公物，是为大家服务的，原来如此重要。

以前，我从来没有认识到公物的重要性。没想到有时我们一个不经意的动作会给公物带来这么大的伤害，更给学校造成这么大的损失和浪费。特别是公物伤员们在音乐声中被一一展示出来的时候，我的鼻子有点酸酸的，假设受伤的是我们，想想该有多疼痛啊！都说草木有情，我想公物一定也很疼。学了这一课，我们懂得了公物的珍贵，也懂得了怎么去保护公物，让它们不受伤害。

相信，以后我们一定会与公物相处得很好。

教学反思与建议

每当讨论如何保护公物时，学生往往都能说得头头是道，所以，课堂上学生的发言精彩不断。通过实在的情境训练，引领学生进行深刻的情感体验，需要教师主次分明，杜绝泛泛而谈，确保学生从情感、认识与行动上都有所提升，说到做到。

①引入版块，属于学生熟悉的领域，以绘声绘色的"桌椅情景剧"为主，旨在活跃课堂氛围，列举公物及其用处，不宜过度展开，以免拖沓。

②第二版块，宜创设情境，呈现没有桌椅的状态，要注意用较严肃或紧张的语言引导学生去做，让学生感觉这是一个真实的场景，而非一个简单的活动，以免学生嬉笑闹场。

③第三版块，是本节课最能拨动学生心弦的环节，配乐展示伤员状况的时候应让汇报的学生作好充分准备，音乐的选择也要动情；"为伤员开药方"时，应组织学生进行小组讨论，注意开药方需开拓思路、对症下药、规范填写。

④第四版块，护物升级形成约定，将一节课的成效延展至课外。建议将约定明确粘贴在教室里，方便学生时时对照。课例中的文字描述部分，建议上课的老师用真实的图片来代替，效果会更好。

光盘行动，节约粮食

（爱粮主题）

教育背景

　　浪费是一种可耻的行为，节约粮食，是我们每个公民应尽的义务。可在日常生活中，浪费粮食的现象却随处可见，大多数人意识到自己浪费，可还是控制不了。这也许跟我们的饮食习惯有关，点餐时，为了显示自己并不小气，总是点很多，导致吃不了；吃自助餐打菜时，眼高手低，打很多，结果吃不了。

　　倡导光盘行动，在餐馆用餐时点菜适量，吃不了打包带走，吃饭时吃多少盛多少，简单的行为，蕴藏节约的意识。通过教育活动，把节约的意识根植在孩子的心里，让学生明白节约是一种负责任的行为，保护资源的行为，减轻环境压力的行为，并能真正落实到行动上。

教育目标

　　·知识目标：明白节约的意义，懂得如何节约，关键是从自己做起，从小事做起。

　　·情感目标：懂得节约是保护资源、减轻环境压力的负责任行为，树立节约意识。

　　·行为目标：养成良好的节约习惯，参与光盘行动，把节俭落实到平时的生活中，并能互相监督，共同进步。

课前准备

　　资料调查，收集视频、图片、故事，排练情景剧，制作课件。

第一版块：图片引入，呈现浪费画面

师：同学们吃饭时，不想吃或觉得不好吃，会剩下一些饭菜吗？

生：会。

师：知道这是浪费粮食吗？

生：知道。

师：知道了，还浪费，为什么？

生：就一点点儿，剩下的食品，还可以拿去喂猪。（笑）

师：似乎有点道理，所以同学们不经意间就这么把粮食浪费了。给大家看看同学们收集的一些有关浪费的照片吧！

出示浪费照片。

图1：一个碗，一点粮食。

师：想到什么？

生：没什么。（笑）

图2：一桌菜，每盘都有剩菜。

生：有点可惜，浪费好多。

师：平时你们外出参加宴会的时候，看到过这种现象吗？

生：看到过。

师：有觉得可惜吗？

生：有点可惜，我们的妈妈、阿姨，也会装一些回家，不过大多都丢在那儿了。

图3：食堂泔水桶，一桶一桶满是剩菜。

生：浪费好多。

师：知道这些剩菜最后去哪儿了吗？

生：不是喂猪吗？（笑）

出示："一只泔水桶的传奇"图片。

（简述）台面上，泔水桶中的剩饭菜用来喂猪，可实际上，喂猪只占很少部分，大部分泔水桶去哪儿了？一些不法商人为了暴利，大多将泔水制作成地沟油，再回到餐桌。

生：哇！好恶心！

师：这幅图说明了什么？

学生纷纷表示，原来我们的剩饭剩菜，被不法商人利用，制成地沟油，好恶心！以后剩饭剩菜直接倒在垃圾桶里算了；也有学生表示，不能浪费，我们需要光盘行动。（板书：光盘行动）

【设计意图】利用简单的图片，呈现平时的浪费现象，让学生看见自己平时意识不到的剩饭剩菜所造成的浪费，意识到浪费可惜，再用"一个泔水桶的传奇"来呈现泔水的去处，让学生发现剩饭菜的可怕结局，萌生参与光盘行动的渴望。

第二版块：分析现状，呈现粮食来历

1. 粮食现状分析

师：有的同学说，我们平时不是看到有很多的粮食源源不断地被供应吗？不好吃，吃不下，浪费一点点应该没事吧？

生：是呀！

师：我们来看一个数据吧！

出示：

★ 我国人口 13 亿多，人均耕地面积 1.2 亩，由于乱占耕地、土地荒漠化等种种现象，耕地面积正以每年 30 多万亩的速度减少。

★ 现有耕地，年产各种粮食共约 6000 亿千克，不够 13 亿人食用。

★ 需要进口约 700 亿千克。

★ 全国 40% 的城市人口消耗的粮食依靠进口。

师：看了这样的数据，你们想说什么？

学生表示，土地在减少，粮食在减少，我们国家人口众多，需求量非常大。（板书：人口多，需求量大，不能自给。）

2. 算算粮食浪费量

师：算过我们到底浪费了多少粮食吗？

生：没有，但我知道应该比较多吧。

出示：一个碗里的（剩饭），倒在电子秤上，显示：0.025 千克。

师：这是一位同学一餐剩下来的粮食，0.025 千克，大概是一小碗米饭的六分之一，或是一个包子的四分之一吧！同学们觉得多吗？

生：不多。

师：的确，并不是很多。那么，一日三餐就是——

生：0.075 千克。

师：说起来也不算多。但算算，一年365天，再乘以我们国家的13亿人。

学生计算，汇报结果。

出示：$0.075 \times 365 \times 13$ 亿 ≈ 356 亿千克

学生纷纷表示惊讶。

出示：

★ 我们的浪费超过350亿千克，约一半的进口粮食被浪费。

★ 全国20%的城市人口的粮食被浪费了。

学生纷纷表示，浪费太多了，我们每个人都要参与光盘行动。（板书：积少成多）

3. 一粒米饭的来历

师：那么，这些被我们不经意间浪费的粮食，又是经历怎样一个过程，来到我们的餐桌上的呢？请看——

一粒稻谷种子（农民冒雨播种）→发芽（寒风中施肥，期盼快成长）→长成苗（冒烈日拔杂草）→结出麦穗（喷农药除虫）→割稻（一身泥泞）→打谷（满身稻絮）→晒谷（烈日下大汗淋漓）→碾米（满脸米灰）→一粒米（蒸煮）→一粒米饭

师：看了以后，有什么感受？

学生纷纷表示：原来一粒米饭，来得这么不容易；看了以后，发现我们的浪费的确不应该。

师：记得有一句诗词形容粮食的来之不易。

学生回答：谁知盘中餐，粒粒皆辛苦。

出示：一粥一饭，当思来之不易；一丝一缕，恒念物力维艰。

【设计意图】从国家的粮食现状分析入手，让学生知道我国是一个缺粮的国家，再通过计算让学生看到，一次不起眼的浪费，累计后竟是一个非常巨大的数据。最后，通过展示一粒米饭的来历，震撼学生的心灵，激起学生爱惜一粥一饭的情感。

第三版块：浪费粮食，也是破坏资源

1. 为何不能浪费

师：课前同学们收集了一些有关浪费的故事，×××同学收集到一个故事，非常值得同学们看看。

出示：

一次去德国，到餐馆吃饭，发现他们点餐都很少，有点不解。我们多点了些菜，结果有三分之一剩下了。结完账，刚出大门就被人叫住，隔壁桌的几个老太太，说我们剩的菜太多，太浪费了。

我们觉得她们多管闲事！"自己花钱吃饭买单，剩多少，关你们什么事？"老太太很生气，掏出手机拨打电话。

一会儿，一个穿制服的人来了，居然拿出罚单，并郑重地对我们说："需要吃多少，就点多少！钱是你的，但资源是全社会的，世界上有很多人还缺少资源，你们不能浪费！"

我们羞愧不已，回去后，把罚单复印后，每人一张做纪念，以便时常提醒自己。

师：看了这个故事，你们有什么感受？

生：德国人这么富裕，却这么讲究节俭。

生：那句"钱是你的，但资源是全社会的"震撼了我。现在我才知道，浪费是对资源的破坏。

生：看来，我们需要杜绝一切浪费。

生：一个发达国家，不缺什么，人们却如此节约粮食，的确令人佩服。

（板书：浪费，是对资源的破坏。）

2.浪费破坏资源

师：对于"浪费，是对资源的破坏"，同学们如何理解？请小组讨论。

生：粮食的生产，需要付出劳动和资源，如灌溉的水、肥料、农药等等，如果粮食被浪费了，这些资源也就被浪费了。

生：粮食浪费后，被送去制作地沟油，那太恶心了，所以我们要吃光，以免被不法商人利用。

生：如果我们把剩下的粮食倒到垃圾桶，那么，就增加了清洁工人的负担，而且垃圾腐烂后会很臭，也会造成环境污染。因此，我们不能浪费。

3.体验缺粮之旅

师：世界上还有很多贫穷的、缺少粮食的、吃不饱的人，请看：

图片1：一个与狗争食的小孩。

图片2：瘦骨嶙峋，一脸渴望的人。

图片3：一位贫困的妈妈（打了马赛克）偷了鸡腿，给生病的女儿。

图片4：一些饥饿的儿童。

师：接下来给大家看一张2009年的"世界粮食安全状况与饥饿人口的

分布"图，看看在这个世界上，还有多少人生活在饥饿中。

粮农组织在《2009年世界粮食不安全状况》报告中指出

2009年

受金融危机等因素影响
全球饥饿人口估计达10.2亿比2008年增加了11%
全球约1/6的人口正在遭受饥饿威胁

亚洲太平洋地区	约6.42亿
非洲撒哈拉以南地区	约2.65亿
拉丁美洲和加勒比地区	约5300万
近东和北非地区	约4200万
发达国家	约1500万

学生纷纷表示，世界上竟然还有1/6的人遭受饥饿的威胁，而我们却在浪费；我们生活得这么好，说明我们的国家好，我们也要懂得节约粮食；节约粮食，人人有责。（板书：节约粮食，人人有责。）

第四版块：光盘行动，杜绝一切浪费

1.正确面对浪费

师：有这样一些现象，同学们判断一下是对还是错。

出示：

①小方觉得，饭菜不合胃口，想倒掉。他觉得反正交了饭钱，没事。

②小东说，农民都很穷，需要卖粮食来赚钱，我们浪费越多，他们卖得就越多。

③有的家长表示，只要孩子学习好就成了，浪费点儿粮食算什么，我们家有的是钱。

④有的说，我们家里倒点儿剩饭剩菜算什么浪费，电视上、报纸上报道的，比我们浪费得多了去了！

⑤强强只喜欢吃包子的馅儿，包子皮都扔掉。

⑥小华觉得今天的苹果不好吃，咬了一口，就丢了。

⑦小雨吃自助餐，心想反正付钱了，便打了很多，结果吃撑了，还剩下很多。

学生进行对错判断。

引导小结：钱是自己的，但不可浪费资源。

2.如何避免浪费

师：那么，如何避免浪费？你们打算怎么节约粮食呢？

小组讨论如何做到节约粮食。

出示：

节粮行动歌

不攀比，适量适度点餐，剩餐打包带走；
吃饭时，吃多少盛多少，不扔剩饭剩菜；
不挑食，果蔬肉食海鲜，样样营养好吃；
懂宣传，向家人和亲戚，宣传浪费可怕；
善监督，身边亲人友人，力促光盘行动。

3. 节粮行动达人

师：《节粮行动歌》中提到的，你做到了几条？

学生回答。

师：想不想做一个"节约行动达人"？

生：想。

出示：

"节粮行动达人"活动表

内　容	时　间					监督意见
	周一	周二	周三	周四	周五	
1. 不攀比，适量适度点餐，剩餐打包带走。						
2. 吃饭时，吃多少盛多少，不扔剩饭剩菜。						
3. 不挑食，果蔬肉食海鲜，样样营养好吃。						
4. 懂宣传，向家人和亲戚，宣传浪费可怕。						
5. 善监督，身边亲人友人，力促光盘行动。						

注：1. 每天做到就打"√"，做不到就空着，可以请父母、同学做监督人。
2. 一周合格的同学可以获得"节粮能手"，连续四次合格可获得"月节粮达人"，还可以争取获评"学期节粮达人""年度节粮达人"。

小结：从小树立节约意识，除了节约粮食以外，还要注意节电、水、纸等等，做一个节约小达人和对社会负责的人。

【设计意图】节约粮食，是每个人应尽的义务，通过判断让学生明确浪费行为，引导学生消除"生活好了，浪费点没事"的错误思想，并利用《节粮行动歌》、评选"节粮行动达人"，落实到行动上，启示学生节约水电，期待学生将节约内化为自觉，形成习惯。

学生体会与感悟

吃不完，留一点。就一点，我以为再正常不过了，在家里也是这样，我从没有去看看家里一天浪费了多少粮食。今天的这节课，老师让我们算了算全国浪费的情况，"一碗一点"，到"一桌一堆"，到"一桶一桶"，再到"不算不知道，算算吓一跳"，一半的进口粮食都浪费了，挺可怕的。

粮食来之不易，浪费是对劳动的不尊重，是对资源的极大浪费。而且，我还明白了浪费后给环境带来的污染和不法分子的有利可图。若是自己剩下的东西，兜了一圈，最后又回到自己的餐桌上，那是多么可怕的一件事。

学了这节课，我明白了光盘行动有多重含义：节约能源，尊重劳动，保护环境，爱惜自己。

教学反思与建议

节约粮食，光盘行动，要让学生看清为什么节约，明白行动的意义。所以，课堂上，要能够紧紧抓住学生的心，激起学生迫切行动的愿望。

①第一版块，剩饭剩菜的几幅图，要尽量选取比较美观的，不要给学生造成恶心感。浪费的粮食去哪儿了？除了喂猪，还直接变成垃圾，甚至提炼成地沟油，相信很多学生会震惊，为了具有真实感，可以发动学生在课前作一些小调查，增加可信度。

②第二版块中的粮食浪费计算，要比较紧凑，最好能够估算，有个别速度快的学生知道答案即可，不必让所有学生算出答案。

③第三版块，尽量让学生讨论，谈感受，深刻揭示粮食现状、发达国家人们对待粮食的态度、贫穷国家缺粮现状，充分深化学生对粮食的认识。

④第四版块，行动落实非常关键，是对一节课效果的检验，是学生有所感悟后的能力提升，因此要课后抽时间组建监督团，完善相关的评比细则，将节约粮食的行动真正落到实处。

减少垃圾，美丽家园

（环保主题）

教育背景

　　垃圾围城，已经成为城市发展的拖累，垃圾也成为了建设美丽家园的最大障碍。如何解决垃圾问题，已经成为城市建设和发展的重大课题。垃圾分类，说起来简单，可做起来很难，难在人们没有认识到分类的必要性和迫切性，难在即使认识到了也由于种种原因，坚持不了，甚至做不了。因此，唤醒学生垃圾分类的意识，显得非常迫切。通过教育让学生近距离观察，明白垃圾的危害，提出建设性的建议，养成良好的垃圾分类习惯，从我做起，从现在做起，为将来共创"美丽家园""美丽城市"储备力量。

教育目标

　　·知识目标：通过调查与活动，感受家乡的美，了解造成不美的原因及解决方案。

　　·情感目标：增强学生的环保意识，鼓励学生人人争做"减少垃圾，变废为宝"的先锋。

　　·行为目标：教育学生自觉养成"减少垃圾""垃圾分类"的好习惯，参与建设"美丽家园"。

课前准备

　　学生分组，有的收集家园的美丽景色，有的调查居民垃圾的去处，有的调查影响市容市貌的因素，进行原因分析，提出垃圾处理的策略。准备课件、资料。

第一版块：美丽家园，你我共享

师：同学们在课前收集了许多家乡的美丽风景，让我们一起来欣赏这些令人心怡的画面。

展示家乡的美丽风景：

①美丽的公园，碧波荡漾，清风徐徐，人们游玩休闲欢乐无比。

②旅游景点，游客如织，大家正领略大自然的无限风光。

③雄伟的建筑里，大家在办公交流，用智慧创造价值。

④繁华的街道，时尚的男女来来往往，正为美丽自我而欢乐购物。

⑤野外农业园，农民们在劳动，辛勤收获飘香的瓜果。

⑥居民区内，孩子们在欢乐地嬉戏，一派轻松祥和的景象。

展示中，学生分别说出这些地方的名字，并介绍自己所了解的人文知识。

师：这就是我们的家园，我们尽情沐浴着阳光，在它温暖的怀抱里茁壮成长！（板书：美丽家园）

【设计意图】展示家乡的美丽，激发学生对家乡的眷恋之情，为下一步家乡的美丽被过多的垃圾一点点蚕食而引发学生深思作铺垫。

第二版块：垃圾入桶，美丽家园

师：还有的同学收集了美丽家园中不和谐的现象，也一起来看看。

展示街道、河流、野外……被各种垃圾围困的景象。

师：看了这些，你有什么感受？

生：这些垃圾很恶心，非常臭。

生：很多人随意乱丢、乱堆垃圾，不仅影响了市容市貌，更一点一点地破坏着我们的美丽家园。

师：是呀！垃圾非常可怕地侵入每一个角落，可这些垃圾又是哪儿来的呢？我们同学进行了调查，现在请大家展示一下。

垃圾调查表

垃圾名称	哪里来	去哪里	有什么危害	这样的垃圾多吗?
塑料袋、包装袋等	市民丢弃	丢入垃圾桶，部分散落在小河里、花坛里、街道上	影响市容市貌	非常多，到处都是
食物废渣	市民丢弃	丢入垃圾桶，有的遗弃在街边，堆在垃圾桶旁	发出阵阵恶臭，污染环境	较多，特别是缺少管理的街道、社区
废旧电池、建筑垃圾等	市民丢弃、随意倾倒	大部分入垃圾桶，有的散落在路边、空地上	污染环境，影响市容市貌	稍远的空地、街边可见
……	……	……	……	……

师：看到这些现象，你们有什么要说的呢？

生：我们应该对这些乱丢、乱倒、乱堆垃圾的行为予以谴责，我们要从自身做起，同时也要规劝家人、邻居，注意不要有这些不文明行为。

生：我们应该将垃圾丢进垃圾桶，然后再由环卫工人统一运走，统一进行处理。

师：是呀！我们要抵制这些乱丢行为，垃圾入桶是最起码的道德行为。让我们携起手来，共同为美丽家园而努力！（板书：垃圾入桶）

【设计意图】通过学生的调查和寻找，发现垃圾与人的生活息息相关，人们的不文明行为直接影响了市容市貌，深刻唤起学生的自我反思，教育学生做到垃圾入桶的基本文明行为。

第三版块：垃圾围城，蚕食美丽

师：那么，同学们有没有想过，这些垃圾被环卫工人统一运走后，去了哪里呢？

生：去了垃圾场，不过，我听爸爸说，垃圾太多，有的根本没有办法处理。

师：是吗？垃圾没法处理，你们听说了吗？

学生纷纷表示没有听说。

录用播放：据统计，我国每人每日产生的垃圾量是 1.5 千克，一个城市的人口为 100 万，那么每日的垃圾量就是 1.5×100 万 =150 万千克，也就是 1500 吨，一辆运垃圾的卡车载重大约 5 吨左右，需要 1500÷5=300 辆。

师：更严重的是，每天 1500 吨的垃圾去哪儿？有那么多的垃圾场吗？

学生表示，拉到垃圾场，有的填埋，有的焚烧，填埋会污染地下水，焚烧严重污染空气。其实这两种方法都不好。

师：是呀！人们也束手无策，看着垃圾一天天地多起来，非常无奈。

展示"垃圾围城"的各种图片。

师：都说"城内干干净净，城外垃圾遍地"，你们想到过这样的结局吗？

学生纷纷表示，没想到我们城市的周围有如此多的垃圾，真可怕！

师：可以用一个词来形容，那就是"垃圾围城"，垃圾正一点点地吞噬我们城市的美丽。面对如此残酷的现实，同学们有什么措施和建议？

讨论小结：减少垃圾。（板书：垃圾围城，减少垃圾。）

【设计意图】通过对垃圾最终去向的追溯，看到"垃圾围城"的事实，唤醒学生对垃圾妥善处理的急迫心理。

第四版块：垃圾减量，分类回收

师：是呀！有什么措施，能使得垃圾有效减量呢？

学生分组进行讨论。（根据学生的回答，板书三个关键词：减少使用，循环使用，分类回收。）

引导小结：

①生活中，我们可以做到：节约粮食、节约用纸、减少或不用塑料袋；购买绿色环保的商品包装，拒绝购买过度包装的物品。

②生活中，我们可以做到：双面书写、双面打印文稿以节约纸张；自带喝水杯外出，少买瓶装饮料；尽量少用或不用一次性用品。

③可以进行分类，这样有利于回收。如纸张、塑料瓶都是可回收的。

师：是的，解决垃圾问题要从各方面努力，我们需要从根源上减少垃圾，做到再次利用。来！我们去看看，世界上有很多国家已有一些很好的做法，我们可以学习哦！

出示：

★ 日本：日本每家都贴有垃圾回收时间表，一周 7 天中每天收的垃圾种类都不一样。若市民乱扔垃圾，会被拘捕并罚款 3 万至 5 万日元。

★ 美国：美国政府鼓励民众把可回收垃圾分拣出来，放入专门的垃圾桶。支付垃圾处理的费用大约有五六十美元。现在，回收利用占 50%，填埋占 40%，焚烧占 10%。

★ 瑞士：瑞士对生活垃圾分类回收采取定额收费制度，垃圾必须装袋，否则会没人运走这些垃圾。若乱扔，则会面临最高达 200 瑞士法郎的罚款。

★ 德国：德国利用 4 种颜色的垃圾桶或储藏容器，实现垃圾的分类收集，并按桶收费。如果垃圾工人发现乱丢乱放垃圾，有权拒绝收走。

师：同学们，知道吗，我们的垃圾太多了，你们看了这么多处理垃圾的方案，能说说减少垃圾的具体措施吗？

学生讨论后，引导小结：

★ 减少垃圾小措施——少丢垃圾：一天或几天向小区或者居住区垃圾桶投放一次生活垃圾，可以减少"垃圾增量"。

★ 循环使用小措施——变废为宝：利用一些废物做成工艺品等。（如：玻璃瓶、塑料袋、废纸、罐头瓶、旧图书、旧玩具、旧衣服等。PPT 展示小工艺品。）

★ 分类回收小措施——细分垃圾：建筑垃圾，可粉碎后作为制砖瓦的建筑材料；厨余垃圾，用作堆肥原料；塑料、纸张等可以循环利用。

【设计意图】挖掘学生所了解的对减少垃圾的处理方法，加以归纳，呈现完整的措施，完善减少垃圾的基本知识，以便学生能落实到行动上。

第五版块：从我做起，美丽家园

1. 人人做最好的自己

师：同学们，减少垃圾人人有责，我们可以做什么？

生：我们应该减少垃圾量，如：节约粮食，减少厨余垃圾；少用纸，少用塑料袋，拒绝一次性用品。

生：我们可以把垃圾进行分类，装入不同的袋子，方便回收利用。还要把这些知识告诉父母，先从家里、学校的分类做起，再带动亲戚、朋友一起参与。

2. 做垃圾分类宣传志愿者

师：是呀！减少垃圾，美丽家园。只有我们知道是不够的，还要通过自己的力量，让更多的人知晓。

分组讨论：

①争当垃圾分类的宣传员，创编垃圾分类之歌，描绘垃圾围城的宣传画，课余时间发放分类知识的材料，让每个人都能时时处处方便接受到垃圾

减量分类的持久性知识教育。

②成立减少垃圾和垃圾分类监督小组，从班级做起、从学校做起，再到社区、社会。以我们为主，去影响和监督身边的人群。

③制订一个垃圾分类完整方案，建议环卫部门设置不同的垃圾桶，指导居民垃圾分类。

④通过走访政府部门，提出更好的建议、更完善的措施，建议政府印刷大量垃圾减量分类的宣传海报免费发放给每个学校、酒店、企事业单位和家庭张贴。

3.我为未来谋划

师：完善的垃圾分类系统和减量，都离不开人们认识的进步和未来科技的发展。对未来，你们有什么畅想？

学生讨论。

生：小小的垃圾学问多，长大后想做城市垃圾处理的研究人员，为研究出更合理的垃圾处理系统而努力学习。

生：我想发明一种垃圾自动分类的机器，这样大家就可以不用那么辛苦了。

生：我们还可以研制工厂排放废水、废气、废物的处理系统。

师：是呀！同学们的想法不错，希望你们不仅现在发挥自己的能力，长大后也要为垃圾处理作出自己的贡献，为我们美丽的家园而努力！

4.形成盟约

师：同学们，想不想把你们刚才说讲的话记录下来，形成一个盟约，作为我们将来行动的指引？

出示心愿盟约墙，学生分别签订盟约。

【设计意图】提高学生对垃圾减量分类的认知，还要让学生真正行动起来，签订盟约，真正做到"有意识，还要有行动"，激励学生长大后贡献自己的力量。

学生体会与感悟

一直以为垃圾不落地就是最高境界，从没想过垃圾分类更加重要。

学了这节课最大的感触就是，我们产生的垃圾，已经包围了我们，若不好好处理，不好好思考如何去解决，我们的城市就将变成垃圾城市，我们的家园就是垃圾家园。

尽量减少垃圾量，仔细地进行垃圾分类，为家乡的美丽贡献自己的一份力量。我长大后，还想参与一项研究，发明垃圾自动分离器，尽可能使垃圾进行自动分类，为人类缓解垃圾带来的困扰。

想起一句话：再小的力量，也是一种支持。垃圾分类从我做起。

教学反思与建议

垃圾分类，对学生是"说起来重要，做起来次要的一件事"，如何通过一节课带领学生很好地进行深入解读，激起学生的责任感呢？

①第二版块，在展示美好家园后，呈现垃圾满地的图片，强烈对比激起学生美化家园的愿望；引入"垃圾哪里来，去哪里"的调查，这个调查若让学生展开交流，会花很多时间，建议上课前收集汇总，课堂上进行展示解读。

②第三版块，呈现"垃圾围城"，学生大多没有见识过，即使有的孩子看到过，感触也不深刻。因此，上课老师课前收集图片时，以到城市周边实地拍摄为佳，甚至可以带学生一起去，让拍摄过程成为教育的一部分；网上搜索、下载相关图片为次。

③第四版块，引导学生思考如何减少垃圾，要让学生充分讨论，并谈谈具体做法及行动落实的好建议。国外垃圾分类的资料，简单呈现即可。

④第五版块，要以学生为主，调动学生发言的积极性。当然，学生有可能讲得不到位或答非所问，上课老师要充分预设，设计好启迪性的语言，也可以通过课件呈现一些小贴士，以便学生能充分讨论，达到目的。

⑤上一节课不能止于提高一下学生的认识。建议课后的行动工作要落实到位，可以在班级增加垃圾桶，设置垃圾分类箱；鼓励学生对父母进行宣传，从家庭做起，学会坚持，以自己的行动去影响他人，影响社会。

第五辑
情感能力篇

CHAPTER 5

从班会课到成长课程

第六辑
成长健康篇

战胜挫折，笑迎一切

（挫折主题）

教育背景

挫折是人生的必修课，遭遇挫折是人生必经的坎儿，心理学家马斯洛说："挫折对孩子来说未必是件坏事，关键在于他对待挫折的态度。"与其一辈子替孩子遮风挡雨，不如让孩子自己去面对人生中的风雨。家庭对孩子过分保护，唯恐孩子受挫折，为孩子创造了过于舒适的生活环境，提供种种优越条件，致使孩子养成依赖心理和养尊处优的不良品格，交往能力和适应环境能力差，一旦挫折出现在面前，他们就会惊恐万状，茫然无措，甚至会因绝望而轻生。

因此，我们有必要让学生直面挫折，给孩子鼓励和勇气，让孩子学会自我激励，培养笑对困难、挑战挫折的乐观精神，让孩子学会战胜挫折。这对于促进他们身心健康发展，不断完善人格，增长才干和取得成就，具有十分重要的意义。

教育目标

·知识目标：使学生知道人生常常会遭遇挫折，认识挫折的价值。

·情感目标：使学生树立信心，在遭遇挫折时，能善待挫折，提高抗挫能力。

·行为目标：掌握正确对待挫折的办法，努力战胜挫折，学会一笑而过，做生活的强者。

课前准备

收集挫折故事，准备课件、调查表。

第一版块：挫折游戏，直面不同结局

师：同学们，我们来玩一个掰手腕的游戏，同桌之间玩，请胜利者做一个夸张的表情，请失败者也做一个表情。

学生做完游戏后，谈对对方做出的表情的感受。失败的学生纷纷表达了对胜利者表情的不满。

师：我们再进行一次掰手腕比赛，现在是前后桌掰手腕，请刚才的胜利者对胜利者，失败者找失败者。比赛结束，请胜利者做一个表情，失败者也做一个表情。

游戏后，学生谈自我感受。

引导小结：人总会面对各种各样的结局，没有永远的胜利，也没有永远的失败，大家要对任何一种表情都抱以淡然的态度。

【设计意图】挫折游戏虽然简单，却充满曲折，胜利者、失败者各种表情交集，让学生充分体验五味杂陈的心情，从而明白挫折是正常现象。

第二版块：挫折故事，唤起学生感悟

师：遭遇挫折是很寻常的现象，关键是看我们如何面对，请大家看一则故事。

出示：一个叫塞曼小孩，读书的自觉性不高，成绩也一直平平。塞曼的母亲看到儿子的这种表现，心里十分着急。

师：看到这儿，你能预测这个小孩的未来吗？妈妈如此着急，会采取什么措施？

学生纷纷表示，妈妈肯定会劝他多努力，给他多报一些补习班。

师：那你觉得这些措施有效果吗？为什么？

学生表示也许有用，他努力了。也许没有用，因为他的自觉性不高。

出示：一天，母亲把塞曼叫到跟前，激动地说："儿啊，早知你是一个平庸之辈，我当初真不该在波涛中挣扎……"接着，她向默默呆立的塞曼讲述往事：在塞曼快要降生时，家乡突遭洪水袭击，她死里逃生，好不容易才登上了一只小船，塞曼就降生在这只小船上，母亲望着滔滔洪水和刚刚临世的小生命，想起了荷兰人的一句古训：我要挣扎，要探出头来！

师：妈妈只对塞曼说了一番话，塞曼受到震动了吗？塞曼会怎么做呢？

学生表示应该有震撼，塞曼会发奋努力。

出示：听完妈妈的回忆，塞曼才知道母亲所经历过的艰难，心灵受到强烈的震撼，暗暗发誓要发奋攻读，绝不辜负妈妈的厚望。终于，他以优异的成绩受到学校赏识，被聘为助教。

师：这样的结局，说明了什么？

生：成功需要通过自身的不懈努力，塞曼没有辜负妈妈的希望。

出示：当他满怀喜悦去见母亲的时候，母亲已身染重病，奄奄一息了。在弥留之际，她用深情的目光注视着塞曼，嘴唇在艰难地颤动着："挣扎，再——挣——扎！"留下这句遗言后溘然长逝。

师：是呀！妈妈肯定会为塞曼而骄傲，可妈妈满意塞曼的成绩了吗？

生：没有，她要求他"再挣扎"。

师：再挣扎是什么意思？为什么不是再努力？

生：挣扎，是在困境中奋斗，不是一般的努力。

师：塞曼已经有如此成就，妈妈还要他再挣扎，塞曼会挣扎吗？

出示：塞曼把妈妈的话铭刻在心。他将嵌有母亲遗像的金制小镜框一直挂在胸前，以增加自己克服困难的勇气。塞曼在科学的道路上挣扎，再挣扎，终于攀上了一般人难以企及的高峰，1902年塞曼获得了诺贝尔物理学奖。

师：看完这个故事，说说你的感受，好吗？

生：塞曼只是一个非常平庸的孩子，却通过不断"挣扎"，不仅在学习上取得了成绩，更在工作上取得了成就，最后获得诺贝尔奖。

生：说明获得成就，不是靠一时的努力，而是靠长期不懈的"挣扎"。

师：在座的每一个人，可能都比塞曼小时候要出色，希望每一个人都能够去"挣扎"，去获得成功。（板书：成功，就是在困境中挣扎。）

【设计意图】塞曼是一个成绩平平的孩子，最后却获得巨大的成功。这让学生明白，不是所有成功的人以前就是成功的，成功主要是靠后天的"挣扎"，也启迪学生，只要会"挣扎"，就会有灿烂的未来。

第三版块：身边挫折，直击内心感悟

师：你们在学习上、生活中遭遇过塞曼小时候这样表现不尽如人意的挫折吗？能说出来跟大家分享一下吗？

面对困难和挫折，我如何对待？

我遇到过的困难和挫折	原来是怎样对待的 （这样对待的原因）	结果如何？

学生分享自己对待挫折和困难的办法。

教师肯定积极向上的对待方法，理解消极的对待方式，给予学生鼓励。

【设计意图】来自学生的困难和挫折，更能直击学生的内心感悟，大处体验，小处察觉，为下一个环节寻找解决方案提供素材，促动学生对身边挫折如何面对进行思考，总结出更多面对挫折的方法。

第四版块：两难情境，探寻解决策略

师：面对以下情境，你如何对待？

出示：

①一个男孩在草地里发现了一个蛹，幼小的蝴蝶正拼命想从中钻出来，它异常艰辛。

②有一个人生下来就一贫如洗，终其一生都在面对挫败，八次参加职位竞选八次落败，两次经商失败，甚至还精神崩溃过一次。

③一个年轻人想成为医生，报考北京医学院落榜，又考，又落榜，再考，再落榜。

④一个人创造发明时失败了很多次，当他试验到第一千多种材料的时候，助手对他说："你已经失败了一千多次了，成功已经变得渺茫，还是放弃吧！"

师：请思索，若是你遇到这些问题，你如何面对？

学生小组讨论后进行汇报。

师：同学们都有自己的解决策略，这些案例都事实存在，想看看最后的结局吗？

出示：

①男孩于心不忍，就帮忙把蛹剪开了。幼小的蝴蝶抖动着翅膀想飞，却发现翅膀无力，根本飞不起来，一阵风雨过来，蝴蝶无法躲避，最后以死亡告终。

②1860年，他再次参加竞选，当选了美国总统。他就是林肯，美国历史上最伟大的总统之一。

③后来，他积极参加戏剧活动，阅读了大量欧美文学和戏剧作品，创作了《雷雨》《日出》等具有很大影响的作品。他就是曹禺，中国现代杰出的戏剧家。

④这个失败的人是爱迪生，当时在做灯丝的实验。他说："到现在我的收获还不错，起码我发现有一千多种材料不能做灯丝。"最后，他经过六千多次试验终于成功了。

师：同学们也许会说，他们能够战胜挫折，是因为他们是名人、伟人，自己是一个普通人，怎么可能做得到呢？

学生纷纷表达自己的想法和见解。

师：其实他们也都是普通人，因为战胜了挫折，才成了名人。他们能做到的，你们也可以做到。请大家拿出刚才填写的"困难和挫折"表格。请大家在后面添上一栏"我还可以这样"，想想有没有更好的方法。

面对困难和挫折，我如何对待？

我遇到过的困难和挫折	原来是怎样对待的（这样对待的原因）	结果如何？	我还可以这样

学生发言后，小结如下：

①发泄：心中有痛苦，可以选择多种方法发泄，如找朋友倾诉、唱歌、旅游。

②信念：坚定自己的信念，相信自己一定可以做到。

③责任：看到自己的责任，知道自己被需要。

④坚强：不报以负面情绪，要激活正面的积极的情绪，顺其自然。

⑤相信：相信困难是锤炼、磨砺和洗礼自己的机会，相信自己会走出困境，明天会更好。

⑥求助：寻找朋友，要善于利用集体的力量。

⑦奋斗：参考名人史，看看司马迁、韩信、张海迪等是怎么做的。

师：是呀，面对困难和挫折，我们有很多办法，所以，我们应该善待挫折，把它作为淬炼自己的一个机会，一块成长的垫脚石。（板书：善待挫折）

【设计意图】通过两难设计，挖掘学生的自我想法，再呈现结果，让学生看到最美丽的结果，启迪学生要善待挫折。重新利用"困难和挫折"表格，添加"我还可以这样做"，启示学生思索更好的方法。

第五版块：善待挫折，笑迎美好的未来

师：战胜挫折，不只名人能够做到，我们普通人也一样能够做到，关键是看你是否有毅力，有没有破釜沉舟的决心。

出示：

★ 普通人"司马迁"狱中遭宫刑，写出了"史家之绝唱，无韵之离骚"的《史记》。

★ 普通人"桑兰"在训练时，意外受伤致残，治疗期间，她微笑面对，毫无抱怨，坚强、乐观、勇敢，被世界称为"伟大的中国人民光辉形象"。

★ 普通人"贝多芬"26岁开始耳聋，创造出《英雄交响曲》《合唱交响曲》等举世闻名的作品，成为最伟大的音乐家之一。

★ 普通人"哈伦德"一生落魄，60多岁时得到第一笔105美元的社会保险支票，他用这张支票开了一家想以此维生的快餐店——肯德基家乡鸡，成为风靡世界的"肯德基"。

★ 普通人"博格斯"，个头只有160厘米，他热爱篮球，没有因为同伴的嘲笑而放弃努力，在篮球场上花了比别人多几倍的时间，成为NBA有史以来创造纪录的矮子。

★ 普通人"蒲松龄"，四次应试举人都落第了。但他并未因此而悲观失望，而是立志要写一部"孤愤之书"，他自警自勉，终于写出了一部文学巨著——《聊斋志异》。

师：这些都是普通人，同学们说说，他们为什么最后都成为了令人敬仰的名人？

学生讨论发言，教师选择有价值的板书。

师：想不想看看他们都是怎么想的呢？

出示：

好学深思，心知其意。——司马迁

我对自己有信心，我永远不会放弃希望。——桑兰

苦难是人生的老师，通过苦难，走向欢乐。——贝多芬

一个人，一生中可以经历无数次的失败，只要有一次成功就够了。——哈伦德

我的确很矮，但篮球不是高个的专利，而是给有才华和够努力的人打的。——博格斯

有志者，事竟成，破釜沉舟，百二秦关终属楚；苦心人，天不负，卧薪尝胆，三千越甲可吞吴。——蒲松龄

师：谈谈你们对这些话的理解。

学生纷纷表示，成功的人都有一颗坚强的心。

师：面对挫折，他们可以，你们也可以，来写一句属于你们的名言，让它激励你们一直向前吧。

学生拟写格言，粘贴在格言栏中。

师：同学们，困难是欺软怕硬的。你越畏惧它，它愈威吓你。你愈不将它放在眼里，它愈对你表示恭顺。希望同学们善待挫折，珍惜挫折，把它作为我们成功的垫脚石，微笑着去迎接美好的未来。

【设计意图】通过展示众多"普通人"成功的经历，透视他们成功的秘密，并让学生试着去模仿，激励学生善待挫折，微笑面对挫折，并落实到行动上。从而凝结自己的名言，完成体验到反思再到感悟的升华。

学生体会与感悟

我最讨厌的就是比赛赢了而洋洋得意的人。不过，想想自己有时也是如此，是不是也被人讨厌呢？胜利了，心情很激动，可以理解。那么，我们失败了，祝贺胜利者，这样岂不更好？大方，大度，从失败中找原因，不气馁，正确面对，总有一天，我们也会成为胜利者。

上了这节课后，我的最大认识是：没有永远的胜利者，却有永远的失败者，关键是我们要调整心态，努力去改变。这节课对我来说，非常有用，好像改变了我的一些心态。

勇敢面对吧！调整自我，接受失败，重新起航，你就是那个最棒的！

教会反思与建议

课堂上，学生会从很多事例中联系自己的思考和做法，看起来有点"口号喊喊"，事实上是心里蛮触动的，就像一位学生有感而发所说的那样："战胜挫折好难，可战胜了，自己就是'成功人士'了，期待我能如愿。"如何在课堂上带学生进入情境，让每一个学生都能有这样的感触呢？建议如下：

①第一版块的"掰手腕游戏"，提供了一个范例。老师们可以选择平时发生过的真实案例引入，如从上次"篮球（拔河）比赛"输了，同学们的心情如何，怎么看胜利方的庆祝行为和言语等等入手，更加实际，更触动人心。

②第二版块，选用"非经典"的塞曼故事，更贴近学生实际。这则故事以悬疑的方式呈现，建议老师引导时，在每段文字出现前尽量让学生去猜测，展现自己的思考，以让学生能将自己纳入角色中，去感受，去经历，从而获得感悟。

③第三版块，可以让学生课前先想想自己遇到的困难，自己是如何面对的，结果如何。让学生有一个初步构思，这样课上填写表格就会容易一些。这个环节主要是让学生能够调整心态，为第四版块正确填写"我还可以这样"作准备，期待学生在学习如何面对挫折后能够有进步，做得更好。

④第五版块，是感受名人遭遇挫折、坚强以对的日后成就及心灵独白，让学生看到内心强大的意义。这里，读的内容较多，建议老师让学生来朗读，不要变成老师的朗诵会。

学会沟通，善于交流

（沟通主题）

 **教育背景**

不良的沟通，是人与人之间产生误解，乃至关系紧张的主因。沟通能力需要从小培养，许多家庭父母与孩子的沟通不畅，有的父母比较强势，而有的孩子非常霸道，导致孩子从小不懂如何好好地与人沟通。长大后，孩子会把这种表现带到学校，带到同学之间，造成生生之间不能良好地沟通、不能友善地交流，经常出现矛盾，从而同学之间关系紧张，影响孩子的身心发展。

因此，让学生形成正确的人际交往态度，学会沟通，提高说话能力，变得善于交流，懂得与人友好相处，遇事能够冷静，获得有效的人际沟通技能，从而建立良好的人际关系，显得尤其重要。

教育目标

·知识目标：学会理解，学会尊重，并掌握正确的沟通方法和技巧。

·情感目标：了解人与人之间是需要沟通的，引导学生从不同角度体会和领悟他人言语的意图，学会理解他人。

·行为目标：善于与人交流，能与同学、父母良好地沟通。

课前准备

小纸条，眼罩，排练情景剧，收集学生中的案例，制作课件等。

第一版块：游戏导入，感悟沟通意义

师：同学们，我们先做一个"传递悄悄话"的小游戏。

组织传话游戏，宣布如下规则：

①每组传一句话。每组第一位同学上台，记住纸条上的话。

②按顺序悄悄传递。第一位同学悄悄地传话给第二位同学，只能说一遍，第二位传给第三位，依次传下去，最后一位同学将自己听到的话写到黑板上。

③传话准确快速。游戏过程中听者不允许提问或做记录，速度最快的小组为优胜小组。

学生板书、反馈。

课件出示传话内容："东边彩霞，西边雨；我爱彩霞，不爱雨。"

师：为什么一句话传来传去就变味了呢？怎样才能把话传准确呢？

学生回答。

引导小结：沟通是双向的，缺乏交流或沟通不好，会造成交往障碍，要学会沟通，善于交流。（板书：学会沟通，善于交流。）

【设计意图】通过"传递悄悄话"的小游戏，调动学生参与课堂的积极性，引导学生体悟：如果沟通不好，很简单的话都能传错。这揭示了人与人之间良好沟通的重要性，让学生明白，只有善于沟通，才能更好地增进彼此间的了解。

第二版块：沟通僵局，剖析深层内因

1. 与父母间的不良沟通

师：不良的沟通，其实在我们身边经常发生。

出示：期中检测成绩揭晓后，东东兴冲冲地往家跑："妈妈，我回来了。我这次考试全是 A，这回我要＿＿。"妈妈回了一句话后，东东觉得特别难受，觉得妈妈一点也不了解他，一点也不体谅他。于是把门重重一摔，气呼呼地躲进了房间，连晚饭也没有吃。

师：在你的身上发生过类似的事吗？你认为，这里的"我"会讲什么？妈妈又会说什么？

生：有，经常发生。可能是"我"想打游戏，看电视，要求买东西，旅游什么的。考试好了，总想着放松一下。（引起了学生的共鸣）

生：妈妈总是回答这个不行，那个不行，所以"我"才那么生气。

讨论：这样的结局你愿意看到吗？谁高兴了？妈妈这么说的意图是什么？"我"该怎么回答比较好？

生：妈妈，我知道您希望我能继续进步，出类拔萃，我会进步！可学习也要劳逸结合呀！今天先满足我的要求，我保证以后更有动力！

生：妈妈，您肯定想我能够夜以继日地扑在学习上，不休息，不放松，可机器也要停工保养的，就当让我保养一次。

师：你觉得这样的回答妈妈满意吗？你沟通的策略是什么？

引导小结：沟通要以平和的态度，商量的口气，先顺着妈妈，再让她答应自己合理的要求。（板书：平和、商量）

2.与同学间的不良沟通

师：接下来给大家讲一个发生在咱们班里的故事。

出示：A和B一起玩，发现C在远处用树枝抽打草地，B开玩笑地说，C疯了，连小草也打。A听后跑去跟C说，B刚才骂你。C听了很生气，看见B在前面走动，就从背后狠狠地踹了B一脚。B痛哭不已……C振振有词：我不允许别人在背后骂我。

师：同学们，从这个故事中你发现了什么？是什么原因造成这样的结局？你怎么看待故事中的A、B和C？

学生纷纷表示，任何事情都要先问清楚，了解事情的缘由，不应该一味地发火，而且要善于沟通，有话要好好讲。

引导小结：了解清楚——沟通的第一个原则。（板书）

3.畅谈良好沟通的条件

师：基于以上两个案例，我们再进一步想一想，良好的沟通到底需要怎样的前提呢？

学生表示，沟通时一定要为别人着想，以心换心，互相理解对方。

（板书：善于理解，换位思考，以心换心。）

【设计意图】不理解对方，是沟通的最大障碍。填空式的案例呈现，挖掘学生日常的真实状况，让学生明白对抗是最无能、最坏的沟通；从学生日常的生活琐事着手，引导学生感悟人际交往中相互理解的重要性，并通过讨论，明白良好沟通的前提条件。

第三版块：充分体验，分享沟通技巧

1.体验信任，享受幸福

师：为什么有时同样一句话，说话的人不同，结果就不同呢？

学生回答。

师：想知道为什么吗？我们来做一个游戏。

出示：

体验活动：选男女各一位学生戴上眼罩，扮盲人，让两位学生各请一位同学扮哑巴，作为自己前行的引路人，聋人带着盲人绕行一圈，跨过三道障碍物。引导过程中聋人不能说话，可以用肢体语言与盲人交流沟通，然后将其带回原位。

学生活动后，接受采访、交流。

问题序号	问盲人（被引路者）	问聋人（引路人）
1	你为什么要请这位同学扮演你的引路人？	你得到邀请感觉如何？
2	被他搀扶着走的时候害怕吗？	你搀扶着他的时候感觉他害怕了吗？
3	你相信他会带着你顺利绕过障碍物吗？	你有信心帮助他顺利完成吗？
4	你从这个游戏中学到了什么？	你的感受是什么？

扮演盲人的学生表示，请的是最信任的人，自然相信他能够帮助自己顺利完成。

扮演聋人的学生表示，被人信任是一件很高兴的事，自然有信心。

师：刚才，同学们提到一个词"信任"，是不是因为信任，所以沟通也就特别好呢？

生：是。

引导小结：相互信任，主动关心，沟通就好。（板书）

2.耐心倾听，学会等待

情景剧表演，准备四张纸条，让四位学生按要求表演。

①学生甲，一副愁眉苦脸的神情，沮丧地走着。碰到同学，就上前诉苦："我最近好烦恼，我的数学考试又不及格了，被老师训了一顿，又被老爸打了一顿。"

②学生乙，一边打着哈欠，一边东张西望的，一副毫不感兴趣的样子。

③学生丙，一副不耐烦的神情："别烦我，没有看到我在忙着吗？别打

搅我，走开走开！"

④学生丁，不停地插嘴："怎么啦？你烦什么？""不会做吗？是你没有听课吧？""是不是考试作弊被老师抓到了，还是玩游戏被老爸发现挨打了？"……

最后，甲无可奈何、唉声叹气地走了。

师：请甲同学谈谈自己在找乙、丙、丁三个同学倾诉后的感受是怎样的。

生（甲）：他们三人都没能为我分忧，都不认真听我的倾诉。

学生讨论、交流。

引导小结：耐心倾听，也是一种人际沟通的技巧，能拥有更多的朋友。（板书：耐心倾听）

3. 讲话艺术，善于沟通

师：请你为国王解梦，考考你的讲话艺术。

出示：有个国王做了一个梦，梦见自己的牙齿一颗颗掉光了。他很不安，传了一个解梦者来解梦。

第一个解梦者说："陛下，这是一个不好的兆头。就像你一颗颗掉落的牙齿一样，你的家人也将一个个先于你死去。"

国王听了大怒，命令将此人投入监狱，并吩咐再传一个解梦者来。

第二个解梦者说："陛下，这是个好兆头。这个梦的意思是，你将比家里所有的人都长命。"

国王听了非常高兴，赏了这个解梦者一大笔钱。

师：两个解梦者说话的意思是否一样呢？为什么一个被送入大牢，一个却得到了奖赏？

学生回答，同样的话，同样的意思，用不同的方式表达的效果是不一样的，看来说话是要讲究艺术的。

（板书：说话需要艺术）

【设计意图】充分利用情景剧，让学生去体验相互信任、耐心倾听是良好沟通的重要条件。通过为国王解梦，让学生明白沟通是需要讲求艺术的。

第四版块：沟通艺术，心动更有行动

1. 寻找沟通能手

师：你们认为我们班级谁的沟通能力是最好的，他是怎样表现的？

生：我认为×××的沟通最好，他在沟通时能做到语气平和、商量。

生：我觉得×××非常善解人意，能够理解别人。

生：我认为是×××，他平时非常关心人，是我最信赖的朋友。

生：×××也非常不错，在我讲话的时候，他总是非常耐心地听完，我非常乐意与他交流。

引导小结沟通技巧：

平时要<u>互相信任，主动关心</u>；

沟通前，要<u>了解清楚</u>；

沟通时，语气要<u>平和、商量</u>；

听人讲话时，做到<u>耐心倾听</u>；

与人沟通的过程中，<u>善于理解，换位思考，以心换心</u>。

2.学会正确沟通

师：如果遇到以下情况，你会如何沟通？

出示：

片段一：同桌约好一起去上课，但由于一人磨磨蹭蹭，结果两人都迟到了，遭到老师的批评。

片段二：甲向乙请教一道简单的数学题。

片段三：下课铃响了，小波有事快步走出教室，不小心碰掉了小鲁放在桌子上的铅笔盒，盒里边的文具撒了一地。小鲁捡起来一看，发现铅笔盒被摔得有些变形了，心里很不高兴。过了一会儿，小波又回到教室。

①面对这些情况，你会说些什么？

②这些现象在班上出现过吗？同学们喜欢用怎样的语言或行为？

③两位同学如果要成为好朋友，他们应该怎么说，怎么做？

学生回答、交流。

引导小结：运用沟通技巧，学会沟通。

3.我能正确沟通

师：请大家回忆以前因沟通方式不对，朋友间发生误会的情景。

学生回忆。

师：接下来，用美丽的语言和动作积极主动地跟朋友沟通。

学生纷纷到发生误会的同学面前去沟通。

【设计意图】通过寻找身边的沟通能手，了解沟通好的同学是怎么做的，梳理沟通技巧，再呈现学生身边的事，让学生运用沟通技巧，寻找最佳沟通方法，使学生能够学以致用，真正掌握沟通的技巧。

第五版块：分享名言，感悟沟通魅力

师：良好的沟通技巧是什么？相信每一个同学的心中都有自己的理解，现在，也请同学们就"沟通"两个字来说一句话。

出示：

沟通，是一切成功的源泉。

沟通，是从对方感兴趣的角度开始谈话。

沟通，是没有硝烟的战争，说得好就能赢得人心，说得不好就会招人讨厌。

沟通，是交流知识，而不是无知地争吵。

沟通，是_____。

学生自主完成后，与大家分享。

师：沟通，是一切成功的源泉，理解和悦纳才能让心靠得更近，期待我们每一位同学都能成为一名善于交流的沟通高手。

【设计意图】分享名言环节，分享的不仅是别人的名言，更是自我感悟，留空让学生自我填写，更能增进学生自我认可，落实到行动上。

（山东省荣成市第23中学宋宏宏老师参与本课设计）

学生体会与感悟

当老师让我们回忆以前因沟通方式不对，朋友间发生误会的情景时，大家刚开始不好意思说。接下来，用美丽的语言和动作积极主动地跟朋友沟通，很多同学都能主动地到发生误会的同学面前去沟通，好多同学都感动得哭了。

尤其是，Q同学到W同学面前去主动承认错误，把以前发生误会的原因归结到自己身上，她说自己态度不好，对W说的话有点重。她说："正因为我们是真正的朋友，所以我跟W之间发生过很多的误会，有时我会说她不喜欢听的话，忠言逆耳啊。"我们被她们深深地打动了。W紧紧拥抱Q，泪流满面。我想这节课真是意义非凡。

教学反思与建议

这节课，学生的情绪和积极性异常高涨，因为学生有学会交往沟通技巧的需求，并在参与中真正体会到良好沟通的好处。如何上得更深入，更拨动人心？建议如下：

①第一版块的传话游戏，跟预期效果一致，操作上并没有难度。若游戏结束后，学生会提出异议，说声音太小，听不清楚等，建议老师进行"这就是真实的传话，难免出现错误"的精准性引导。

②第二版块是学生生活中常见的沟通僵局，让学生畅所欲言不难，不过他们都难免会从自己的角度去阐述，因此关键在于启迪学生看到出现僵局的原因。建议老师引导学生换位思考，多多使用"换成是你，会怎样？"的语言。

③第三版块情境模拟部分，有"聋人给盲人引路"游戏和"学会倾听"情景剧表演，建议老师根据学生的年龄特点来选取，小学或初中七、八年级可以选"学会倾听"的情景剧来表演，初中九年级或高中学生，可以选体验性更强的"聋人给盲人引路"游戏。

④第四版块"我能正确沟通"环节，课堂上有几个学生泪流满面，很令人动容。学生畅所欲言，学会沟通，收获友谊大礼。因此，建议老师在上课前，要尽量寻找到由于沟通不畅造成误会，现在又迫切想消除误会的双方，通过这个环节，让他们消除误会，把课推向高潮。

⑤沟通的班会课，容易老师一言堂，学生被动应答，有问才答。建议老师的课堂语言要少而精，善于用体态语言等，来鼓励和启示学生多发言。

学会微笑，享受幸福

（态度主题）

教育背景

　　微笑是对他人的理解、关心和爱护的表达，是有礼貌、有修养的表现。有人认为，微笑是一个人、一个学校、一座城市、一个国家文明的象征。的确如此，微笑能拉近人与人间的距离。

　　对于学生来说，从小学会微笑，懂得如何微笑，意义重大。如今，个性十足的学生在一起相处，经常会为一些鸡毛蒜皮的事儿，争得面红耳赤，发生矛盾甚至吵架、打架，事后还久久不能释怀，那么应该怎么解决？微笑是一种好方法。鲁迅的一句"相逢一笑泯恩仇"就表达了一笑克刚的神奇力量，表现了微笑的独特魅力。因此，学会微笑，除了在交往活动中发挥重要作用外，还能让学生更好地面对困难、面对人生、享受幸福。

教育目标

　　·知识目标：明白微笑所蕴含的意义和能力。

　　·情感目标：感知微笑的力量，善于利用微笑来传递自己的文明和友好。

　　·行为目标：懂得与同学微笑交往，传递友好和热情，学会在生活中微笑面对自己，用微笑解决生活中的困难。

课前准备

　　准备微笑图及经典故事、笑脸贴纸、课件等，排练情景剧。

教育过程

第一版块：图片欣赏，引入微笑

师：老师带来了同学们的照片哦，认识他们吗？（出示班级学生的照片）

学生兴奋地说出同学的名字。

最后，出示同一个学生的两张不同表情的照片：生气的和微笑的。

师：说说你们对这两张照片的感受。

学生纷纷表示，不喜欢生气的表情，喜欢微笑的表情。

师：为什么喜欢微笑的？

学生纷纷表示，看起来比较友好、真诚，让人看着舒服。

（板书：友好、真诚、舒服）

师：俗话说，笑一笑，十年少。微笑的人是快乐的、友好的，微笑的面孔是最美丽的！今天，我们一起来认识微笑，学会微笑。（板书：学会微笑）

【设计意图】利用班级学生的照片，唤起学生的无限惊喜和快乐，通过同一位同学两张不同表情——生气和微笑的照片，让学生真切感受微笑的魅力，认识到微笑传递出友好、真诚、舒服，从而激起学生进一步去学会微笑的愿望。

第二版块：充分体验，认识微笑

1. 初识微笑

师：再给同学们看一些微笑的照片，请说说此时的微笑表达了什么。

出示：母亲怀里小孩的微笑图片。

生：一种纯真，一种快乐。

出示：怀抱孩子的母亲的微笑图片。

生：一种欣慰，一种幸福。

出示：病床上张海迪的微笑图片。

生：一种坚强，一种坚韧。

出示：毕业典礼学生的微笑图片。

生：一种喜悦，一种欢庆。

出示：出访的国家领导人的微笑图片。

生：一种自信，一种友好。

出示：站在领奖台上的运动员的微笑图片。

生：一种满足，一种骄傲。

出示：呈现各种国内外人们的微笑图片。

引导小结：微笑有一种无法抵挡的魅力，是一种国际语言，无需解释，就足以看出热情和友好！

2.微笑的力量

师：接下来，老师给大家讲一个故事。

出示：在美国，曾发生过这样一件事：在一个偏僻的小镇上，一位黑人上了一辆开往纽约的巴士。此时，车上的白人面对他几乎都是鄙弃的表情。当时黑人地位低，总是受到白人的压迫和排挤。谁也没有想到，这个黑人随身携带着炸药，想在人群密集的地方引爆，来报复那些对黑人不公的白人。

学生沉默了。

出示：巴士在寂静的路上行驶着。

师：你们感受到什么？预计会发生什么？

学生纷纷表示，感受到非常危险和压抑，有可能一车的人都很危险。

出示：有一个白人小男孩却在这时轻轻走到黑人旁边，露出天真无邪的微笑，他说："叔叔，您站了那么久，请坐到我的座位上去吧。"

学生表示，这个黑人会感动，放弃这次报复计划。

出示：就在那一瞬间，黑人的心被触动了，他之前所想的种种报复计划在顷刻间烟消云散了。黑人也微笑着，没有言语，一场灾难就在彼此的微笑中被遏止了。

师：听完故事，你对微笑有什么新的认识吗？

学生表示，微笑能化解人与人之间的仇恨，使人变得善良。

师：的确，一个真诚的微笑，能帮我们化解矛盾，甚至仇恨。（板书：微笑，化解仇恨。）

3.微笑的魅力

师：微笑，真的有那么大的魅力吗？请同学们来看一个情景剧。

学生进行情景剧表演，片段一：

小方匆匆忙忙地走，不小心把小东桌上的水杯碰倒在地上。

小东凶狠地说：你眼睛瞎了，走路都不看，捡起来。

小方生气地说：你才瞎了，没看到不小心吗？不捡，能把我怎么样？

叫着，骂着，两人打了起来。

师：说说，他们俩怎么就打起来了呢？

学生表示，是小东太凶了，小方不甘示弱，就打起来了。

师：那怎么办？

生：只要小东友善一些，就没事了。

师：谁愿意参与到这个情景剧中来，让小东和小方友好地解决问题？

学生进行情景剧表演，片段二：

小方匆匆忙忙地走，不小心把小东桌上的水杯碰倒在地上。

小东微笑地说：嗨！你碰倒了我的水杯了。

小方满怀歉意，微笑地说：哦！对不起，是我走太快了，不小心。我拿起来给你。

小东微笑地说：没关系，我自己来。

师：看了这个情景剧表演，你们更喜欢哪个小东？为什么？

学生纷纷表示，喜欢第二个微笑的小东。

引导小结：微笑能让同学之间保持友好。（板书：微笑，保持友好。）

4.微笑的优点

师：请同学们谈谈微笑有什么优点。

学生分别阐述自己的理解。

师：一些研究人员发现，微笑有以下八个优点。

出示：

①微笑使我们有吸引力。

②微笑能改变我们的心情。

③微笑会传染。

④微笑可以减压。

⑤微笑增强免疫力。

⑥微笑可以美容，让你看起来更年轻。

⑦微笑让你看上去是成功的。

⑧微笑让你保持积极。

学生自由朗读。

【设计意图】初识微笑，感知微笑带来的真诚、美好；利用微笑故事，体会微笑能化解仇恨的力量；通过情境模拟，真切地感知微笑是化解矛盾、保持友好的重要因素。从而让学生体会到微笑的魅力和优点，激起学生进一步学会微笑的愿望。

第三版块：微笑训练，学会微笑

1. 微笑训练营

师：同学们，你们会微笑吗？

生：（齐）会。

师：请几个同学上来给大家示范微笑。

学生开始笑场了。

师：你们对这样的微笑，有什么看法呢？

学生纷纷表示，不像微笑，虽然是笑，但是不真诚，有点搞笑。

师：想学会微笑，让微笑更迷人吗？我们一起进入"微笑训练营"。

★ 放松嘴角肌肉法。尝试发音，发"甜""七""茄子"等音。

★ 互助"咬筷子"练习法。

学生配合示范，用门牙轻轻地咬住筷子，保持10秒后，恢复原来的状态并放松。

★ 个体"镜子"练习法。

拿出镜子照一照，嘴角往上提，露出上门牙6～8颗，眼睛弯弯的。

2. 用微笑说话

学生以说"茄子"、咬筷子、嘴角上提露出门牙的口型，呼唤"同桌名字＋好"。

尝试各种呼唤方式：轻轻地，大声地，温柔地，着急地，生气地。

师：你们发现什么？

生：不管你怎样呼唤，脸上始终能保持微笑。

3. 最美微笑秀

师：踏着音乐的节拍，面带微笑，为"最美微笑"同学，送出自己的"笑脸贴贴纸"。

学生每人限送5张"笑脸贴贴纸"。离开座位，展现自己的微笑，为同学送上"微笑贴纸"，比一比，谁获得的"笑脸"最多。

师：在学习微笑、展露微笑、欣赏微笑的过程中，你感受到微笑给了你怎样的美妙感觉呀？

学生回答。

引导小结：微笑的人最美丽，微笑最动人。（板书：微笑的人最美丽）

【设计意图】懂得微笑的意义，还要学习如何微笑，笑得自然，笑得灿烂，笑得动容，笑得美丽。本环节通过三种微笑训练法，让学生学会微笑，试着以微笑的方式说话，让学生感知微笑的无穷魅力，并通过最美微笑秀，寻找最灿烂微笑，发现微笑的人才最美丽。

第四版块：面对困难，运用微笑

1. 微笑对待同学

师：你有过委屈的时刻吗？

生：有。

师：什么事情让你觉得委屈？那时你最想得到什么？

学生回答。

师：能回忆一下当时的情境吗？

生：上个星期，不小心打了小雷的头，最想得到小雷的微笑。

生：那次错怪了小琪，心里很不安，最想得到小琪的微笑。

……

引导小结：微笑对待同学，是给同学最大的安慰。

2. 寻找"微笑天使"

师：请同学们四人为小组，讨论一下，班级里有哪些同学，最能用微笑来面对同学、解决问题。请同学们交流，寻找班级"微笑天使"。每一个小组推选一名。

学生小组交流、汇报。推选"微笑天使"，并阐述推选理由。老师为"微笑天使"颁发奖牌。

引导小结：只要你能用灿烂真诚的笑容和温情的话语来解决生活中的一些小问题，你就有机会当选"微笑天使"哦。

3. 用微笑解决问题

师：争做"微笑天使"，同学们想不想来试试？相信你们也能做得一样好。

情境模拟：

模拟一： 一位小朋友非常着急地跑来，不小心撞到了你，小朋友一脸迷茫地看着你，此时，你会——

模拟二： 成绩一直非常好的小东，这次数学测试不理想，他垂头丧气，回去怕妈妈责怪，此时，你会——

模拟三： 你值日完毕想锁门回家，可小强还没有完成作业，而且有几道数学题不会，很着急，此时，你会——

模拟四： 你出门前，奶奶叮嘱："路上要小心，上课听老师的，放学后马上回家，不要在街上闲逛……"此时，你会——

邀请学生上台展示，交流。

引导小结：给出错的人一个微笑，那是谅解；给心灰意冷的人一个微笑，那是鼓励；给无助者一个微笑，那是热情和友善；给爱你的人一个微笑，那是感恩和分享。

【设计意图】通过阐述学生委屈时最想得到微笑来引入，让学生认识到微笑的重要性，发现微笑的珍贵。再以寻找"微笑天使"，来激励学生去微笑，争做"微笑天使"。接着通过模拟，让学生学会在遭遇不同境遇时如何微笑，展现自己最美的一面。

第五版块：时时微笑，传递微笑

1.歌唱微笑

师：很高兴看到同学们学会了微笑。其实，微笑也非常讲究，什么时候笑，怎么笑，都有讲究。你们知道哪些呢？

学生回答后，整理。

微笑三字歌

笑一笑，十年少；如何笑，有门道；

见面时，带微笑；大场合，不乱笑；

安静时，别大笑；内心喜，抿嘴笑；

高兴时，哈哈笑；悲伤时，坚强笑；

欢庆时，尽情笑；忘我时，别傻笑；

人落后，莫讥笑；人有难，不暗笑；

有意见，不冷笑；人优秀，善意笑；

让座位，面含笑；名列前，淡然笑。

2.填写微笑卡

师：是呀，学会微笑，还需要我们能够传递微笑，不仅把微笑传递给同学，也传递给家人、朋友和社会上的每一个人。现在，请同学们拿出"微笑卡"，写上一句话，把它送给你们最想要送的人。

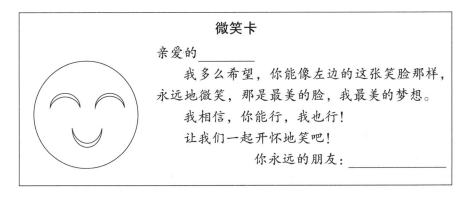

学生填写微笑卡，送"微笑卡"。随机访谈交流。

师：这节课，同学们一起分享了微笑，展现了微笑，期待大家笑口常开，从此踏上精彩的人生旅途。

【设计意图】时时刻刻都微笑，《微笑三字歌》让学生明白何时微笑，真正懂得如何微笑。学会传递自己的微笑，用微笑去感染他人，让他人也接受微笑、学会微笑，把微笑带给越来越多的人。

学生体会与感悟

我最喜欢微笑了，看见别人微笑，我也觉得非常开心、心里暖暖的。

学了这节课后，我更懂得如何微笑，什么场合、碰到什么人、什么情况下微笑，都学会啦！我要时时刻刻地微笑，让大家喜欢我。

而且我也收到很多很多"微笑卡"哦！希望大家永远都能开开心心地微笑着。

教学反思与建议

整节课学生也动起来了，活起来了，每一个人在课堂上都有所展示，对学生来说，这是一节非常有意思的课，一节课都在笑声中度过，课的难度也较小，说不上建议，有几点提醒：

①尽量让每一个学生发言。因为没有难度，学生的回答都是随口即来，举手发言的学生非常踊跃。这时，就要让每一个孩子都有发言机会。

②让学生明白微笑的意义，真正学会微笑，第四版块是这节课的重点。充分利用情境让学生学习微笑，体验微笑，学会微笑，呈现微笑，获得微笑。建议老师可以挖掘学生的日常事，融入"用微笑解决问题"的情境中，来引导学生如何用微笑解决身边事。

③《微笑三字歌》可以多读几遍，可以让学生一边拍手，一边读，增进记忆，活跃气氛，也可以分组、分男女朗读。另外，建议本节课后，把赠送"微笑卡"的活动继续下去。

看见美丽，学会赞美

（赞美主题）

善言暖于布帛，恶言深于矛戟。一个善于赞扬的人，会给人带去更多的温情，收获更多的好感，得到更多人的喜爱，恶言则相反。生活中，每一个人都希望得到赞美，却不善于赞扬。所以，看见美丽，学会赞美，发现他人的优点，并且真诚地欣赏他人，也是一个人的必备能力。

许多学生爱打小报告，看不到他人的优点，对同学的优点不屑一顾。表现为喜欢听别人对自己的赞美，接受不了批评，甚至在老师夸奖其他同学时心怀不满。这种现象，跟学生从小接受过多的单向式赞美、迁就与关心，缺乏"迁就他人、赞美他人、寻找他人闪光点"的锻炼是密不可分的。因此，要引导学生辩证地看待赞美，善于发现他人的美丽，学会欣赏他人、赞美他人，感受到赞扬同学也是一种快乐。

教育目标

·知识目标：认识到赞美在人际交往中的作用，了解赞美是让别人和自己都快乐的事。

·情感目标：体验赞美别人带来的愉悦，受到嘲笑后的沮丧和悲伤，懂得以赞美来鼓舞、激发同学进步。

·能力目标：学会发现他人的优点，能劝阻他人的不恰当行为，懂得以真诚、积极的态度赞美他人。

课前准备

课前让学生进行简单的情景剧排练，收集相关资料，制作课件。

第一版块：谈话导入，初步感受赞美

1. 赞美引入

师：老师发现我们班的同学有三大优点。（学生马上坐端正了）

师：第一，很有礼貌。我一喊"上课"，同学们就整整齐齐地喊"老师好"，还鞠躬说"谢谢老师"，让老师感到非常高兴。（学生开心地笑了）

第二，坐姿端正。从老师走进教室到现在，每个同学都身子笔直，坐得端端正正。（学生身子更直了）

第三，非常专注。从老师进教室到现在，你们的眼神就跟着老师，说明你们很专注，给老师的感觉是：你们非常友好，给人一种信赖的感觉。（学生会心地笑了）

师：根据观察，你们觉得我是个怎样的老师？

学生用各种褒义词形容老师。

师：同学们，听了刚才我们的一段对话，大家的心情怎样？

生：开心！

师：若用一个词来形容我们刚才的对话，我们之间在相互——

生：赞美。

师：对，就叫赞美。（板书：赞美）

2. 赞美同学

师：同学们，你们得到过别人的赞美吗？

学生回答。

师：人家都是怎么赞美你的？能给大家分享一下吗？

学生回答。

师：想不想试着去赞美一下同学呢，像刚才赞美老师一样？

学生同桌之间赞美。

师：听了这样的赞美，你们有什么感受？

生：得到赞美非常开心。

师：赞美，的确让人感到开心。（板书：赞美，让人开心。）

【设计意图】赞美别人，是说好话的一门艺术，正所谓"一句话能把人说笑，也能把人说跳"。教师从赞扬学生的表现开始，以愉悦学生心灵，激发学生对老师的好感。通过师生相互赞美，引入赞美，让学生初步感受赞美。

第二版块：恶言伤人，感受赞美力量

1.恶言最伤人

师：接下来，请大家推选两位同学，来一次拍皮球的比赛。（请A、B两个学生进行30秒的拍皮球比赛）

师：A同学获胜，B同学遗憾落败。你们想对这两个同学说什么？

学生给A很多的赞扬，给B更多的是鼓励。

师：非常好，同学们很会赞美，如果有同学是这样说的——（准备四张纸条，让四个学生根据内容来说。）

甲：A也没什么了不起的，我比他强多了。（神态要求：一脸不屑）

乙：A同学，你也太厉害了吧，看来全校同学没人能比得过你。（语气要求：尽量夸张）

丙：B太差劲了，连A都赢不了。（神态要求：表情鄙视）

丁：哼！B就是一个傻蛋！（语气要求：粗暴强硬）

师：听了这几个同学的话，我想采访一下A、B两位同学。你们有什么感受？

A：非常不高兴，感觉他们虚情假意。

B：太伤心了，我很想哭。

师：当然我们要相信，甲乙丙丁只是按要求读了这几句话，他们本人是不会这么说的，对吧？

生：对。

师：这四句话中，你们觉得哪句话是最伤人的？

学生纷纷表示第四句话侮辱人。

师：那我们暂且就把这样的话，叫作"恶言恶语"，这些话会给他人带去什么？

学生表示别人会伤心，会哭，会失望，会发狂，然后会吵架，等等。

师：是呀，同学们！俗话说"恶言半句六月寒"，恶言会让人在很热的天气里感到无比的寒冷。

出示：恶言半句六月寒。

师：可有的同学说，没关系，说错了，道歉就可以了。你们觉得呢？

学生回答。

师：有人打了这样一个比喻：恶语就像给一棵树钉上一颗钉子，道歉就像把钉子拔掉。（出示图例）

师：你们看到什么？

生：有很多疤痕。

师：即使你把钉子拔了，在树上还是会留下许多疤痕，而且很难抹去。

引导小结：多说赞美的话，不说伤害人的话。

2.赞美有力量

师：有一个关于赞美的故事——《赞美的力量》。

出示：

小明和小军第一天都记住了10个英语单词，小明的妈妈说："太差劲了，才记住10个单词。"小明听了非常沮丧，也很紧张，第二天才记住5个单词。而小军的妈妈说："太了不起了，竟然记住了10个单词。"小军听了非常高兴，心里想这有什么，我还能记住更多，第二天记住了15个单词。

师：同学们，两位同学，第一天都是记住了10个英语单词，第二天为什么会不一样呀？

生：小明被埋怨，心里不高兴，小军被赞美，所以更卖力地去背单词。

师：这个故事中，有四个人物，你最喜欢谁？

学生回答。

出示：善言一句三冬暖。

师："善言一句三冬暖"，赞美是所有声音中最甜蜜、最具能量的一种，所以我们都要——多说善言，学会赞美。（补充课题：学会赞美）

生：（齐）学会赞美。

【设计意图】 这个环节创设一定的情境，让学生去经历、体验"恶言伤人"的感觉。并利用学生日常中经常遇到的赞扬现象进行展开，让学生看到赞扬带来的积极作用，感受到赞扬的力量。

第三版块：情境模拟，学会正确赞美

1.学会真诚赞美

师：如何赞美呢？我们先重温一下《狐狸和乌鸦》的故事。

（出示动画《狐狸和乌鸦》的故事）

师：狐狸的赞美，让乌鸦感到很开心，可是同学们，你们说狐狸是在赞美乌鸦吗？

生：不是，那可都是假话。

生：狐狸虽然是赞美，可都是在骗乌鸦呢！

师：那你们觉得该如何赞美呀？

学生纷纷表示，赞美要真心。

师：是呀！赞美要真心实意，这样人家听了才舒服。（板书：赞美要真心实意）

2.学会正确赞美

师：这样看来，赞美需要技巧，现在老师想问问大家：若遇到以下情境，你们会怎样？

情境一： 你考了一个好成绩，回家后发现辛苦一天的妈妈已经下班，并烧好了你最爱吃的菜，你对妈妈说，你取得了好成绩，可是妈妈并没有表扬你。你会说些什么？

A.责怪妈妈不表扬。

B.干脆不吃饭。

C.我还有更合适的话……

学生讨论。

出示最合适赞美：先表扬妈妈菜烧得好，工作如此辛苦，还能为我们及时准备晚餐。

小结赞美方法：先表扬。（板书）

情境二： 小东的成绩一直不理想，有一次作业写得好，老师表扬了他，你会怎么说？

A.小东就是一个笨蛋，不值得一提。

B.在心里责怪老师，我的作业写得比小东好，却不表扬我。

C.下次小东犯错了，马上告诉老师，让老师批评他。

D.我还有更合适的话……

学生讨论。

出示最合适赞美：赞扬小东非常努力，尤其是字写得漂亮了很多，期待他下次取得好成绩。

小结赞美方法：具体、热情。（板书）

情境三： 爸爸为了锻炼胆小的小强，为他争取了校园歌手比赛的机会，比赛时，小强虽然很投入，却唱跑调了，比赛结果不理想。你会怎么说？

A.小强是一个音乐天才。

B.小强唱得非常烂，还参加比赛呢。

C.我还有更合适的话……

学生讨论。

出示最合适赞美：小强唱得很投入，这种努力的劲头值得学习。

小结赞美方法：恰当、真诚。（板书）

【设计意图】利用《狐狸和乌鸦》的故事，让学生知道，只有真心实意地赞美，才会让他人有真切的感受。并根据实际场景进行练习，尝试去"赞美"，让学生充分体验真实情境的赞美，学会自如地在实际生活中运用，增长本领，达到教育目的。

第四版块：学以致用，赞美他人行动

1. 我会赞美

师：其实，我们每个人都希望得到他人的肯定与赞美。看到这些场景，你会怎样赞美？

出示：

图1：交警在指挥交通。

图2：一位同学背着另一个受伤的同学。

图3：老师在批改作业。

图4：解放军在救援。

学生按图表达赞美。

2. 赞美同学

师：想不想再试着赞美一下同学，并让他感受到你的赞美？

出示：

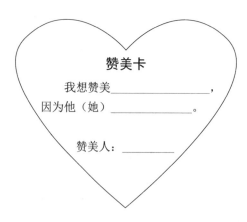

赞美卡

我想赞美_____，
因为他（她）_____。

赞美人：_____

学生填写赞美卡并发言。

师：（采访两位受赞扬的小朋友）被同学赞扬，你的心里是什么感受呢？

生：非常高兴。

师：你赞扬了同学什么？

生：赞美了他的优点。

师：每个人都有优点，我们要学会欣赏，赞美他人，不仅让他人快乐，也让自己快乐。（板书：学会欣赏，快乐自己。）

师：同学们，你们觉得在什么时候赞美比较合适？

学生发言。

引导小结：与人见面时，开心时，沉默时，得到帮助时，受到认可时，当别人和你见解一样时，当别人需要得到赞美时，有时甚至是别人责怪你时。

3. 善于赞美

师：是呀！还可以赞扬别人的声音、经验、能力、眼光、善良、有思想等等，赞美要有具体内容。我们来看一个《学会赞美同学》的小短文。

出示：

请赞美他（她）帅（美丽），如果不帅（美丽）呢？

那就赞美他（她）聪明，如果不聪明呢？

要赞美他（她）可爱，如果不可爱呢？

那就赞美他（她）活泼，如果不活泼呢？

要赞美他（她）学习好，如果学习不好呢？

那就赞美他（她）努力，如果不努力呢？

那就赞美他（她）有创造力，如果没有创造力呢？

那就赞美他（她）幽默，如果不幽默呢？

那就赞美他（她）____，如果不____呢？

那就赞美他（她）善良。

师：从这个小短文中，你读懂了什么？

生：赞美，要多多去发现别人的优点。

师：我们还可以赞美什么？

生：勇敢、坚强……

师：是呀！每一个人都有自己的长处，关键是我们要善于发现，善于赞美。

引导小结：我们不比谁长得漂亮，我们只比谁更加可爱，更受欢迎！我们有美丽的眼睛，更要有善于发现美丽的眼睛。

【设计意图】本环节从三个方面让学生领略赞美，学会如何赞美，并让学生明白长得美丽，不如变得可爱，学会赞美才是变得可爱的法宝。

得到别人的赞美，心里真是美滋滋的。其实，赞美别人时，看到他们因为我的赞美感到快乐，自己也快乐，跟别人赞美我一样快乐。老师说，这是"赠人玫瑰，手留余香"。希望自己有很多的"玫瑰"，让更多的人感到快乐！这节课上，我还学到了许多赞美的方式，懂得了要善于赞美，赞美需要真诚。

我还发现，给予他人赞美，自己也会得到很多赞美。

教学反思与建议

这是一节比较开心的课，学生异常活跃，举手发言的积极性很高，课的进程也异常顺利。不过学生的赞美容易重复，为让学生深有感触，需要注意以下细节：

①第一版块是老师的"赞美引入"和学生的互赞，低年级学生容易学舌，别人赞美什么，他也赞美什么，建议老师提醒学生，要有与众不同的赞美，赞美同学没有发现的优点。

②第二版块中拍皮球比赛后四位学生的"恶言"需要真实体验，可让学生提前排练，掌握表情和语言。而两个拍球的孩子不参与排练，这样现场体验会更强烈，尤其是失败者才会有更真实的情感表露。

③第三版块"学会正确赞美"情境题出示后，先不出示答案，可以发动学生先谈谈怎么处理，通过谈话透视学生日常的应对方式，然后再出示答案，让学生看到最佳答案。

④第四版块，送"赞美卡"需要注意的是，要让每一个学生都能收到赞美卡，获得赞美。因此，课前要有方案，或送同桌，或送朋友，或互送，提前布置，做到有备无患。

珍惜朋友，消灭"敌人"

（交友主题）

教育背景

每一个孩子在成长的过程中，会遇到许多聊得来的朋友，也会遇到看不顺眼，特别别扭的所谓"敌人"，而"敌人"的出现，会让学生在学习和生活中出现不适，为一点点鸡毛蒜皮的事情，闹矛盾、闹纠纷。因为一点点的"看不顺眼"，就互为"死对头"，互相抗衡，徒增烦恼。

引导学生理解朋友的含义，发现与朋友在一起的幸福，激发学生珍惜友情，善待朋友的情感。学会如何对待"敌人"，正确认识"敌人"，懂得"化敌为友"，显得非常必要，这也是学生成长过程中必备的一项技能。要让学生在日常生活中，团结友爱，愉快生活。

教育目标

·知识目标：明白友情的重要性，及"敌人"是怎么来的，懂得消除敌意的方法。

·情感目标：感受友情带来的舒适感和"敌人"带来的压迫感，激起消灭"敌人"的情感，懂得如何化敌为友。

·能力目标：学会珍惜友情，善待"敌人"，发现"敌人"的优点，真正与人为善。

课前准备

课前收集同学的优点和"黑名单"，班级学生的生活和学习照片，制作课件等。

第一版块：畅谈班级生活，引入课题

师：老师收集了一些同学平时生活和学习的照片，请大家看看。（课件播放配乐照片）

师：看了照片，你们有什么想说的？

生：老师，那张照片中，小方特别帅，干活特别起劲！

生：我觉得我们过得太幸福了。（鼓掌）

生：我们很活泼，很可爱吧。（众笑）

师：聊聊我们班级里还有哪些开心的事儿吧！

学生畅所欲言。

师：看来同学们还有很多不为人知的开心事，这些开心的事儿，你们都是跟谁在一起？

生：跟朋友在一起。（板书：朋友）

【设计意图】利用班级学生的照片引入，唤起学生对平时生活、学习的回忆，让学生感悟与朋友在一起的幸福时刻，活跃课堂气氛，也为下一个环节寻找朋友以及寻找朋友的优点埋下伏笔。

第二版块：罗列朋友的优点，畅谈幸福

1.亮出我的好朋友

师：同学们，我们这节课就"朋友"这个话题来聊聊。（出示一张班级孩子的照片）

师：这是谁？

生：×××。

师：谁是他的朋友？

学生汇报。

师：在班级里，你还有其他好朋友吗？说说好吗？

学生分别说出自己的好朋友，并邀请他们站起来。

师：跟自己的好朋友上课，一定特别有意思，对吧？

学生纷纷表示对。

2.罗列朋友身上的优点

师：真好，我觉得我们班同学呀，人缘都特别好，都有好朋友。那么，你的好朋友身上有哪些优点值得你喜欢和欣赏的呢？请大家拿出优点单，罗列一下。

优点单

好朋友姓名 _____
优点如下：
1. 学习方面 _____。
2. 特长方面 _____。
3. 性格方面 _____。
4. 品行方面 _____。
5. 其他方面 _____。

学生填写完毕后，交流。

生：我的朋友吴××，她特别爱学习，很勤奋。

生：我的好朋友季××，她画画很好。

生：我的好朋友刘××，他有一个优点就是几乎从来都不撒谎。（鼓掌）

生：我的一个朋友，她特别会演讲，口才特别好。

生：我的好朋友，特别乐于助人，经常会帮老师或者同学做一些自己力所能及的事情。

师：是不是觉得好朋友的优点特别多，你特别喜欢他身上的优点？

学生纷纷表示对。

（板书：好朋友优点多）

3.畅谈与朋友一起的幸福时光

师：朋友身上的优点值得我们去欣赏，我们喜欢跟朋友在一起，对不对？

生：对。

师：跟好朋友在一起的感觉如何？

生：很快乐！

生：很幸福！

生：有意思！

生：有趣！（鼓掌）

师：能举一个跟好朋友在一起特别幸福的例子吗？跟大家一起分享。

学生介绍。

师：既然跟好朋友在一起这么幸福，你会怎样对待你的好朋友呢？

学生纷纷表示要珍惜友谊，爱护好朋友。

（板书：珍惜友谊，爱护好朋友。）

【设计意图】通过寻找朋友，罗列好朋友的优点，发现好朋友的优点是自己喜欢与之交往的原因，畅谈与好朋友在一起的幸福时光，感受与好朋友在一起的幸福感觉，让学生明白好朋友的重要性，激发珍惜好朋友的情感。

第三版块：搜寻我的黑名单，抒发心声

1. 说说我的"敌人"

师：可是，在班上，也会有一些人，让我们觉得——

生：讨厌。

师：讨厌。对，这样的人，我们就暂时称他为——

生："敌人"。

（板书："敌人"）

师：那么，现在就让我们去搜索一下同伴当中让人讨厌的人。说说你们的"敌人"吧！请像我这样说。

出示：

> 我的"敌人"叫：小花猫。
>
> 我讨厌他，因为他的嘴边老是有脏东西。
>
> 他的缺点，就是不太注重卫生，记性也不太好。
>
> 他的优点是，有好东西与我分享，也很热心。

师：（提醒）你看，我很厉害哦！告诉你们我的"敌人"，可你们都不知道他是谁。我真是保密到家了，看看你们是不是也能做到。

学生汇报：我讨厌她老是撒谎。他的习惯不好。他的脾气不好。他总是骂人……

师：是呀，有这些毛病的小朋友，真让人讨厌，对不对？（板书：讨厌毛病）

2. 搜索我的黑名单

师：这节课呀，老师给你们一个机会。什么机会呢？来看看。

出示：

我的黑名单

我的"敌人"叫：_____。

我讨厌他，因为他_____。

他的缺点，就是_____。

他的优点是，_____。

填写要求：①不写真名；②要保密；③用词不伤害他人；④不让别人看到。

生：写黑名单？

师：对，按要求填写，要保密，可以吗？

学生填写黑名单后交流。

生：我的"敌人"，他叫大胖嘟；我讨厌他，因为他的行为不好，不讲卫生，老说脏话；他的缺点是从不带抹布，所以他的桌子可脏可脏啦；他的优点是乐观，从不生气。（鼓掌）

生：我的"敌人"，他叫 LCZ；我讨厌他，因为他爱抄我的作业；他的缺点是非常缠人，甩不掉，不给他抄决不罢休；他的优点是不撒谎，不打架。（鼓掌）

生：我的"敌人"叫"神偷"；我讨厌他，因为他爱说脏话，他的缺点是上课爱抢老师的话；他的优点是多才多艺。

师：把掌声送给他。（鼓掌）

师：介绍得差不多了吧！那么，对于这些"敌人"的缺点，你有什么感觉？给你带来什么了？

学生纷纷表示，敌人给自己带来了"压迫感""感觉不舒服"。

师："敌人"的存在，总是会带给我们一些困惑和不舒服的感觉，怎么办？

学生表示，这些人"惹不起，躲得起"，"把他当作空气"，"防着他，不让他看到我的任何东西"，等等。

（板书：远离"敌人"）

【设计意图】寻找生活中的"敌人"，以保密的方式介绍，阐述"敌人"的缺点及自己不喜欢他的理由，发现"敌人"的存在给自己带来了"压迫感"和"不适感"。本环节让学生自我表露，为下一个环节对学生进行集体辅导作准备。

第四版块：一起制作"敌人派"，共尝共赏

1."敌人派"里加点什么？

师：除了远离"敌人"，还有什么好方法呢？老师带大家来看看——（出示食品"好丽友派"的图片）

生：好丽友派。

师：是的，派有很多种，里面有什么，就叫什么派。（出示黄桃派、红豆派、苹果派等的图片）

师：想吃吗？

生：想。

师：今天，老师推荐给你们一款派。（板书："敌人派"）

生："敌人派"。

师："敌人派"里面夹什么？

生：夹着一个纸人，咱们把它当作是"敌人"，把它吃掉。

师：对敌人已经到了深恶痛绝的地步。

生：我觉得它里边儿可能夹着你的"敌人"的优点，你把它吃下去就可以看到他的优点。（鼓掌）

有的学生表示，只夹"敌人"的缺点，什么爱撒谎，臭脾气，等等。虽然这样会很臭，不好吃，但吃了他的缺点，他就变得很优秀了。夹了缺点的"敌人派"会有毒，吃了身体会不舒服，不过这样头号"敌人"就不见了。

师：是的，同学们，你们现在怎么看这个"敌人派"？

生："敌人派"是化敌为友的。（鼓掌）

师：真棒！同学们，这个"敌人派"里，你们觉得应该加些什么？

学生纷纷表示，可以加友情，加爱心，加宽容，加"敌人"的优点，这样的"敌人派"就会变得非常好吃。

师：我觉得我们班同学都太棒了，我都忍不住要为你们鼓掌。那这么个神奇的派，你们想不想做？

生：想。

师：做派有个秘诀。（课件出示"秘诀"）自己先念念看。可以将你自己刚才感觉到的东西加进去。

生：（拍手念）加点水，撒些糖，拌上信任和宽容，搅一搅，烤一烤，大笑一声哈哈哈，烤出一个"敌人派"，哈哈，"敌人"不见了！

2. 一起制作"敌人派"

师：好，有了秘诀，接下来，我们就来制作"敌人派"。

小组合作：①一个一个轻轻说自己的"敌人"，选出一个"敌人"。②一起好好想办法，如何为他（她）私人定制"敌人派"。③2分钟时间，先自己思考，然后再小组交流。

生：撒蜂蜜，加红枣，拌上快乐和宽恕，搅一搅，烤一烤，对着他说声悄悄话，咱俩和好吧。咦，敌人消失了！

师：写得好！看来，你真的已经会做"敌人派"了。还有不一样的吗？

生：我想逗他开心，我见过一个小盒子，盒子打开，里面弹出弹簧，弹簧上面有个古怪的小娃娃，我想以这种方式逗他开心。

师：把掌声送给她。还有吗？

生：我画了个埃菲尔铁塔，他非常喜欢建筑物，尤其是一些著名的。我送给他这个，相信他会喜欢，这是我的一份心意，也代表我要跟他和好。（鼓掌）

生：敌人是可以转变为朋友的，而朋友是不能转变为敌人的。（鼓掌）

师：其实对于这句话，我有自己的看法，敌人是可以化为朋友的，像刚才那位同学说的，叫什么？

生：化敌为友。（板书：消灭"敌人"的方法——"化敌为友"）

生：我觉得再好的朋友也有缺点，"敌人"再不好，也有他的优点。（鼓掌）

生：我觉得只要学会包容，就能发现"敌人"身上的优点，就能化敌为友。而且这种方法非常简单，我以前以为化敌为友是非常难的。

生：敌人不是永远的，但朋友是永远的。（鼓掌）

师：若你表现出最大的善意，那个"敌人"还是变不成朋友，那你该用怎样的心态去面对？

学生回答。

引导小结：敌人和朋友，只有一步之遥。会沟通，能宽容，会分享，能接纳，就能化敌为友，即使不能化敌为友，也要善待他人，给自己的生活增添更多的快乐。

【设计意图】讨论如何制作"敌人派"，里面放什么，非常形象地让学生感悟放缺点和仇恨，会恶心到自己，很臭也很脏；只有放宽容、爱心、友善等这些"甜蜜的馅"，才会好吃。随后通过制作敌人派，让学生尝试把"黑名单"上的"敌人"放在派中，加入"甜蜜的馅"，让学生学会发现"敌人"的优点，做到化敌为友，善待他人。

（浙江省温州市鹿城区教师培训和科研中心王晓君老师参与本课设计）

学生体会与感悟

"我们好幸福！""好喜欢这节课。"

其实，当老师让我写出自己的"敌人"时，我非常紧张，很害怕同学会把我当作"敌人"，可当老师说，要保密、不写出对方的真名时，我心里好高兴。这样的方式，我非常喜欢，他们可以说出我的缺点，让我知道自己该如何改进，却又不用说出我的名字，多好！我也可以放心地说出自己的"敌人"，希望他能听懂。

我有点讨厌"敌人"，可当我把"敌人"的缺点夹在"派"里，准备吃掉时，觉得好恶心。于是就想"敌人"的优点了，"派"里夹优点会感觉吃起来好一些，想着，想着，优点越来越多，反而开始喜欢"敌人"了。

教学反思与建议

这节课基本上是在对话中进行，非常灵动，举手的学生很多，若关注不及时、不到位，容易导致学生失望。因此老师要更多地关注学生，更多地进行引导。提示注意以下几点：

①启迪为主。尽量启迪学生，让学生多说话，第一、二版块，需要学生多多开口，畅谈朋友的优点及朋友带来的好处，分享与朋友在一起的快乐时光，有利于加深同学情谊，有利于学生发现他人的优点。

②接好下茬。第三版块，是比较敏感的环节，寻找"敌人"，稍有不慎会激发学生矛盾。因此，老师需要巧妙引导，尤其是要求说缺点而不说姓名，描述特征而不带指向性等。学生难免会有所影射，需要老师巧妙地接好下茬，帮学生圆话，做到畅所欲言而不尴尬。

③深入挖掘。第四版块，一起制作"敌人派"，共尝共赏，是希望吃了"敌人派"，可以化敌为友，但不是所有的"敌人"都可以变为朋友。建议老师在课堂的最后再追问一句，再深入一些，让学生拥有与人为善的心态，明白即使成为不了朋友，也要与他人友好相处，坦然面对。这样也许更完美。

艺术化教育

悦纳自己，快乐成长

（悦纳主题）

教育背景

　　青春期的孩子，不管是活泼开朗的，还是内向敏感的，其实潜意识里都深藏着一颗自卑的心，或因对自己容貌的遗憾，或因对自己能力的质疑，或因对自己性格的不满……因此，要想方设法开启学生紧闭的心门，让他们发现原来人人都会对自己不满意，正所谓"人无完人"。既然人无完人，那就要学会自我欣赏，放大优点，自我接纳。因此，对学生进行有关自我认识、自我接纳、自我完善等方面的引导是很有必要的。本课，期待通过相关活动，让学生学会正确地认识自我、悦纳自我，从而开发潜能、完善个性，不断塑造自己强大的内心，快乐成长。

教育目标

　　·知识目标：了解积极的自我评价对个人成长的意义和作用，学会客观地认识、评价自己的优缺点，形成比较清晰的自我整体形象。

　　·情感目标：明白每个人都有自己的优缺点，每个人都是独特的，学会欣赏自己、欣赏他人。

　　·能力目标：能在认识自己的长处中欣赏自己，在认识自己的短处中悦纳自我，增强自信，快乐成长。

课前准备

　　对学生进行调查，准备图片、白纸、彩笔，制作课件等。

第一版块：活动引入，发现独特

师：跟别人比过吗？都比什么？比的结果怎样？

学生回答、交流。

师：老师还想你们跟同学比一比，比比你们的脸，请大家拿出镜子，照一照，看一看，跟小组里的同学比一比，跟同学有什么不同？

生：我的脸比较黑，其他同学都比我白，但我的鼻子比他们都高一些。

生：我的下巴很长，眼睛比他们的都大一些。

生：我的眉毛特别粗，嘴巴也比他们大一些。

……

引导小结：我们每一个人都是独特的，都是独一无二的！

【设计意图】从比较引入，再进行简单的比一比脸有什么不同的活动，让学生比较自己和同学的脸，发现每个人都是不一样的，是独一无二的，为之后的活动进程作好铺垫。

第二版块：发现自我，认识自我

1. 参与调查，感知自我

师：那么，你是一个怎样的人呢？让我们先来认识一下自己，好吗？请同学们诚实地完成下面这张表格。

自我满意度调查表

内　容	满意度			
	很满意	较满意	一般	不满意
① 当我看到自己的容貌时，我感到				
② 当我看到自己的身高时，我感到				
③ 当我想到自己的性格时，我感到				
④ 对自己的情绪调节能力，我感到				
⑤ 对自己的人际交往能力，我感到				

内　容	满意度			
	很满意	较满意	一般	不满意
⑥ 对自己的＿＿＿＿＿，我感到				
⑦ 对自己的＿＿＿＿＿，我感到		'		
我一共得到	（　）个	（　）个	（　）个	（　）个
我最满意的是＿＿＿＿＿，最不满意的是＿＿＿＿＿。				
我对自己的总体评价：				

　　活动规则：完成"认识自我"表格，在每一项的相应的满意度下打"√"，表格空格处可以自己补充。

　　2.小组交流，表露自我

　　师：完成表格后，请同学们相互分享，看看你们都是怎么看待自己的。

　　小组同学交流分享：①分享自己最满意的方面；②分享最不满意的方面，不满意的原因，希望得到什么样的帮助。

　　3.全班分享，发现自我

　　师：哪一个同学能代表小组进行交流和汇报，跟同学们分享一下，你们小组有什么发现？

　　小组一：我们小组发现，原来大家对自己不满意的地方都比满意的多。

　　小组二：我们自己不满意的地方，在同学看来，反而是比较满意的。

　　小组三：我们发现自己的不足总是多一些，说明我们对自己都不好一些。（笑）

　　小组四：大家对自己不自信，每个人都有不足的地方。

　　师：是呀！人无完人，那么，面对如此不完美的自己，应该怎么办呢？

　　学生纷纷表示，要对自己好一些，自信一些。

　　引导小结：认识自我，悦纳自己。（板书）

　　【设计意图】利用"自我满意度调查表"的填写，引导学生通过对比，小组交流，去发现每个人对自己的不满意都会多一些，而很多不满的地方在同学看来却并非如此，从而学会正确地认识自己，评价自己，更明白"人无完人"的道理。

第三版块：无"完美"人，感悟"接纳"

1.接纳自己，成就自我

师：说起"悦纳"的话题，老师想到一个人。他是谁呢？让我们先来看一张画像。（出示林肯画像）

师：有人说他长得像一只猴子；他的走路姿势相当难看，双手甩来晃去简直丑陋不堪；有人曾经因为他长得丑陋而要杀他。

师：如果这就是你，长得如此丑陋，你会怎么样？

生：我会很难过，怕被别人笑话。

生：我会很讨厌自己，不敢照镜子。

师：可是这个长得如此难看的人却是一个了不起的人，是美国历史上一位伟大的总统，知道他是谁吗？

生：林肯。

师：你觉得林肯若不自信能成为美国总统？

学生纷纷表示，林肯肯定是个很自信的人，他不觉得长得难看丢脸。他很努力，才会成功，成为了总统。

师：除了林肯，我们身边还有这些人，你们知道他们吗？

出示：

亚里士多德（图片）——沟通能力有障碍，但他是位有名的哲学家。

孙膑（图片）——腿上有残疾，但他是中国古代杰出的军事家。

海伦·凯勒（图片）——失明，《假如给我三天光明》的作者。

爱因斯坦（图片）——曾遇上学习障碍，但是他在科学上的成就有目共睹。

贝多芬（图片）——失聪，但是他是乐坛上的巨人。

师：看看他们有什么共同的地方？

生：取得了巨大成就的名人，都很了不起。

生：都不是完美的人，都有缺陷。

生：都很坚强。

……

引导小结：不要因为自己长得丑陋而自暴自弃，欣然地接受不完美的自己。要自信，积极地去发现自己的长处。（板书：发现自己）

2.面对缺陷，如何接纳

师：面对缺陷，是不是只有这些伟大的人才懂得接纳自己呢？

学生有的表示是，有的表示不是。

师：若有的缺陷连自己都不可原谅，那该怎么办呢？

生：有时会讨厌自己，会感到伤心。

生：改正缺点，发扬优点吧。

师：让我们来看一段视频吧！（播放视频《黄美廉——我看自己蛮可爱》的片段）

有一个女孩，从一出生就罹患了脑性麻痹，运动神经和语言神经受到伤害。她从小只能全身软软地卧在床上或地上，口水常常不停地往外流，没有一点智力正常的样子。医生判定她活不过 6 岁。但她却靠着无比坚强的毅力与信仰的扶持，在美国拿到了艺术博士学位。有一次，她应邀到一个场合演"写"（不能讲话的她必须以笔代口），会后提问时，一个学生当众小声地问："你从小就长成这个样子，请问，你怎么看自己？你都没有怨恨吗？"这个无心但尖锐的问题让在场人士无不捏一把冷汗，生怕会深深刺伤她的心。

（师暂停视频）

师：同学们，你们觉得她被人当众戳到了痛处，会怎么回答？

学生有的表示，她会坚强地笑着，把苦涩留给自己；有的说，她会很伤心，不过很快就笑了，非常坚强；有的说她会控制不了自己的情绪。

（继续播放视频）

只见她回过头，用粉笔在黑板上吃力地写下了"我怎么看自己？"这几个大字。然后，笑着回头看了看大家后，又转过身去继续写着：

★ 我好可爱！

★ 我的腿很长很美！

★ 爸爸妈妈这么爱我！

★ 上帝这么爱我！

★ 我会画画！我会写稿！

★ 我有只可爱的猫！

★ 还有……

师：看到这里，你想说什么？

生：太震撼了，黄美廉坦然接受自己的缺陷，很开心地看到自己所拥有的东西。

生：并且她能发现自己身上的优点，这也是接纳自我。

生：她身体这样都能写稿，画画。我想，黄美廉肯定是付出了很大的努力才得以成功。

引导小结：爱护自己，接纳自己。（板书：爱护自己）

【设计意图】什么是"悦纳自己"呢？通过呈现林肯的图片，让学生了解他长得丑陋却成就非凡，引导学生懂得成功需要悦纳自己。"普通人"黄美廉的故事带给大家震撼，让学生懂得悦纳自己，喜欢自己，爱护自己。

第四版块：展示优点，行动起来

1.畅想优点，我好棒！

师：找找自己的优点，写在"我怎么看自己"的优点单上，并请你像黄美廉那样看到自己拥有的东西。

"我怎么看自己"优点单

★ 我_____！

★ 我_____！

★ _____这么爱我！

★ _____这么爱我！

★ 我会_____！我会_____！

★ 我有_____！

★ 还有_____。

优点发现人（姓名）：_____

学生汇报，大家都报以掌声。

2.忽视缺点，我能行！

师：你不满意的地方，自己可以接纳吗？

学生纷纷表示能。

师：请大家按以下方式操作。

出示：

①把你刚才填的"自我满意度调查表"中"不满意"下面的"√"用笔圈起来。

②想一想，这些内容你能否通过努力改变？在努力后的满意度选项下面画☆。

③有些项目若无法改变，请悦纳自己的缺点，在满意度下面打"√"。

师：好了吗？让我们来交流一下，请你用下面的句子写一句话。

出示：虽然我_____，但是我_____；我一定快乐接纳自己，不断完善自我，快乐成长！

生：虽然我的学习成绩一般，但是我喜欢篮球、爱好运动，将来希望成为一名出色的运动员。我一定快乐接纳自己，不断完善自我，快乐成长！

生：虽然我长得很矮小，但是我结实、健康、幽默、阳光。我一定快乐接纳自己，不断完善自我，快乐成长！

生：虽然我手上的毛很多，但是我手很白，很长。我一定快乐接纳自己，不断完善自我，快乐成长！

……

引导小结：在这里，"虽然"是一种缺憾，"但是"却流露出你悦纳自己的大气，播下自我完善的种子。

【设计意图】引导学生接纳不完美的自己，发现自己身上的优点，利用黄美廉的书写方式，来填写优点单，寻找自己的优点，强化优点。把自己调查表中不满意的地方，改为努力的方向，让宣言"接纳自己、完善自我、快乐成长"成为一种动力。

第五版块：悦纳自己，快乐成长

1. 互写优点，挂优点树

师：你前方有一棵很特别的树——优点树，请大家把自己的优点单粘贴在果实上面，也给同桌写一个他自己没有发现的优点。

引导小结：每个人身上都蕴藏着一个巨大的宝藏，它里面藏着我们的优势和潜能。我们没有理由不喜欢自己。（板书：没有理由不喜欢自己）

2. 名言赠送，殷殷期望

师：在这里，坐在我们教室里的每个孩子都是独一无二的，老师希望每个人都欣然地接受自己，完善自我，快乐成长。

出示：

悦纳自己

我庆幸自己是世上独一无二的，

我的天赋在我身上，

我长得如何，没有关系，

我是否聪明，也没关系，

只要我耕耘自己生命的园地，

弹起生命中的琴弦，

生命之路，将五彩缤纷，

生命之歌，也动听无比！

学生有感情地朗读。

师：若让大家给本节课取一个课题，该取什么好呢？

生：悦纳自己，快乐成长。（板书）

【设计意图】引导学生接纳自己，希望每个学生都能健康快乐地成长。利用优点树，互写优点，引导学生发现优点，完善自我，悦纳自我，自信、快乐、健康地成长。

（浙江省瑞安市安阳实验小学胡晓聪老师参与本课设计）

学生体会与感悟

这节课震动了我的内心，帮我解答了一直以来解不开的疑惑。在班级中我是班长，大家都很羡慕我，老师也很喜欢我。可是大家都不知道，我其实很苦恼，因为我的左额头有一片暗红的胎记，难看死了。我一直留着很长的刘海，使劲地挡住，有时真想拿刀片刮下来，就怕被同学发现。

通过这堂课我突然明白了，这红胎记就是我独一无二的地方，我既然无法改变，就应该接纳它。课堂上，我说：虽然我长了红胎记，但是我觉得它很可爱，再加上我那么勤奋，那么认真，我爱自己。

教学反思与建议

这堂课上，看到学生从上课初的小心翼翼，到课中的会心微笑，到下课时的满脸阳光，我也释然了，说明学生的内心真的被打动了。建议如下：

①第一版块的"比脸"非常敏感，学生容易从是否漂亮去比较，建议老师提醒学生说一个优点，说一个不足，让学生明白是比独特性。

②第二版块，填表这一环节在操作上是本堂课的难点，可能会出现学生随意填写，或者不好意思填写真实想法的情况。建议老师引导时，要求学生实事求是地填写。为了真正打开学生心扉，老师也可以先填写一张有关自己的表格：真实地呈现对自己容貌、性格、能力等的不满意，并具体阐述。让学生看到老师的真诚，以激发他们勇敢诚实地填表。

③第三版块是这节课的精彩所在，两个颇有个性的人物——"林肯"和"黄美廉"的事迹带给学生震惊的同时，也真正地解开了学生的心结，让他们懂得如何接纳自己，如何发现自己的优点。这一环节，要把握两个主要问题：林肯是如何接纳自己的丑陋的？黄美廉是如何接纳自己的残疾的？

合理饮食，健康成长

（饮食主题）

教育背景

　　民以食为天，食为生活之源。健康饮食，是生命安全的保障，良好饮食习惯是身体健康地生长、发育的重要保障。合理的饮食对疾病会起到治疗的作用，帮助人体恢复健康。相反，不良的饮食习惯，则会导致人体正常的生理功能紊乱。健康饮食，在当今社会，已成为一个很热门的话题。

　　许多孩子喜欢吃零食，甚至偏好一些不健康的食品，不注重营养及饮食安全，以至于因经常食用不健康、不卫生的食品导致身体生病或者严重营养不良。因此，引导学生理解和关注饮食卫生、饮食营养和饮食心理，学会安全选购食物，合理搭配营养，适当调节饮食心理，学会健康饮食，显得非常必要。

教育目标

　　·知识目标：能初步判断食品是否安全，懂得一些饮食安全的基本道理，明白健康饮食是身体健康的重要因素。

　　·情感目标：有较强的健康饮食的观念，懂得合理饮食。

　　·能力目标：能自觉养成饮食的良好习惯，做到健康饮食，保持身体健康。

课前准备

　　学生课前调查垃圾食品及其危害；教师准备课件等资料。

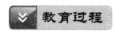 教育过程

第一版块：动画引入，展现美食危机

师：喜欢看动画片吗？看过《天降美食》吗？今天，老师给大家带来一段。（播放精华片段）

天上源源不断地掉美食：汉堡、香肠、鸡腿、牛排……人们欢天喜地，食来伸手，开始不劳动、不干活，渐渐地，大家都成了胖子，大腹便便。最后，不得不考虑停了美食机。

（影片片段引得学生阵阵欢笑）

师：很有意思的影片，对吧！我们不得不佩服影片中的天才科学家弗林特·洛克伍德，他通过不懈的努力、创造，让美食从天而降。可为什么最后又要停了美食机呢？

生：美食太多了，大家出行都不方便。

生：大家不停地吃，不劳动、不干活，都失去劳动能力了。

生：吃得太多，营养过剩，缺乏运动，容易得很多疾病。

生：都是吃一些高营养、高热量的事物，人都变成胖子了。

（师板书关键词：营养过剩、高热量、不劳动、疾病、胖子）

师：同学们，回答得非常好！刚才，老师选取了你们回答中的一些关键词进行了板书。从这些关键词中，你们发现了什么？

生：看来，食物太多，太容易得到，也不是什么好事。

生：饮食要合理，不能吃得太多。

生：暴饮暴食会导致身体出现肥胖，引发疾病。

师：是的，饮食也是一门学问，今天我们就来一起探讨这方面的知识。（出示课题：合理饮食，健康成长）

【设计意图】动画片是学生喜欢的，《天降美食》从另一个侧面反映了美食带来的危机，人们若不节制地、不加选择地吃，会导致许许多多的健康问题，如肥胖、疾病等等。让学生在影片中看到问题所在，更容易帮助学生反思饮食问题，明白合理饮食的重要性。

第二版块：饮食调查，了解自我习惯

师：在《天降美食》中，人们陷入了美食的狂欢，毫无节制地吃、吃，打乱了以前该有的饮食习惯，最后遭遇了危机。那么，同学们，你们觉得自

己的饮食习惯好吗？这里有一张饮食习惯调查表，请同学们认真填写，看看自己能得多少分。

饮食习惯调查问卷表

（请选择相应的数字序号填在括号里，请同学们实事求是地作答。）

1. 你通常每天吃早餐吗？（　　　）

①每天都吃　　②饿了才吃　　③有时间才吃　　④经常不吃

2. 如果早上没课，你会坚持吃早餐吗？（　　　）

①天天吃　　②起得早就吃　　③和中餐一起吃　　④不吃

3. 你的三餐有规律吗？（　　　）

①有　　　　　　　　　　②多数情况下有

③有时有，有时没有　　　④基本没有

4. 你的日常饮食追求的是什么？（　　　）

①营养均衡　　　　　　　②偶尔会注意营养搭配

③吃饱而已　　　　　　　④喜欢吃什么就吃什么

5. 你是否坚持每天吃新鲜的水果或蔬菜？（　　　）

①每天都吃　　　　　　　②2～3天吃一次

③1～2周吃一次　　　　　④从来都不吃

6. 面对不健康却好吃的食物，你会（　　　）。

①坚决不吃　　　　　　　②1～2周吃一次

③2～3天吃一次　　　　　④每天都吃

7. 你是否经常用方便面或零食来代替正餐？（　　　）

①从不这样　　　　　　　②1～2周吃一次

③2～3天吃一次　　　　　④经常如此

8. 你的饮食态度是（　　　）。

①讲究营养搭配　　　　　②吃好吃的，但适可而止

③能吃饱就好　　　　　　④好吃就多吃点

9. 如果你发现自己有不良的饮食习惯，会改正吗？（　　　）

①马上改　　　　　　　　②过一段时间再说

③看情况　　　　　　　　④不去理会

★请把填写的数字序号相加，序号①代表1分，序号②代表2分，序号③代表3分，序号④代表4分，看自己得了_____分。

★ 根据你的得分，对照下面的数据，看看就此发展，将来的自己，会是哪种情况。

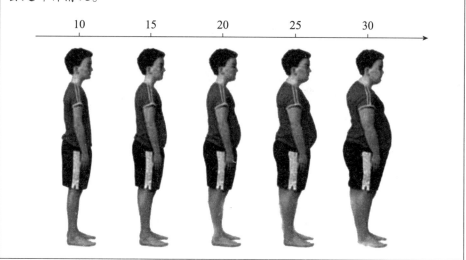

师：统计好了吧？你在哪个位置？

选择学生汇报。

师：这个统计结果，虽然只是一个参考，但可以为自己提供一个努力改进的依据。好好努力，合理饮食，才会健康成长。

【设计意图】自我检测，更容易帮助学生了解自己饮食是否合理。清晰地看到自己的数据，通过对比看到自己未来将是怎样的情况，让学生在欢笑中反思，在快乐中看到自己的不足，激起进一步了解健康饮食知识的兴趣。

第三版块：食品展示，了解垃圾零食

师：刚才的调查第九条是"不良的饮食习惯"。根据你们的了解，不良饮食主要指哪些方面？

学生回答。

师：刚才有很多同学提到了"吃不健康却好吃的食物"，课前，有部分同学也进行了相关的调查，我们一起来看看哪些食品属于"不健康却好吃的食品"。看，他们来了！

学生戴头饰，进行介绍。

生：我是油炸食品，如棒棒牛、薯片、薯条、炸鸡等等。我的优点是好吃，真好吃，小朋友们非常喜欢我。可我的危害是热量高，会让你变得很

胖、很胖，嘿嘿！

生：我是方便面。开水一泡就可以吃了，好香哦！闻到了就很想吃。缺点嘛，就是没任何营养，经常吃，你就会营养失调。

生：我是烧烤类食品。烤羊肉啦，烤牛肉啦，鲜嫩可口，柔嫩多汁，浓浓的烧烤味儿，真好吃！可我嘛，就是有点毒性，损坏你的肾脏和肝脏。

生：好甜呀！好清凉呀！我是冰淇淋、雪糕、可乐，我是冷冻甜点、奶油制品。小朋友最爱吃我了！生日也少不了我，我就是糖分很高，吃多了你会胖，长肉，长肉，让你走都走不动，哈哈！

生：我是火腿、香肠，很香，很好吃，人们也非常爱吃我。我是加工的肉类食品，我有很多防腐剂，有很多亚硝酸盐，会损害你的肾功能哦！

生：我是罐头类食品，如桔子罐头、鱼罐头，虽然我的味道很美，可是我的大部分营养素都被破坏了，没有多少营养。

生：我是咸菜、泡菜等腌制食品，也许小朋友们不喜欢我，但我也要说，大人们呀，你们要少吃哦！我盐含量超标，吃多了容易损害胃肠道。

生：我是动物内脏类食物，如肝、肠、肚等，很有营养。都说吃什么补什么，可我也含大量脂肪和胆固醇，很容易会让你发生心脏病和恶性肿瘤哦！

生：我嘛，酸酸甜甜，很好吃，女生最爱！我是话梅，我是蜜饯。可我也不能多吃哦，糖分多、盐分多，会导致你血压升高，肾脏负担加重哦！

师：谢谢同学们，你们的调查非常到位，表演也非常出色。这么多垃圾食品，如果让你们根据自己经常吃的进行一个排序，应该是怎样的？

学生排序：油炸食品，烧烤类食品，奶油制品、冷冻甜点，方便面，加工肉类食品，罐头类食品，话梅和蜜饯类食物，腌制食品，动物内脏类食物。

师：这个排序也让同学们更加清楚地看到，越排在前面，以后就越需要学会控制，少吃，甚至不吃。（板书：少吃或不吃垃圾食品）

【设计意图】展示学生在课前调查的垃圾食品，让学生充分了解垃圾食品有哪些，以及这些食品的危害；通过排序，让学生进一步深刻知晓自己平时最喜欢的垃圾食品是什么，以便在今后能够及时地去控制自己的饮食。

第四版块：营养饮食，合理搭配最佳

师：可能有很多同学说：啊！原来有这多自己喜欢的食品，竟然是垃圾食品，那我们吃什么呀？

生：多吃水果、蔬菜。

生：多吃米饭、面条。

生：麦饼也可以吃。（笑）

……

根据学生回答，出示图片：蔬菜、鱼虾、新鲜肉、豆类、蘑菇、面条、米饭、豆浆、牛奶、油条、煎饼、牛排。

师：是的，归纳起来，我们的食品有四类：奶类、肉类、果蔬、五谷（板书）。这些食物已经保障了人所需的三大营养素：糖类、脂肪和蛋白质。你们能分分类吗？

学生分类。

师：那么，大家平时一日三餐吃多少呢？这里有一张一天的食物情况表，请同学们填写一般情况下一天的饮食，看看谁吃得最合理。

我的一天饮食情况表

餐　别	早餐	午餐	晚餐	平时
食品类型				
数　量				
时间（打√）	每天、经常、偶尔	每天、经常、偶尔	每天、经常、偶尔	每天、经常、偶尔

选个别学生汇报自己每日的饮食情况。

师：你们觉得自己的一日饮食情况合理吗？

学生有的说合理，有的说不合理。

出示：

小明一天的饮食情况

早餐，小明吃两个肉包子，喝1杯牛奶，带上1个苹果到学校吃。

午餐，他吃了2小碗米饭，吃了50克的鱼，50克的肉，1小碟蔬菜。

晚餐，他吃1个窝窝头，外加1碗米粥，1个鸡蛋，1份拌豆腐，1小份黑木耳。

当医生的妈妈说，小明一天的食量，做到了早中晚3:4:3能量分配比，非常合理。如果小明晚上做作业做到比较晚，就早一点烧一小碗面条给他吃。

师：在这份资料中，同学们读懂了什么？

学生回答。

师：请你们对比一下自己的饮食情况，反思一下自己有哪些不合理的地方。

学生进行对比、汇报。

小结：合理膳食，营养搭配。（板书）

【设计意图】让学生寻找有营养的食品，了解人一日所需营养。通过让学生填写自己一日的饮食情况表，去对照、反思自己膳食是否合理，看到什么才是营养搭配。这个环节的相关知识渗透性呈现，做到让学生在不知不觉中内化。

第五版块：饮食宣言，护我健康成长

师：刚才提到了"早中晚 3:4:3 能量分配比"，我们有一句非常通俗的话来诠释，那就是：早餐要吃饱，中餐要吃好，晚餐要吃少。

学生试读。

师：是呀！合理饮食，还有很多这样的小诀窍。你们想知道吗？

生：想。

师：请大家根据今天所学的内容，自己来写一句。

学生汇报后，小结出示：

数字合理饮食宣言

早餐吃饱，中餐吃好，晚餐要吃少；

六分粗粮，甜咸适宜，吃七八分饱。

多吃水果和蔬菜，营养均衡身体棒；

常喝牛奶或豆浆，身体健康又长寿；

健康饮食很重要，助我快乐健康长。

学生朗读、熟记。

师：今后，大家要每日、每周对自己的饮食情况作统计，我们每一个月评选一次"营养膳食达人"，希望人人都能做到，都合理地安排自己的饮食，快乐健康地成长。

【设计意图】根据所学内容形成易懂、有趣的饮食宣言，朗朗上口，更容易让学生接受，更容易记住。最后，通过鼓励人人去做"营养膳食达人"，把本课的内容进行了延伸，并落到实处。

想到美食，我都流口水，妈妈说我是一个不折不扣的"吃货"。《天降美食》里的一个个大胖子，满嘴油腻，有点可怕。通过自测，我还得了个高分，一对照发展趋势，竟然是一个胖子，这不是好事，我需要克制自己了。

学了这节课，我的感受是，不能一味地吃好吃的，我们喜欢的那些"香的、辣的"都是高热量食品，甚至是垃圾食品。不好吃的，也要学着吃一些，比如蔬菜啦，一些粗粮啦！合理膳食、健康饮食，不仅能减少疾病，还可以延年益寿。想想，也挺美的。

教学反思与建议

饮食，是学生非常熟悉的内容，切身的感触自然最深。所以，学生积极性很高，发言非常积极，当然回答离题而跑偏的自然也多。因此，如何引导学生深刻认识是关键，建议如下：

①第一版块，播放精选的《天降美食》片段，引发学生讨论。这个话题，学生讨论时容易跑偏，建议老师要牢牢把握，引导学生集中讨论"美食造成的现状"而不言其他。

②第二版块，主要是根据调查进行对照，让学生发现自己未来的发展趋势。为了节省时间，为了更加准确，可以在课前先让学生认真、实事求是地填写调查表，到课堂上，再把对照图发给学生，让学生去对比、发现，引发学生的高度重视。

③第三版块，"不良饮食"的调查，可以让学生自由地谈，老师精选学生的回答板书即可，不引导，不评判，把自主权完全交给学生。

④第四版块，是重点内容，引导学生合理膳食，这里也要求老师尽量少说，多给学生一些机会让他们去自我表露，自我小结。

⑤最后的饮食宣言非常有趣，也朗朗上口，可以让学生多朗诵几遍，加深印象，当然学生若能记下就更好了。

每日坚持，点点进步

（坚持主题）

教育背景

学生在学习上常有一步登天的念头，这显然不利于学生成长。让学生明白"做好一点，进步一点"，任何进步，都是一点一滴积累的，是很有现实意义的。在学生的印象中，"水滴石穿""积沙成塔"似乎只在书本上看到，现实中的"每日进步一点点"，"积跬步，以至千里"的例子非常少见。因此，本课通过创设各种情境，让学生"亲身体验""一点点"带来的巨大变化，明白"一点点"的力量虽然微小，但却是巨大变化的原因和基础，懂得量变引起质变，很多事情特别是学识、素养的形成都是日积月累的结果。

教育目标

·知识目标：懂得"每日坚持，点点进步"的道理，明白进步就是今天总是比明天好一点点，而且需要持之以恒。

·情感目标：积极树立每日进步的理念，培养学生积极进取的人生态度。

·能力目标：使学生养成坚持不懈的精神，坚持每日积累，及时完成各项学习及其他任务。

课前准备

收集照片及相关资料，制作课件等。

第一版块：课堂引入，一点点致巨变

（出示一张蝴蝶的照片）

师：相信同学们都知道这是什么。

生：蝴蝶。

师：蝴蝶有一对美丽的翅膀，靠它们来飞行，可你们知道，如果蝴蝶扇动翅膀，会带来什么？

生：很多蝴蝶一起飞的话，漫天彩霞，像花仙子把花撒下来一样美丽。

师：上个世纪 70 年代，美国一个名叫洛伦兹的气象学家在解释空气系统理论时说，巴西亚马逊雨林一只蝴蝶扇动翅膀，也许两周后就会给美国得克萨斯州带去一场龙卷风。你们觉得可能吗？

学生纷纷表示不可能，蝴蝶扇动翅膀的风是很小的，怎么可能会形成龙卷风呢？

师：我们一起来看一个资料。

出示：蝴蝶翅膀的反复运动，导致其周边空气系统发生微妙的变化，从而产生一股微弱的气流。而这股微弱的气流，又会引起四周空气相应的变化，继续诱发一系列连锁反应，导致天气系统更大的变化，依此类推，最终产生出一场威力无比的龙卷风。这就是著名的"蝴蝶效应"理论。

师：同学们看了这则资料后，对"蝴蝶效应"有什么自己的理解？

学生纷纷表示，原来是一点点的气流聚集成了威力巨大的龙卷风，像一滴滴的水汇集成大海一样。

引导小结：任何一个一点点的微小变化，最终都可能会带来一场"翻天覆地"的巨变。（板书：一点一滴，巨大变化。）

【设计意图】通过美丽的蝴蝶图片引出"蝴蝶效应"，让学生明白一点点变化可能引起巨大变化，从而引出课题，为下一个环节作铺垫。

第二版块：真实呈现，坚持带来巨变

师：如果说"蝴蝶效应"是从理论的角度诠释了一点一点引起巨大变化的话，接下来，请大家一起来看一个真实的故事。

出示：当年，美国一家报纸曾刊登过一则令人心跳的启事：一家园艺所重金征求纯白色金盏花，高额的奖金让许多人跃跃欲试。但在千姿百态的自然界中，金盏花除了金色就是棕色，能培植出白色的新品种，那简直就是上天揽月。

师：如果换成你，你会怎么做呢？

生：从一点一滴做起，肯定能成功的。

生：我也是这么想的，刚才从"蝴蝶效应"中我们知道，任何一个巨大的变化都是从一点一滴开始改变的。

师：那么，现实又是如何呢？我们一起来看看。

出示：许多人一时冲动试过之后，就把那则启事抛到了九霄云外。

师：这种现象，说明了什么？

学生表示，因为太难了，所以很多人坚持不下去，也觉得没有必要坚持。

师：是不是就得不到纯白色金盏花了呢？

生：应该会吧，总有人会坚持的。

师：若真的有，那你们觉得应该需要坚持多久？

学生大多猜测 2 到 10 年，也有说 100 年的。

出示：20 年后的一天，那家园艺所意外地收到了一封邮件，里面居然是 100 粒纯白色金盏花的种子。

师：竟然真的有纯白色金盏花出现，用了多少时间？

生：20 年。

师：是呀！ 20 年，为什么不早一些寄过来呢？

生：也许，是用了 20 年实验，才有真正的纯白色金盏花出现。

师：是呀！你们能猜测出这位成功者的年龄吗？

学生猜测。

出示：寄件人是一位年已七旬的老太太。她在 20 年前偶然看到那则启事后，便执著地干了下去？

师：你们猜对了吗？同学们想象一下，这位令人肃然起敬的长者，又是如何执著地干了下去的？

学生纷纷表达了自己的想法，有说利用高科技的，有说来了外星人，有说花仙子看到她这么执著被感动了，等等。

出示：她撒下了一些最普通的种子，精心侍弄。一年之后，金盏花开了，她从盛开的花朵中筛选出最淡的花去栽培。次年，她又撒下这些花的种子，再从这些花中挑选出颜色更淡的花去选种栽培。就这样，日复一日，年复一年，终于在 20 年后的一天，看到一朵白色的金盏花，如银似雪，美极了。

师：她是怎么干的？用了什么方法？

生：想不到竟然没有用高科技，只是用了最原始、最简单的方法。

生：婆婆的方法很简单，就是挑出最淡的花选种栽培，明年再挑出最淡的，年复一年地坚持，奇迹发生了。

师：在这个故事中，你们得到了哪些启示？

学生讨论、交流。

小结："一点点"的力量巨大，"持续稳健地每次进步一点点"，能创造出"翻天覆地"的奇迹。

【设计意图】金盏花的故事非常经典，是对由一点点改变到翻天覆地变化的极致诠释。这个环节通过悬疑呈现，带领学生入情入境，从中感受到发生翻天覆地的变化其实并没有秘诀，就是一点一点地坚持，从而感悟一点一点进步的真谛。

第三版块：寻找实例，感受巨变奇迹

1. 例举周边环境的变化

师：你们身边有这样因为每日一点一点变化，最终发生巨变的例子吗？

生：我家不远处的一栋大楼，每天建设一点点，很快一栋非常高大的楼就拔地而起了。

生：我和爸爸妈妈，前段时间去上海，经过"杭州湾跨海大桥"了。在茫茫的大海上，经过工人们一点一点的建设，一座雄伟的大桥建成了。

生：我们学校的花园，本来是没有的，工人叔叔们每天建设一点点，现在建成了，非常美丽哦！

......

2. 从差异图片中发现变化

师：同学们能在下面的图中，看见变化吗？

呈现出对比图片：小小树苗→参天大树；崇山峻岭→万里长城；稚嫩婴儿→耄耋老人；城区旧貌→都市新区；荒芜土地→丰收果园。

学生汇报。

师：你们认为，这些巨大的变化都是怎么发生的？

生：都是一点一点引起的巨变。

3.寻找并发现身边的变化

师：在你们的身边，有没有哪个人，或是自己，也是这样一点一点改变，最后发生巨大变化的？

生：我爸爸以前很胖，后来他每天坚持跑步锻炼，现在身材已经很好了。

生：我妈妈要求我每天记住5个英语单词，我现在已经积累了3000多个单词了。

生：×××同学以前数学成绩不是很好，后来他每天坚持做练习，现在已经非常好了。

……

引导小结：任何变化，都不是一蹴而就的，都是一点一点改变的，最后发生巨大变化。

【设计意图】通过寻找身边的例子，让学生真切地去感受一点点引起巨变的震撼结果，从而提升认知，深刻感悟一点点的意义，明白自己坚持一点点，改变一点点，终将取得巨大进步。

第四版块：改变自己，每日进步一点

1.制订改变计划

师：我们似乎发现了一个诀窍，任何巨大的变化、进步，都是从一点一滴开始的。那么，请大家找一找自己有哪些方面最需要进步，写出来，然后给自己列一个每日进步的计划，好吗？

出示：

"做好一点，进步一点"计划表

序　号	需要改变的内容	每日坚持如何做	坚持时间	备　注
1				
2				
为了改变，我决心坚持每日做好一点点，进步一点点！ 　　　　　　　　计划人：　　　　　制订时间：				

学生汇报计划。

师：请大家好好地去履行这份计划，"千里之行，始于足下"，期待大家如愿，取得成功。

2.展示成功公式

师：关于成功，有一个数学公式。

出示：100% 态度 ×100% 勤奋 ×100% 方法 =100% 成功

师：这个公式告诉我们什么？

生：要想取得 100% 的成功，需要付出 100% 的态度，还有 100% 的勤奋，更需要有 100% 的好方法。

师：是的，需要全身心投入才行。如果改变一下，或是打点折，或是加倍努力，结果会怎样呢？请同学们尝试一下，然后算出结果，看看会怎样。

学生分组尝试后，呈现结果：

$50\% \times 50\% \times 50\%=12.5\%$

$60\% \times 60\% \times 60\%=21.6\%$

$70\% \times 70\% \times 70\%=34.3\%$

$110\% \times 110\% \times 110\%=133.1\%$

$120\% \times 120\% \times 120\%=172.8\%$

师：你们发现什么？

学生通过寻找规律，发现：每个乘项只增加了 10%，也就是 0.1，而最后的结果却大不同。

师：如果每天进步一点点，那么一个月 30 天、一年 365 天，差异就更大了。再来看一个神奇的公式。

出示：

$1.01^{365} \approx 37.8$

$1^{365}=1$

$0.99^{365} \approx 0.03$

师：你们有什么新的发现？

生：每天进步一点点，365 天的结果将是 37.8。

生：每天都是原地踏步，365 天的结果仍然是 1。

生：如果每天退步一点点，哪怕是 0.01，365 天后结果竟然只有 0.03，天哪！

引导小结：如果每日少付出一点，结果将是大幅退步，收获寥寥；而如果多付出一点，结果将是迅速提高，收获满满。

【设计意图】让学生选择自己最需要进步的地方，并制订计划，给学生一个自主寻求进步的空间，有目标地实施，以求取得进步。成功公式的引入，让学生在计算中获取震撼的结果，让学生感受每日进步一点所带来的巨大变化，燃起进步之情。

第五版块：感悟名言，作好坚持准备

师：不断积累，持之以恒，才会有收获。智慧的人民给我们留下许多名言，我们一起来看看吧！

出示：

不积跬步，无以至千里；不积小流，无以成江海。

斧头虽小，但经历多次劈砍，终能将一棵最坚硬的橡树砍倒。

成大事不在于力量的大小，而在于能坚持多久。

师：你们还知道哪些类似的名言？

学生例举：

只要功夫深，铁杵磨成针。

有志者事竟成。

天下无难事，只怕有心人。

不经历风雨，怎能见彩虹。

师：这样的名句还有很多很多，同学们下课可以继续收集，也可以收集一些成功人士每日进步一点，最后取得巨大的成功的故事，然后跟同学进行交流。

师生共唱歌曲《阳光总在风雨后》；齐读：只要坚持每天进步一点点，我一定会取得最终的成功！

【设计意图】这个环节旨在通过感悟名言、寻找名人故事来激励学生，让学生懂得任何一个成功都不是简单获得的，而需要努力坚持，慢慢积累，从而激励学生去做一个能进步、会坚持的人。

学生体会与感悟

一只蝴蝶扇动翅膀，微不足道，蝴蝶翅膀反复运动、导致四周空气变化，最终会形成一场龙卷风。我似乎明白了一个道理：每天进步一点，是看不见的，无数个日子每天都进步一点，就会有惊人的变化。

这节课带给我最大震动的，不是蝴蝶，而是那个公式，每天进步一点和每天退步一点的变化竟然如此惊人。那个纯白色金盏花的故事，让我看到，日复一日，年复一年，只要坚持，就能改变。

为了改变，我决心坚持每日做好一点点，进步一点点！相信自己，我肯定能行。

教学反思与建议

本课学生对蝴蝶效应还是有点怀疑，总觉得这么一点点微风怎么可能形成龙卷风呢，对其他的变化还是能感同身受的，能认识到微小的变化可致巨大的改变。对于如何引导和启迪，让学生自我发现、自我进步，达成共识，需要注意以下几点：

①第一版块引入部分，美丽的蝴蝶和可怕的龙卷风，设计中只有一段文字描述，学生还是有一些怀疑，建议上课老师加入图解，有气流形成的解释图和龙卷风过后的景象图，效果会更佳。

②第二版块，纯白色金盏花的故事，悬疑呈现，要注意引导学生去猜测，根据自我能否做到去判断，而不是毫无根据地乱答，小结好这一故事的启示。

③第三版块是寻找身边的变化，需要学生课前完成。很多老师有所顾虑，觉得课前先收集会不会让课失去神秘感，其实不然，学生通过收集明白点滴变化的道理，也可激起学生上课的期待，展示自我收集的愿望，对课堂活动的展开有利。

④第四版块是计算变化，建议使用计算器并分组进行，课前可让数学老师教会学生如何使用，以期待学生在课堂上能快速、准确地计算。

⑤感悟部分也非常重要，不必刻意让学生去收集有关进步的名言，课堂随机回忆即可，营造感性的、即兴的课堂气氛，学生会更有积极性，更兴奋。

心怀梦想，量"励"而行

（梦想主题）

教育背景

在全民共同追求梦想的时代，媒体过度宣扬成功人士的梦想，让许多人迷失了真我。没有梦想的人很难找到人生的定位，因此，有的家长很早就给孩子设定教育梦想，强势甚至不切实际。这反而导致很多孩子或不敢做梦，或做不好梦，更不知道怎样实现一个人生的美梦。

青春期的学生正面临人生的第一个转折点，对于他们来讲，未来是一个新的拓展空间，他们需要梦想的支持，需要拥有追梦的勇气与力量。因此，要引导学生认识到梦想的重要性及意义，明白实现梦想是一个长期的过程，要心怀梦想，自我激励，勇敢前行。

教育目标

·知识目标：引导学生认识到梦想的重要性及意义，学会制订追梦计划。

·情感目标：让学生体会梦想与现实，明白实现梦想是一个长期的过程，或是一个有可能失败的过程，鼓励孩子分阶段前行，享受每一个阶段的快乐。

·能力目标：让学生有梦、敢想，能尝试从多个方面评估自己的梦想。

课前准备

《出彩中国人》《激情唱响》的视频剪辑，PPT 课件，梦想计划书（红色小本子），四人小组小题板。

 教育过程

第一版块：点梦，新起航

师：同学们，你们有过梦想吗？

学生纷纷表示有。

师：愿意晒晒自己的梦想吗？据统计，愿意拿出来晒的梦想，实现的概率可以提升一倍。

生：真的？

师：是的，今天，咱得赶紧把梦想晒出来，让老师和现场的同学来见证我们的梦想。

出示：

★ 丑小鸭的梦想是——变成天鹅

★ 癞蛤蟆的梦想是——吃天鹅肉

★ 我（老师）的梦想是——成为学生喜爱的有名望的班主任

师：下面轮到你们了！

呈现一名学生的照片，他的梦想是当一名舞蹈家。呈现全班学生照片，问：你们的梦想是什么？指名三名学生回答。

生：我的梦想是——当一名经济学家。

生：我的梦想是——做一个旅行家，游遍大好河山。

生：我的梦想是——成为一名足球运动员。

出示：梦想还是要有的，万一实现了呢！——马云

师：你们怎么看这句话？

学生回答。

引导小结：人需要梦想，有梦想，就有成功的一天。

【设计意图】利用谈话的方式，引入梦想，让学生谈梦想，激起学生对梦想的渴望。出示马云的话，这种简单而又有道理的短句，传递给学生一个最朴素而又有哲理的道理，也奠定了本节课轻松又引人思考的基调。

第二版块：有梦，要分享

1.一个老师的梦想分享

师：我们都要有梦想，老师一直心怀梦想，想知道老师现在的梦想吗？

生：成为学生喜爱的有名望的班主任。（笑）

师：是呀！有时为了时时提醒激励自己，我把自己的梦想写下来，这是我的梦想单。

我的梦想单

我的梦想：成为学生喜爱的有名望的班主任

2.一群小伙伴们的梦想分享

师：你们也把自己最想实现的一个梦想写在红色梦想单上！给大家一点时间把自己之前考虑好的梦想用一句简短的话写下来。

我的梦想单

我的梦想：_____

完成所需时间：_____

预计困难：_____

会放弃吗？_____

学生填写梦想单。

师：梦想不分大小，每一个梦想都具备推动我们前进的力量。那么实现梦想需要具备哪些条件呢？我们一起聊聊吧。

学生开始梦想分享。

生：我的梦想：当一个漫画家。

　　完成所需时间：十年。

　　预计困难：也许得不到别人的欣赏，或许学习时间太紧。

　　会放弃吗？不会。

生：我的梦想：当一个美食家。

　　完成所需时间：十五年。

　　预计困难：拥有属于自己的一家餐厅，需要一大笔积蓄。

　　会放弃吗？相信自己不会放弃。

引导小结：有梦想，需要坚持，只有永不放弃，才能最终实现梦想。

【设计意图】有梦才有行动目标，每个人都有梦想，老师也一样，和学生一起谈梦想，和学生一起晒自己的梦想清单，更容易引起学生的共鸣。用清单的形式把梦想写下来，清清楚楚，便于学生进行梦想评估行动，学会为梦想坚持。

第三版块：敢梦，需估量

1.梦想评估游戏

师：每一个梦想都值得尊重，在这个全民追梦的时代，我们只要打开电视机就能看到许多关于梦想的节目。你知道有哪些节目吗？

学生回答。

出示：《中国梦想秀》《超越梦想》《中国好声音》……

师：这些节目有什么共同的特点？

生：以表演演唱的梦想为主，有明星来当评委或梦想评审。

师：对，我们姑且称之为"梦想评估"吧！今天我们在谈梦想，不如也来体验一次梦想评估吧！先做梦想观察团，找到评估梦想的条件。请看游戏规则：

观察组织：四人一组为一个观察团

观察对象：一个玩航模的小伙子

一位想成为歌手的大姑娘

观察与思考内容：一个人实现梦想到底需要什么条件？

观察结果：团队内部讨论出结果后，请把你们的答案直接写在题板上。（写关键词即可）

播放视频：《出彩中国人》中玩航模的人；《激情唱响》中仅凭借勇气登场的歌者。

师：细细梳理一下实现梦想所需要具备的条件吧！出于对追梦人的尊重，请各位观察团成员接下来一定要注意看，请大家别放过任何一个细节。

学生以小组为单位，进行梦想观察，填写相关题板。

师：梦想不分大小，每一个梦想都具备推动我们前进的力量。那么实现梦想需要具备哪些条件呢？我们一起聊聊吧。

学生亮出梦想条件关键词：坚持、勇气、机会、行动、兴趣、能力、学习……

师：请看这些条件，讨论一下，缺少了某一个条件，梦想还会实现吗？

学生讨论。

引导小结：可能因为具备了某一个条件，梦想会迅速实现；学习、坚持、行动三个关键词必不可少。

【设计意图】借助他人的例子让学生观察，发表自己内心最真实的看法。剖析他人梦想实现的关键词，让学生开始正视自己的现实与梦想的差距，分析梦想实现的条件，激励学生去实现梦想，启迪学生"追梦，迈步行"。

第四版块：追梦，迈步行

师：对照这么多条件，再看看你的梦想，你还敢去追梦吗？让我们一起踏上追梦之路，先看看别人是怎么追梦的吧。

1. 成功者的追梦之路

师：有这么一个人——

出示：

> 他的追梦之路：
>
> 1964 年 10 月 15 日出生于杭州，中考考了两次。
>
> 1982 年，他经历了第一次高考落榜；1983 年，再次参加高考，再次落榜；直到 1984 年，第三次高考，勉强被杭州师范学院以专科生录取。
>
> 1988 年，去了杭州电子工学院，任英文及国际贸易讲师。
>
> 1992 年成立海博翻译社，第一个月全部收入 700 元，房租 2000 元。为生存下去，背着大麻袋到义乌、广州去进货，海博翻译社开始卖鲜花，卖礼品。
>
> 1994 年海博翻译社营收持平，1995 年开始赚钱。…………

师：你们能猜到他是谁吗？你们知道他一路走来，直到 2014 年，实现了怎样的梦想吗？

学生猜测。

师：他就是那个说"梦想还是要有的，万一实现了呢"的阿里巴巴创始人——马云。

出示：到了 2014 年 8 月 28 日，49 岁的阿里巴巴集团创始人兼董事局主席马云拥有 218 亿美元净资产，成为中国新首富。

2. 马云的新梦想

师：看到如此厉害的人物，你觉得他接下来可以过怎样的生活呢？

学生纷纷表示自己的想法。

师：好，我们一起去看看马云的新梦想。

出示：我有一个梦想。过去 15 年里，中国因我们而改变，希望在未来的 15 年，世界因我们而改变。

师：他享受的是什么呀？

学生纷纷表示，他在享受改变他人的乐趣，享受世界因自己而改变的乐趣。

师：实现一个梦想，还有新的梦想重新起航，圆梦的结果固然令人欣喜，但是追梦的路上风景更加迷人。难怪他会说：梦想还是要有的，万一实现了呢！

3.凡人的追梦之路

师：有人说马云是梦想的神话，他是不可复制的。你怎么看？

学生有的表示不可复制，有的表示也有其他的成功者，如马化腾、李彦宏等。

师：其实，我们每一个人都是不可复制的，在追梦的路上，不仅仅只有富豪，还有更多普普通通的人，我们就是其中的一分子。还记得老师的梦想吗？

生：成为学生喜爱的有名望的班主任。

师：是的，没错。那你们想看我这个普通老师的梦想之路吗？想看看我是怎么追梦的吗？

出示：

老师的追梦之路		
开始梦想	实现时间	实现梦想
1980 年（小学一年级）梦想做一名老师	11 年	1991 年成为一名教师
1999 年梦想获得教学上的某项荣誉	9 年	2008 年成为骨干教师
2010 年梦想获得高级教师的职称	3 年	2013 年获得中学高级职称
2013 年梦想在某核心期刊上发表文章	2 年	2015 年被另一杂志聘为特约作者
成为学生喜欢的有名望的班主任	？	？
……	……	……

师：你们发现了什么？

生：实现梦想的时间越来越短。

师：知道为什么吗？可以猜猜看，也可以采访一下我。

学生采访老师。

回答学生问题：最早以前，年纪还小，只知道想得很远，却不知道该怎么做；后来，有玩的机会就先玩，最糟糕的是没有订什么计划，很多事情都是事到临头了，才匆匆去补救；后来，我吸取了之前的教训，按部就班地实施我的工作，于是，我顺利地在两三年之内实现了梦想。你们觉得我要实现今年的梦想需要多久呢？

学生分别作出了自己的猜测。

师：关于在核心期刊发表文章这个梦想，我已经开始一步一步地在做了，前段时间我终于投稿了，猜猜结果怎么样。

学生：肯定是发表了。

（出示编辑部给老师的退稿短信）

师：我该怎么办？

学生纷纷表示，老师不能气馁，既然能成为另一本杂志的特约作者，以后也能在核心期刊发表文章，继续努力，改进方法，坚持下去，一定能成功。

（板书：继续努力，改进方法，坚持下去。）

师：我刚才听到几个词：继续努力，改进方法，坚持下去。谢谢你们给我出的主意，我会继续前进，一步一步快乐地走下去，直到成功。

【设计意图】利用马云引入梦想，让学生明白只有敢梦，终有实现的可能。并借助老师失败的例子，让学生感受有梦就要步步前行，有梦就有失败的可能，享受迈向梦想的每一个过程，明白实现梦想不仅仅是计划那么简单，还要有科学的改进与不懈的坚持。

第五版块：励梦，扬风帆

师：现在轮到你们了，请大家拿起你的红色小本子，这里面有你的梦想清单，当你实现第一步梦想的时候，别忘记在里面填上你实现的时间；然后，再实施你的第二步追梦计划。这红本子可以算是你人生的第一份梦想计划书。

出示：

我的梦想计划书			
梦想清单	梦想1	梦想2	梦想3
梦想评估			
追梦第一步			
预计困难			
量"励"行为			
实现时间			
……			

播放歌曲《我相信》。

学生填写后交流。

师：如果现在还不知道怎么做，请晒出你的梦想，听听大家的建议。

学生进行阐述，反馈。

师：请拿起你手中的这个红色小本子，这里面有你的梦想，还会有你的"追梦N步"，这就是你人生第一份梦想计划书，在封面上郑重地写下你的大名吧！

学生在梦想计划书上填写自己的名字。

师：请说说你此时的感想吧！

学生纷纷表示，一定要遵循梦想计划，一步一步走向成功。

师：若出现困难，怎么办？

引导小结：有梦想，有追求，也许困惑，需要量"励"而行，也需要调整，通过努力、再努力，坚持、再坚持，去实现。

师：追梦的人特别充实，我们的梦想或许会坚持到底，或许会受挫，到时请你看看人生第一份梦想计划书，想想今天我们在课堂上的承诺，也可以唱唱这首歌（《我相信》），让自己的脚步更加坚定！当然，喜欢的话，还可以给它设计一个漂亮的封面。

【设计意图】班会课的尾声，要启迪学生思考：每个人的梦想都需要一个客观的评估，只有量"励"而行的人才能更容易获得满足和幸福。有远大的梦想值得尊重，平凡的人生也值得鼓掌。相信自己，让梦想起航。

（浙江省温州市百里路小学林海津老师参与本课例设计）

毕业之际，很高兴老师能用这样的班会课，和我谈人生的梦想，用这些例子告诉我，最初的梦想，即使看起来可能是天方夜谭，梦想的路上也可能有很多挫折，但只要一步步走下去，就一定能实现自己的梦想。我喜欢这次班会课中提到的人物：航模高手，唱歌选手，还有了不起的马云和我敬爱的老师。他们都是我人生路上的同伴，因为我们都是追梦人。

我决定去实现我当医生的梦想，听说医科大学分数线很高，必须考出高分才有希望，所以我接下来一定要刻苦读书，争取机会，就算遇到挫折我也不会气馁的。

教学反思与建议

这节课，因为加入了一些老师自己的现身说法，不同的执教老师需要根据自身的情况进行操作和资料方面的调整。建议注意以下三点：

①用"自我暴露"引发孩子共鸣：教师本身的成长经历就是一个教育资源，可以展示自己为了梦想一步一步前进的过程，让孩子看到老师作为成年人还在享受着追梦的幸福，引起学生的共鸣。

②注意"四人合作"的实效性：在评判实现梦想的条件时，一定要让每一个学生自行思考实现梦想需要的条件，在列出自己的内容之后才能参与到小组的合作中来，所有的合作都要带上自己的思考，不自主思考，小组合作是难以产生实效的。

③梦想计划书的填写与反馈，是班会课的拓展，可以把学生的梦想拍下来，在班级里进行展示，让学生相互鼓励，同时要做好学生的梦想咨询工作，引导学生自主解决问题，做孩子人生的导师。

生命旅程，不可删减

（生命主题）

生命，只有一次。人的一生应当这样度过：回忆往事，他不会因为虚度年华而悔恨，也不会因为卑鄙庸俗而羞愧，这样的生命历程才有意义。而对生命所蕴含的意义，青少年学生的认识是不足的，生活和未来的美好，他们可能畅想过，但从未能深刻地去体验。而此时，他们即将步入情感多变、情绪易波动、心理异常、叛逆的青春期，极其容易因为一件不起眼的事而放弃自我，甚至放弃自己的生命。因此，在这个阶段引导学生热爱生命、珍惜身边的每一个生命具有重要的意义。引领学生去认识生命的美好，懂得珍惜现在的意义，给学生以启迪，让学生看见美好，看见未来，激发热爱生命、向往未来之情。

教育目标

·知识目标：懂得呵护生命，认识到珍惜现在、自强不息，才能收获生命的美好未来。

·情感目标：通过情景活动，畅想未来，"经历"未来，模拟时空"对话"未来，引导学生感悟生命的美好，从而激发热爱生命、珍惜现在的情感。

·能力目标：通过签订生命盟约，达成珍惜生命的承诺。

课前准备

收集相关视频，制作课件，制作学生"生命愿望"卡。

第一版块：视频导入，感悟生命力量

1. 音乐导入

师：喜欢音乐吗？今天老师带来一首钢琴曲，我们一起来聆听。（课件播放无臂达人刘伟用双脚弹奏的钢琴曲《梦中的婚礼》，只有音乐，没有画面。）

师：好听吗？我们听到这段钢琴曲的弹奏后，有一阵非常热烈的掌声。请大家猜测一下，弹奏这首钢琴曲的，会是谁呢？

学生纷纷猜测，有的猜测是音乐家，如肖邦、贝多芬、李斯特、郎朗、李云迪，也有的猜测是一个获得很高奖项的学生，还有猜测就是老师弹奏的，等等。

2. 播放视频

师：公布谜底，看看大家猜得对不对。（播放无臂达人刘伟用双脚弹奏钢琴曲《梦中的婚礼》的视频画面）

师：你们猜对了吗？看了这段视频，同学们有什么感受？

生：想不到竟然是一个用两只脚来弹奏的人。

生：太感人了，非常震撼，怪不得有这么多人鼓掌。

生：不知道他是怎么练成的，经历了怎样的遭遇。

师：在弹奏完这段钢琴曲之后，现场的评委问："你是怎么做到的？"刘伟是这么说的……

（播放刘伟回答评委的视频片段：像我这样的人，只有两条路，要么赶紧死，要么精彩地活着。）

师：看到他的回答，你们有什么想说的？

学生纷纷表示，他永不气馁、永不放弃，精神可嘉，要活出精彩等等。

精选学生的回答进行板书：永不气馁、永不放弃、活出精彩。

3. 出示资料

师：想进一步了解他吗？

生：想。

出示： 刘伟，10 岁的时候由于不慎触电失去了双臂，伤愈后开始学习游泳，获得了全国残疾人游泳冠军，但由于眼睛不能长时间泡水，只能告别游泳池。19 岁，他开始学习音乐、学习钢琴，之后付出了艰辛的努力。最后，他练就了用自己的双脚弹奏出美妙的钢琴曲，23 岁时，他获得了《中国达人秀》冠军。

2011 年"感动中国"组委会授予无臂钢琴师——刘伟的颁奖词：

当命运的绳索无情地缚住双臂，当别人的目光叹息生命的悲哀，他依然固执地为梦想插上翅膀，用双脚在琴键上写下：相信自己。

师：在刘伟的故事中你能得到哪些启示？

学生回答：相信自己，不断努力，成就精彩；不管是谁，只有付出努力，才能够成功；心怀梦想，通过不懈的努力，收获一个精彩的未来……

师：每一个生命体，都有他的精彩，只要努力，就够丰富。（板书：生命、精彩）

【设计意图】以最感人的氛围引入中国达人刘伟的故事，帮助学生认识到每个人都有自己的人生旅程，遇到挫折时，只有坚强和执著地面对，现在不断努力，才有美好的未来。神圣的未来需要靠自己去把握，引起学生对生命未来的思考和畅想。

第二版块：心怀未来，畅谈生命愿望

1. 畅谈生命未来

师：刘伟有一个不幸的童年，可他在自己的少年时期，异常努力，艰苦付出，收获了一个精彩的青年。同学们，你们知道吗，人的生命成长，会经历很多阶段，有童年、少年、青年、中年和老年，每一个阶段都有其重大的存在意义。

出示：童年（0—11 周岁）、少年（12—17 周岁）、青年（18—44 周岁）、中年（45—59 周岁）和老年（60 周岁及以上）。

师：你们现在处于哪个阶段？

生：少年。

师：在这个时期，你们最大的愿望和梦想是什么？

学生纷纷回答。有的说努力学习，上一个好一点的学校；有的说是健健康康、快快乐乐地成长；有的说学好本领，将来走向社会可以立于不败之地；等等。

师：是的，真好。那你们过去的童年和未来的青年有愿望和梦想吗？

学生大多回答有。

师：请同学们拿出"放飞生命愿望"的纸，在每一个阶段写下一个自己最想实现的愿望，大家要慎重思考呀。

年龄段	童 年（0—11周岁）	少 年（12—17周岁）	青 年（18—44周岁）	中 年（45—59周岁）	老 年（60周岁及以上）
最想实现的愿望（简要地写1～2个）					
你实现了吗？					

（学生填写时，播放音乐，课件缓缓变换着从幼儿到老年各个年龄阶段的人像图。）

师：谁能介绍一下呢？

部分学生进行了介绍。

2.经历生命愿望

师：谁能告诉大家，你们过去的那个童年阶段的愿望实现了吗？

有的学生回答实现了，有的表示还没有。

师：很好，如果实现愿望了，请在"童年"那一栏打"√"（课件演示），如果没有，请打"×"。谁能分享一下，实现愿望后的心情？

学生表示非常高兴，实现了自己的愿望，而且实现愿望的过程中，父母也很高兴。

师：没有实现愿望的同学，能谈谈自己的心情吗？

有的学生表示有点伤心，而有的学生表示没有什么。

师：没有实现愿望的，请不要难过，比实现愿望更重要的是，你很好并完整地经历了你的童年，有欢笑、有哭泣、有生气、有快乐，生命已经是有意义的了。（板书：经历人生，就是生命意义。）

【设计意图】通过让学生畅想生命未来的美好，设想未来愿望的实现，唤起学生对生命的渴望，激发学生对生命的热爱，并告诉学生比愿望实现更重要的是生命的存在，经历生命，才是人生的最大意义。

第三版块：经历模拟，删减生命的游戏

1.删减生命游戏

师：那么，接下来的生命历程，你们打算怎么过？

学生分别回答。

师：可否允许老师带领大家做一个游戏呢？

学生纷纷表示可以。

师：这只是一个游戏，如果在这个过程中，有的同学觉得进行不下去，可以放弃。

生：好。

师：生命如此美好，真是令人向往。大家已经经历了童年，接下来你将开启后四个阶段的生命旅程。你们知道吗，其实，人的生存并不一帆风顺，会受到自然灾害、疾病、意外事件等外界不可抗拒力量的影响，有时还会受到自身的一些莫名其妙的原因的影响。

（下面的几句话，老师应用极其低沉的声音来叙述。）

师：由于人类过度的开发和污染，地球环境急剧恶化，疾病在蔓延，中年的你不幸感染，在痛苦中你选择了放弃，你的生命停滞在了中年。这样，你就不能经历老年时光了，请你删去老年，同时也删去老年所要实现的愿望。（此时，学生的动作"有点犹豫"。）

师：说说你此刻的心情。

生：我觉得我们要关注地球环境，也要爱护自己，加强锻炼，期待自己能活长久一些。

生：失去老年生活，生命就不完整了，我不想那样。

师：由于青年的你害怕辛苦，学习和工作总是不愿付出太多，抱怨成了你唯一的理由，抱怨生活"不平"、抱怨命运"不公"。最后，你在碌碌无为、郁郁寡欢中选择了放弃，你的未来停滞在了青年，放弃了去经历中年的时光。请你删去中年，同时也删去中年所要实现的愿望。（此时，学生的动作显得"比较艰难"。）

生：我想对青年的自己说，你要努力，只有奋斗才有未来，我其实不愿意让自己的生命停留在青年。

师：嗯！说得对，我们不能让自己的生命停留在不该停留的地方。同学们，若不愿意继续进行这个游戏，我们可以停止，若有兴趣，可以继续进行，去看看生命的历程到底会发生什么。

（大部分学生停止了游戏，一些学生愿意继续。）

师：在你少年的时候，由于某些原因与父母或他人发生了分歧，你愚蠢地选择了对抗和放弃，你的生命停滞在了少年，因此你失去了经历青年的权利了。请你删去青年，同时也删去青年所要实现的愿望。（此时，学生都"不愿落笔"。）

学生纷纷表示，不想再继续了。

师：好的，游戏到此结束，请大家谈谈感受。你愿意就这样不断地删减自己生命的旅程，让你的生命阶段一个个地离你而去吗？你有什么感想愿意与大家分享呢？

学生一致表示，不愿意这样删减自己的生命，要好好地珍惜生命，勇敢地面对生活，赢得生命的精彩！

共同小结：生命旅程，不可删减。（学生齐读）

2. 未来角色模拟

师：是呀！谁都不愿意这样让自己的生命没有未来。那么，在刚才的游戏中，你觉得最不应该离你而去的是哪一个生命阶段？

学生回答。

师：如果现在你就在老年的那个阶段，却没有实现自己的未来愿望，此时，老年的你，最想说什么？准备对谁说？

生：我想对以前的自己说，你要努力，要珍惜自己。

自我角色模拟，模拟老年的自己与中年的自己或青年的自己进行对话。

多重角色模拟，让几个学生分别模拟同一个人的童年、少年、青年、中年和老年，开展跨时空的对话。

师：在这个模拟的现场中，你们看到了什么？

生：大家都在抱怨自己的过去，责怪以前的自己为什么那么不努力！

师：是呀！谁都不愿意在不断埋怨过去中走向自己的未来。你有什么感想跟大家分享呢？

学生回答。

共同小结：生命旅程，不可删减，做好现在的自己，珍惜现在，收获美好的未来。（完成板书：生命旅程，不可删减；珍惜现在，收获未来。）

【设计意图】只有在深刻的体验中才能产生真实的感悟，这一环节，假设遭遇挫折而未能实现愿望，让学生经历"失去"生命的某个阶段，真切感受"切肤之痛"；并通过模拟跨时空人物之间的对话，凸显冲突、矛盾，从而引发学生思考，切身体会生命不可预见，唤醒学生好好地把握现在，倍加呵护自己的生命。

第四版块：生命盟约，制订珍惜现在计划

1. 感悟生命

师：你能用"生命"说一句话吗？

生：生命非常伟大，也非常脆弱，我们要好好地珍惜。

生：生命只有一次，人生也只有一次，未来如此美好，我们要拥抱生命，走向美好。

师：说得真好。生命如此珍贵，让我们一起看看关于生命的感悟。(出示《生命的最后一秒》《假如再给我一次生命》《生命，生命》片段)

2.生命思考

师：通过这节课，你有什么收获和思考？

学生纷纷表示，原来经历了失去以后，才觉得现在是多么重要，才明白生命的意义，要好好珍惜身边的人和事，珍惜现在拥有的。现在好好努力，这样将来的自己才不会后悔，才不会抱怨现在。

3.生命承诺

师：对生命，你有什么承诺？

生：我要好好珍惜生命，好好爱护自己，爱护家人、同伴。

生命契约

我向未来承诺，
不管前方的旅途多么艰难，
无论生活的小船经历多少风浪，
我愿意，我们愿意，
生命为先，坚强面对，
好好珍惜自己，珍惜他人，
珍惜现在，致敬未来！
我承诺，尊重生命，珍惜生命。

契约人：＿＿＿＿＿＿＿

＿＿＿＿年＿＿月＿＿日

根据学生的回答，把承诺立成契约，全体签订。

【设计意图】让学生经历失去的过程，使其初步感知完整的生命旅程的真正意义。通过表达、感悟、签订珍爱生命契约等形式，形成共同呵护、包容生命的愿望和承诺。

很震撼，一个无臂的刘伟，通过自己的努力，竟然用脚弹奏出如此优美的钢琴曲。只要努力，并且坚持，就没有什么事情是做不到的。

在这节课上，我们去探寻了一个从未见识过的领域，我也展望了自己的未来，如此美好，却因为自己的原因，在某个阶段时放弃，从而失去下一个阶段的未来，想想就非常不值得。我想自己肯定不会这么傻，不过这样"经历"了，就更深刻了。当同学们模拟跟过去的自己对话时，都是持抱怨的态度，指责过去的自己为什么不努力，为什么不坚持，要不然就能收获美好的现在。

我似乎明白这样一个道理：现在努力，才能收获美好的未来。

生命课程，都需要小心翼翼，不过分渲染，但也不能过于平淡，轻重缓急需要拿捏有度。提出以下建议：

①第一版块，是比较欢乐的猜测和验证的阶段，尽量用最欢快的语调和节奏带领学生参与即可，注意控制时间，5分钟左右为宜。

②第二版块，是设想自己的生命未来，放飞愿望，这个环节需要给学生一定的指导，如此一来，在课堂上填写，时间会不够，需要老师在课前就先让学生完成这张"生命愿望"表。老师要进行适当的指导，以便学生有更加清晰的未来愿望。

③第三版块，删减未来游戏，是一个比较难以操作的游戏，需要老师作好课前调查，对心理比较脆弱的学生，要提前做好辅导工作，或是提醒他们不参与这个游戏活动。在带领学生做这个游戏时，老师的语言要尽量有所变化和感染力，做到带动学生的情绪。

④第三版块的角色模拟，几个学生扮演一个人的不同阶段进行对话，非常容易由于观点不一或语言可笑而笑场。所以，有必要请"演技"比较好的学生表演。

附录　班会课如何"说"出精彩

　　班会说课，作为班会活动研究、交流和探讨的一种新形式，越来越被重视。其采用讲述为主的方式，系统地分析班会过程和学生活动，并阐述活动的设想及理论依据，然后由同行、专家进行评议。能够在较短的时间内，不借助学生上课，发现问题，互相交流，共同提高。其优点在于，通过说课，教者能从理性上审视活动内容，发现备课中可能的疏漏，再经过探讨和修改，得到弥补，从这个意义上说，它高屋建瓴地把握活动内容，预设活动中的各种"教学事件"，反馈活动中的得失，选择适宜的活动方法，提高课堂活动效率，促进活动研究。

　　班会说课，一般要从活动背景学情、活动目标重难点、活动准备及形式、活动过程和意图、活动亮点及效果预测等方面进行阐述。

一、说清背景，道明学情

　　活动背景是班会活动的基础，是为什么要活动，为什么对学生进行引领的原因和动力所在。因此，社会、学校及学生状况的现实背景，都需要有所交代。例如，"倾听"主题班会的背景：倾听，是交流的必要基础，也是重要的学习技能，更是学生获取知识的有效保证。良好倾听习惯的养成，不仅让学生收获更多，更能受益终身。现代课堂中，我们面对的不再是只会瞪大眼睛听你高谈阔论的学生，而是藏着满腹疑问、随时准备插话，或是把手偷偷放在抽屉里、"身在曹营心在汉"的学生。学生的注意力不集中或集中时间短，在低年级时若得不到及时纠偏，就会导致学生不会听课，不会思考，不懂得尊重别人，不能做到取人之长补己之短。所以，让学生认识到倾听的重要性，并养成良好的倾听习惯非常必要。

　　学情是基于活动对象的分析，是对学生的知识经验、学习基础、技能态度、特点风格、个别差异及形成原因等进行较为深入的分析。例如，在小学中年级召开有关"诚信"的班会，学情分析如下："这个时期的学生对诚信已经有基本的判断，如：向同学借书不还，下次没人肯借；说谎，得不到同学信任；等等。可他们对于诚信的危害认识却不深，处于比较模糊的阶段，不懂得诚信是立身之本的道理。现今社会、家庭对孩子渗透了一些反向思想，教会他们拒绝帮助别人，甚至拒绝别人的帮助，对待什么事都保持一种'怀疑'的态度。久而久之，孩子们会堂而皇之地不再讲诚信。如对说谎、考试作弊、抄袭作业、欺骗他人等不感到羞耻。"道明学情，以便在活动方案中确定学生的活动起点，能够进行针对性设计，以求学生能获得不同程度的感悟，收获相应的成长。

二、说准目标，凸显重点

活动目标的设定，要以"核心素养"为基点，充分考虑学生的发展特点，顾及学生的接受能力，切入点要小，做到准确、明了，可围绕知识、情感、行为三个维度进行制定，并凸显重难点。如垃圾分类主题班会："知识目标：通过活动发现垃圾的来源和危害，了解垃圾的类别及如何分类等知识；情感目标：感受垃圾围城的残酷现实，唤起维护美丽家园的紧迫感；行为目标：自觉养成垃圾分类习惯，人人争做'减少垃圾，变废为宝'的先锋。"目标的设定既要切合学生的实际，做到"小、准、实"，还要能体现目标达成的递进和层次。

活动重点，是教育活动过程中重点体现和着力解决的内容。如垃圾分类主题班会："重点：认清垃圾的危害；难点：落实减少垃圾、进行垃圾分类的行为。"重难点的设定，能有效指引活动的突出部分，又能直接用来指导、评价和检查教育活动效果。

三、点到准备，说好形式

活动准备，是活动正常开展的有效保障。可阐述如下："教育活动的开展，需要真实材料来支撑，通过学生的前期调查，让活动内容变得更加生活化，贴近学生实际，更能让学生有深刻的、真实的直感，为学生理念的升华，形成正确价值观奠定现实的基础。学生准备部分：前期调查，收集身边的、网络上的相关新闻；教师准备部分：班会活动的相关案例、游戏等，制作课件。"说活动准备体现了一种完整性，但可以点到为止。

班会采用怎样的活动形式，体现教者的哪种教育活动思想，运用哪种活动手段，有何理论依据，能否体现教师劳动过程和学生学习过程的最优化，达到活动预设和活动收获同步，学生在活动过程中能否兴趣盎然，学得扎实有效，可以进行说明。以下阐述比较通用："正所谓'教无定法，贵在得法'，班会活动亦如此，本活动采用思辨互动式、情境体验式、感悟分享式。活动更注重'生本、学本'，给学生充分说的机会，以学生的'说'代替教师的'讲'，达到体验中感悟，活动中归纳知识，让学生在参与中培养能力，合作中学会学习。"活动形式的描述，增进说课环节的内涵，传递一种教学思想，体现教者前沿的课堂组织形式和理念，要"说"得清楚细致、前瞻深入。

四、精说过程，释透意图

说过程，并非班会活动过程的完整呈现，师生间可能出现的语言、行为等要简略，只说活动预案中的精华部分，侧重理论指导的阐述，主要体现执教者的教育活动思想、活动意图和理论依据，即思维内核。也就是，"活动什么""怎么活动"要精说，"为什么活动""意图是什么"要讲透。现例举"诚信教育"主题说课如下：

第一版块：游戏导入，体验诚信意义

活动开始，师生玩"石头剪子布"游戏，老师每次都会告诉学生自己出什么，第一次是对的，后四次都误导，导致学生输掉比赛。之后，让学生谈感受，引出"诚信"。

设计意图：皮亚杰认为，游戏是思考的一种表现形式。通过营造一种轻松、开放、安全的环境，激起学生对活动内容的兴趣。"石头剪刀布"是常见的游戏，创设"误导"过程，让学生体验遭遇不诚信时的心情，激发学生的深刻体会。

第二版块：寻找诚信，点击自我表现

①让学生说说诚信，谈谈自己的理解。——挖掘学生已知的概念及自我理解。

②展示课前的诚信调查，说说感受。——透视学生对这一概念的敏感度及对诚信的看法。

③让学生谈谈这些诚信现象有没有发生在自己身上，自己是怎么做的。——深入了解学生在践行这一行为中的具体表现，是否知行统一。

④谈谈自己的不诚信表现，是否给自己带来了麻烦和困惑？——了解学生身边的教育监督情况及诚信环境。

⑤讨论"小节无害"这个概念。——了解学生诚信概念的形成程度。

设计意图：构建主义认为，学习具有主动性，需以原有的经验为基础，通过与外界的相互作用来建构新的理解。本环节，利用对话和提问，寻找到更贴近学生实际的素材，挖掘学生对诚信的理解，引导学生形成正确的自我认识。

第三版块：经典案例，剖析诚信价值

利用一则《借钱不还》的小故事，采用"出现一段文字，猜测下一段"的悬疑呈现方式，让学生去"经历"因不诚信而失去了信任，痛改前非重新赢回信任的故事，让学生感受诚信的价值。

设计意图：本环节构建一个"身临其境"模式，让学习者置于其中，去经历、猜测、验证，借助他人的帮助、协作、交流及内心的感悟，获得新的理解。

第四版块：两难问题，引发学生思辨

身边的不诚信，说说得失。如：看到地上有许多钱，而自己正缺钱；不小心弄坏了班级的物品，没有其他人发现；考试时，好朋友遇到难题求助；检测成绩不理想，需要严格要求的父母签字。学生讨论回答后，呈现与学生结果不一样的真实访谈，让学生看到自己是否真正做到了诚信。导出核心结论：诚信没有侥幸，只有始终如一。

面对真实问题，如何诚信。如：遇到以下问题，你会如何做？一天，你独自在家，门外有人敲门，说是你爸爸的朋友；碰到一个陌生人，说可以带你去买东西吃；你借了同学的东西，弄丢了；同桌经常在课上玩手机，请你帮忙隐瞒；你欠了别人（银行）很多钱。通过讨论，形成心得：诚信也要先作判断，再行动；要学会拒绝诱惑；要从点滴做起，信任无价；等等。

设计意图：布鲁纳认为，教育要为学生提供一个现实世界的模式，并借此解决生活中的一切问题。本环节利用类似现实的情境，解决学生生活中遇到的问题。让学生把自己在现实中的思想顾虑和内心挣扎，毫无保留地呈现出来，通过实际对比，进行自我反思，得到提高。

第五版块：形成约定，做一个诚信的人

呈现一首诚信小诗，在诗的结尾，预留空白，让学生填写一句自己对诚信的感悟。并选取学生精彩的感言，串成另一首诚信小诗，让学生有感情地

朗读，内化知识。

设计意图：认知学习理论认为，学习是由顿悟而实现的，是知觉的重新组织，源自学生的诚信感言，有助于提升学生的认同感，让他们看到方向，明白如何去解决。

第六版块：落实行为，为梦想而坚持

对照诚信小诗，看看自己做到了几点，在"诚信"梦想标尺上标出需要改进的几点。最后，组建班级梦想监督团，实行奖励机制，利用"诚信卡"、评比"诚信之星"等方式开展，进行落实，实现梦想计划。

设计意图：行为改变，是从认识到改变的过程，经历改变消除不合适的行为，从被动到主动，需要有一个强化监督的过程。本环节，填写梦想标尺，到梦想监督，实现代币制的奖励机制，为促进学生后续行为的改变，建立了长效机制，保障了教学活动的有效。

五、亮明特色，预测效果

活动有何亮点和特色需要在说课中点明，有助于归纳活动与众不同及独具匠心的部分，可以提升活动的层次。就"诚信教育"这节班会课来说，亮点有二：一是整个活动版块设计缜密。有班会课的"六个一"环节："一次有趣游戏的引入、一则经典故事的分享、一次身边经历的模拟、一番辨别是非的讨论、一份内心感悟的提炼、一项付诸行动的落实"。完整的架构，由学生出发，引发思考，激发学生感悟，真正打入到学生的内心，从而落实到行动上，契合了教育的"知、情、意、行"，相信活动能达到预期效果。二是经典案例悬疑式地呈现。让学生在猜测中，在验证、期待中经历事件的整个过程，纳入角色中，原生态地呈现自我思维，深刻体会主人公的思考，撞击自我内心，从而产生强烈的反思。

活动效果预测，既是对活动目标的把握，又是对目标实现的期望。说课时，要对学生的认知、情感、能力发展等方面作出可能的预测。如"诚信教育"班会课的效果预测：本课遵循了品质形成的"知、情、意、行"几个要素，结构比较严密，"朴实，真诚，有趣"应该是这节课的基调。不一味说教，不是让学生一哄而上地谈"大道理"，而是用真实调查来让学生体会真正的诚信是什么，以悬疑呈现的真实故事来抓住学生，让学生真实流露自己的想法，提出解决方案；并通过情境模拟，让学生作诚信选择，学会真正的诚信，形成正确的思维方式；最后，利用课后的评比进行监督和落实，使教

学更有效。

除此之外，说课时，还可以对各个环节的活动时间安排、板书设计作适当说明。

说课活动，是班会活动的扩展、深化与完善，是班会活动更立体、更多维的呈现。可以充分展现活动深度和水平，较好地体现说课的"教研"功能，形成智慧碰撞，体现"说课"背后的理性思考。当然，在整个说课过程中，说课者也要展现个人魅力，做到举止得体，亲和大方，精神饱满，富有感染力，能用眼神与每一位听者进行互动交流。在"说"的过程中，"说"出教育实践的智慧、深邃的思想、浓浓的情怀，"说"出真挚，"说"出精彩。

后记　走着，行至艺术化教育的深意处

走着，行走在教育的路上。

在满眼生机的校园走着，引领着一群欢腾的精灵，跟随着一串轻盈的脚步，特别满足。校园，那么美！春天，百草新生，欣欣向荣；夏天，莺歌蝶舞，活力四射；秋天，五彩斑斓，诗情画意；冬天，阳光洒洒，温暖洋溢。学生，那么美！他们纯洁、向上，带来无尽的快乐，让我看到美好、感知未来的希望。他们也顽皮捣蛋，给我们带来许多烦恼。

走着，有了"艺术应对"的策略。

我思考如何艺术应对学生的问题，去拨动学生的心弦。于是，有了课题研究《艺术应对学生问题的实践研究》。我不断思考学生中出现的问题，探寻艺术化解决之道，期待能让学生在欢笑中感悟，快乐地改变。接着，有了著作《教师艺术应对学生问题36记》。

走着，有了"艺术预防"的思索。

我寻思着，学生为什么会出现那么多问题？教育的最高境界应该不是在学生出了问题后的应对，而是在于出现问题前的引导。要通过发展性教育让学生做到"心中有数"，提高学生自身的"能力""素质"和"修养"，让学生在面对一些棘手问题时，有足够的心理准备，避免猝不及防的失策，远离混混沌沌的消极，把问题消弭于萌芽状态，做到防患于未然。我把"不仅是艺术应对，更要艺术预防"写进《艺术应对学生问题的策略研究》结题报告里，该研究获得了2013年度浙江省优秀课题成果奖一等奖，我欣喜地看到，这个思路和做法得到了肯定。

走着，有了"艺术化课堂"的创设。

2013年，我开始进行班会课的设计，期待以课程的方式去引领学生，记得那是一节《让世界看见你》，那段时间，学生临近毕业，却惶惶不安，似乎看不见未来和人生目标，非常焦灼。我以悬疑的方式讲述了盲人音乐家安德烈·波切利的励志成长故事，为学生创设了不断去猜想、去深究、去验证的情境，每一段文字，都在多次猜测后呈现，每一个板书都是验证后写上，学生在"创造故事"的过程中，一次次受到感染、震撼和教育。课后，学生坦言，那个盲童让他们看见了光明的未来，在毕业考试冲刺阶段，精神抖擞，动力十足，创造了一个个"安德烈·波切利"式的奇迹。我把这节课带到杭州、济南、长沙等地，好评如潮！后来，《班主任》杂志以《悬疑呈现，身临其境》为题，介绍了该课的设计模式。

走着，开始班会课堂的微革命。

肯定，是继续探究的动力源。在接下来的时间里，我开始兴趣盎然地进行班会课的设计和打磨，我思索着，用一种创新的思想进行设计，并对班会的设计模式和上课方式作了调整。在课例设计方面，做到"六个一"——一个有趣游戏的引入、一则经典故事的分享、一次身边经历的模拟、一番辨别是非的讨论、一份内心感悟的提炼、一项付诸行动的落实，期待引发学生思考，激发学生感悟，真正深入学生内心，落实到行动上；在课堂教学方面，创设灵动的班会课堂，充分利用课堂上的生成资源，为我所用，为课堂所用，使之变为"活水"，通过"先用学生的调查、妙用学生的真实体会、善用学生的思辨、精用学生的感悟"，让班会课堂愈显生机，盈溢机智，充满灵动。

慢慢地，形成了"成长课程"系列。

我的班会课设计稿被《班主任之友》陆续刊登，以至于该杂志的编辑老师说，林老师怎么开始专业设计班会课了。到了2014年，我已经积累了近20个班会课例设计，在参加浙江省特级教师评选时，惊喜地发现，我设计的课例竟然涵盖了主办方准备的十多个课题，那次我发挥异常出色，也顺利成为了"特级教师"。2015年，我的班主任工作室成员，开始参与班会课的课堂实践和打磨，随后也参与课例的设计，他们的名字亦出现在这部著作中。班会课例越来越丰富，逐渐形成一个系列，一个引领学生成长的课程系列。

走着，走向了"艺术化教育"的深意处。

2016年，传来了好消息，以"艺术应对"和"艺术引导"为核心研究内容的课题"价值观引领下的学生行为问题艺术化教育策略研究"，获得了全国教育科学"十三五"规划课题教育部重点课题立项资助。从大范围看，基础教育研究课题获全国立项资助的少之又少，乃至像我们温州这样的教育强市也是历史首项；从教育背景看，教育的再次改革，又明显地向学生自我感悟、综合影响等方向发展，加上社会环境对柔和式教育的呼唤，艺术应对、艺术引领的教育呼之欲出；从深层次看，也是对这项研究的充分肯定，艺术化教育深入挖掘学生内心向善、向上的因子，引领学生走向幸福快乐的旅程。

走着，感恩身边的一群教育人。

这是一部跨越四个春秋的著作，课例设计、课堂实践、打磨修改，是一个费神耗力、艰辛漫长的大工程，需要付出足够的智慧、耐力和毅力，需要动员很多人参与进来，包括我的学生，我校的老师，我的工作室团队。我的家人也不例外，女儿已经长大，不再是第一部著作后记中所描述的那个"捣蛋鬼"了，而成长为我的小助手了，在课例设计需要学生的回答时，我都会先行询问一下她，以求准确了解学生的所知、所思、所想，而她都非常完美地给了我答案，并不断涌现出精妙的语言；我的妻子郭老师，则是关心和督促，她关掉电视，推掉应酬，全身心陪伴，成为我思能泉涌、心如清波、全力以赴的保障。真好，是那份真挚的情感，促使她们也成为了有追求的教育人。

许许多多教育名家，我敬爱的师父——张万祥老师，还有郑学志、郑立平、钟杰、梁岗等一大批全国知名班主任，纷纷走近我，给了我很多的建议和帮助，为我写序、作推荐，大大提升了著作的影响力。期待这部作品，能给更多的班主任老师以启示，引领更多的学生幸福地成长。

著作，已告一段落，教育之路还在向远方伸展，行走在教育路上，心灵的富足感会常常悠然而起，期待这份情感永随，幸福一路。

林志超

2017 年 1 月